Walter Leimeier

Ein herrenloses Damenfahrrad

Anregungen und Beispiele für einen kreativen und produktionsorientierten Deutschunterricht

Schöningh

www.schoeningh-schulbuch.de
Schöningh Verlag, Jühenplatz 1–3, 33098 Paderborn

Druck A 8 7 6 / Jahr 2009 08 07
Alle Drucke der Serie A sind im Unterricht parallel verwendbar.
Die letzte Zahl bezeichnet das Jahr dieses Druckes.

Umschlaggestaltung unter Verwendung einer Zeichnung von Beatrix Leimeier
Druck und Bindung: Friedrich Pustet, Regensburg

ISBN 978-3-14-018150-1

Inhaltsverzeichnis

Vorbemerkungen

Sehr geehrte Leserin, sehr geehrter Leser,

das Ihnen vorliegende Buch ist in erster Linie ein Arbeitsbuch, das für den Deutschunterricht/Literaturunterricht entwickelt wurde. Es ist nicht an bestimmte Schulformen gebunden und kann – je nach Arbeitsanregung – von der 5. Jahrgangsstufe bis zur 13. Jahrgangsstufe eingesetzt werden. Daneben bietet es sich jedoch auch für den Gebrauch in Schreibgruppen und in der Jugendarbeit an. Jeder Schreib-/Arbeitsanregung wurde ein Motto vorangestellt, welches einen Bezug zur jeweiligen Anregung herstellt. Die Kommentierungen ermöglichen dem Bearbeiter, Hintergrundwissen zu erfahren; gleichzeitig liefern sie jedoch auch didaktische und/oder methodische Hinweise für die praktische Umsetzung.
In der Regel werden die Schreibanregungen in Form von Arbeitsblättern abgedruckt, die als Vorgabe für die Schülerin/den Schüler dienen. Die Vorschläge im Hinblick auf den Einsatz in einer bestimmten Jahrgangsstufe sind lediglich als Richtschnur zu verstehen und keineswegs als verbindliche Anweisung. Entscheiden Sie bitte aufgrund **Ihrer** Erfahrungen, was Sie den Schülerinnen und Schülern zutrauen können, denn niemand weiß besser als Sie, was machbar ist und was nicht. Die Anregungen sind so formuliert, dass bis zur 10. Jahrgangsstufe die „du“-Anrede durchgehalten wird; ab der 11. Jahrgangsstufe wurde die „Sie“-Form gewählt. Eine Anrede für beide Geschlechter ist in Ausnahmefällen vorhanden; das Fehlen ist nicht als Affront gegen das weibliche Geschlecht zu verstehen, sondern schlicht die praktikablere sprachliche Lösung.
Die Anregungen enthalten die Anweisungen/Hilfen für die Bearbeiter und geben somit eine mögliche Richtung vor. Bei Unklarheiten sollten Sie mit Hilfe der Kommentierungen den Schülerinnen und Schülern Hilfestellung geben.
Je nach Art der Schreibanregung werden Lösungen, Beispieltexte und Zusatztexte mitgeliefert. Diese können zur Vertiefung der jeweiligen Schreibaufgaben genutzt werden, alternative Themen anschneiden oder auch für Klassenarbeiten und Klausuren verwendet werden. Originaltexte sind dann abgedruckt, wenn die Schreibaufgabe dies erfordert. Die Beispieltexte sind zum Teil bekannte, aber auch recht unbekannte Texte etablierter Autoren. Hinzu kommen jedoch auch Texte, die von Schülerinnen und Schülern im Unterricht bzw. von Lehrerinnen und Lehrern im Rahmen von Lehrerfortbildungen geschrieben wurden.
Die jeweils genannten Varianten stellen neue Übungen dar, die jedoch dem Hauptthema zugeordnet werden können.

Ich wünsche sowohl Ihnen als auch den Schülerinnen und Schülern viel Freude bei der Arbeit mit diesem Buch.

Lippstadt, im August 1996

Sag mir etwas, und ich
werde es vergessen!

Zeig mir etwas, und ich
werde es vielleicht behalten!

Lass es mich tun, und ich
werde es bestimmt behalten!

(Zen – Weisheit)

Einführung

Die Ausgangslage der Lehrerinnen und Lehrer

„Was würden Sie von einem Fahrlehrer halten, der selber nicht mit dem Auto fährt?", fragte mich ein Kollege auf einer Fortbildung. Die Antwort war klar. „Was würden Sie von einem Schreiblehrer halten, der selber nicht schreibt?". Die Antwort müsste identisch ausfallen. Aber sind wir Deutschlehrerinnen und -lehrer in der Lage diesem Anspruch gerecht zu werden?
Es scheinen tief verwurzelte Hemmungen den kreativen und produktionsorientierten Verfahren gegenüber zu bestehen. Dies lässt sich begründen. Offensichtlich hat ein großer Teil der Deutschlehrer das Gefühl für diesen Bereich nicht ausgebildet und daher auch nicht kompetent zu sein. Diese Vorstellung geht häufig von der irrigen Annahme aus, dass im Deutschunterricht literarische Produktionen entstehen müssten, die sich mit denen der Schriftstellerinnen und Schriftsteller auf eine Ebene stellen ließen. Dies ist nicht intendiert und auch nicht erforderlich. Lehrer sind aufgrund ihrer Ausbildung in der Regel nicht oder nur ansatzweise mit kreativem Schreiben in Berührung gekommen. Vertrauter sind ihnen Schreibformen aus dem Bereich der Sachtexte. Daraus ergibt sich ein Kompetenzproblem des Lehrers bzw. der Lehrerin. Obwohl Fachmann/Fachfrau für das Schreiben in der Muttersprache, ist er/sie Laie in den Schreibsparten, die von weiter reichender gesellschaftlicher Bedeutung sind und die bei Jugendlichen auf besonderes Interesse stoßen. Daher drückt er/sie sich vor Situationen, in denen seine/ihre Inkompetenz deutlich werden könnte.

Die Situation der Schülerinnen und Schüler

Bei den Schülerinnen und Schülern kann nach durch Umfragen erwiesenen Ergebnissen ein hohes Interesse an kreativen Schreiberfahrungen vorausgesetzt werden. Zugleich ist jedoch davon auszugehen, dass es bei Schülern im Rahmen der Institution Schule ein gewisses Misstrauen gegenüber solchen Verfahren gibt. Obwohl viele Schülerinnen und Schüler in ihrer Freizeit schreiben (Tagebuch, Gedichte, kleine Erzählungen), geben sie davon nur selten bereitwillig etwas innerhalb des Unterrichts preis. Es scheint einen Bruch zwischen der Institution Schule (Deutschunterricht) und den freizeitkulturellen Aktivitäten (z. B. Schreiben) von Jugendlichen zu geben. Die institutionelle Ignoranz der Schule und die schnelle Verregelung und institutionelle Domestizierung kultureller Aktivitäten Jugendlicher, sollten sie einmal in den Raum der Schule Eingang finden, mögen eine Erklärung dafür sein, dass Schülerinnen und Schüler ihre außerschulischen Interessen an kreativen Schreibprozessen im Unterricht lieber nicht erwähnen. Der Literaturunterricht hat es hier mit einer Barriere zu tun, die zu Beginn eines jeden Kurses behutsam thematisiert und – soweit möglich – weggeräumt werden muss.

Kreatives Schreiben als didaktisches Prinzip

Die Diskussionen um die Effektivität kreativer/produktionsorientierter Verfahren im Literaturunterricht/Deutschunterricht werden kontroverser und verbissener als je zuvor geführt.
Auf der einen Seite finden sich die Verteidiger eines rein analytisch-interpretierenden Umgangs mit Literatur, auf der anderen die konsequenten Vertreter produktionsorientierter Ansätze. Dazwischen stehen die Schülerinnen und Schüler sowie die Lehrerinnen und Lehrer; hin- und hergerissen zwischen den in vielen Fällen noch konservativ-analytisch ausgerichteten Lehrplänen (die sich allerdings in zunehmendem Maße wandeln) und den verlockenden Angeboten kreativer und integrativer Ansätze.
Dies scheint vordergründig zu einer Polarisierung geführt zu haben, auf den zweiten Blick bemerkt der aufmerksame Betrachter jedoch, dass gerade die Verbindung von Analyse/Interpretation und von Synthese/Produktionsorientierung den Literaturunterricht spannend, unterhaltsam und lehrreich macht, weil der Gesamtaspekt von Produktion/Rezeption deutlicher wird und Einblicke in literarische Arbeit mit all ihren Varianten und Schwierigkeiten erkennbar werden.
Das Verfassen und anderweitige Verändern und Gestalten von Texten gehören zu den kreativen Verfahren im Deutsch- und Literaturunterricht, weil sie einen direkten Zugang auf die schöpferischen Potenziale (z. B. Träume) erlauben, ohne dass dazu weitere besondere Fähigkeiten notwendig wären. Aufgrund der umfangreichen Möglichkeiten der Speicherung und Bearbeitung (Computer) sind Texte darüber hinaus beliebig weiter zu gestalten. Des Weiteren kommt beim Schreiben das Subjektive als das Wesentliche ins Spiel, denn aus der Privatsphäre kommen nicht nur unsere originellen Einfälle, sie lässt sich auch nur schwer unterdrücken.
Der kreative Umgang mit Texten setzt eine veränderte Art des Lesens voraus und erfordert zudem, dass Schülerinnen und Schüler selbst handelnd einen Text rezipieren oder neu produzieren. Somit stehen sie mit dem Erkennen und Aufnehmen fremder und eigener Vorstel-

lungen weit mehr im Blickfeld als bei der reinen Textanalyse. Diese Art von Textrezeption entspricht damit der Erstrezeption von Texten mehr als die rein analytischen Verfahren. Ergebnisse des Leseprozesses werden dadurch nicht überflüssig, sondern ergeben sich als Folge des kreativen Prozesses. Unter dieser Prämisse kann und muss der kreative Umgang mit Texten als durchgängiges didaktisches Prinzip gesehen werden.
Brenner hat ausführlich Chancen und Probleme des kreativen Schreibens im Rahmen des Deutschunterrichts beschrieben. Er vertritt die These, dass zwar viele Kompetenzen des Schreibens vermittelt werden, jedoch die kreativ-gestalterischen Potenzen nur selten den nötigen Spielraum erhalten. Das kreative Schreiben soll Abhilfe schaffen. In der Literatur zu diesem Bereich gibt es eine Reihe von ähnlichen Begriffen und Ersatzbegriffen, z. B.:

- expressives Schreiben
- natürliches Schreiben
- literarisches Schreiben
- freies Schreiben
- personales Schreiben u. a.

In der Fachliteratur werden als konstitutive Merkmale des kreativen Schreibens (KS) folgende Aspekte herausgestellt:

- KS ist ein persönlich gefärbtes Schreiben jenseits von Entfremdung, Verdinglichung und Versachlichung. (Fröchling)
- KS erfordert den spielerischen Umgang mit Vorstellungen und Wörtern und legt der automatisierten Sprache des Alltags Stolpersteine in den Weg. (Brenner)
- KS ist lustbetont. In Zeiten technologisch überfrachteter Alltagspraxis ist es notwendig, neue Sprachstrukturen zu entdecken und sich diese Strukturen so anzueignen, dass es Spaß macht. (Böseke/Land)
- KS ist ein selbständiges Erkunden dichterischer Verfahren. Diese Schreibverfahren werden angeeignet, um die persönliche Ausdrucksfähigkeit zu stärken. (Brenner)
- KS beabsichtigt einen bewussten und auf ästhetische Wirkung zielenden Umgang mit Sprache. (Fröchling)
- KS ist auf Veröffentlichung, auf Kommunikation hin angelegt. (Fröchling)
- KS ist eine notwendige Auflockerung pädagogischer Praxis. KS sorgt dafür, dass zu den stetigen Erziehungsvorgängen unstetige Formen hinzugefügt werden.

Zur Bewertung von Schülertexten

Für H. Müller-Michaels geht es bei den produktionsorientierten und kreativen Aufgaben für Schülerinnen und Schüler nicht um Kunstwerke, sondern allenfalls um Kunsthandwerk. Für das Handwerk gibt es Regeln, auch wenn ein besonders schöpferischer Einfall nicht schaden wird. Trotz aller Entkräftungen der wichtigsten Vorbehalte lässt sich nicht wegdiskutieren, dass produktive Leistungen auch immer etwas mit einer besonderen Fähigkeit zu kreativem Einfall und fantasievoller Gestaltung zu tun haben. So ist es kein Zufall, dass die Ausführungen über die Beurteilung schöpferischer Arbeiten auch gespeist werden aus der Theorie der literarischen Wertung einerseits und aus der Kreativitätsforschung andererseits. Einzelne der Bewertungsaspekte mögen tatsächlich in die Beurteilungen schülerischer Kreativität hineinspielen, insgesamt jedoch sind beide Konzepte wenig hilfreich für eine didaktische Kriteriendiskussion, da es bei der literarischen Wertung um Beurteilung von Kunstwerken und nicht von Schülerarbeiten und bei der Kreativitätsforschung um alle Äußerungsformen von Kreativität und nicht vorrangig um sprachliche und literarische Gestaltung geht. Als Aspekte, die für eine Beurteilung literarischer Arbeiten Bedeutung haben könnten, nennt Müller-Michaels die

- Adäquanz der Lösung,
- Kohärenz des Textes,
- Stilebene des Textes,
- klar erkennbare Komposition,
- episodische Ausgestaltung,
- Binnenbedingungen des Textes.

G. Mattenklott vertritt die Auffassung, dass Zensuren jeden Ansatz zum freien Schreiben im Keim ersticken. Aber: Wo nicht zensiert wird, hört der Unterricht auf und die Arbeitsgemeinschaft beginnt. Da aber das Schreiben in den Unterricht integriert werden soll, muss der

Unterrichtende, was die Zensuren betrifft, Kompromisse eingehen. Ein Gedicht zum Beispiel kann nicht in ein Notenraster von 1-6 eingeschrieben werden. Der Unsinn einer „objektiven" Textbeurteilung ist sowieso, auch für andere als poetische Texte, längst erkannt.
Die Tatsache, dass die freien Texte der Schülerinnen und Schüler nicht einzeln zensiert werden können und sollen, heißt nicht, dass sie auch nicht kritisiert werden dürfen. Ein großer Zeitraum muss auf Diskussion und Kritik ausgerichtet sein, denn das ästhetische Urteilsvermögen stellt ein wichtiges Lernziel literarischen Unterrichts dar.
Kritik sollte nicht mit Korrektur verwechselt werden. Schüler sind meist mehr an der Diskussion der Inhalte sowie der Schreibintention interessiert. Sie überarbeiten Texte ungern, schreiben lieber neue Texte. Dies ist eindeutig situationsbedingt, denn die meisten schreiben schnell und reagieren auf emotional starke Eindrücke.
Vermeiden Sie auf jeden Fall zu Beginn eine Korrektur von Rechtschreibfehlern, da dies die Bereitschaft zum Schreiben verringern kann. Korrekturen bitte nicht in Rot!
Auch J. Niedenführ sieht Zensuren nur als begründete Schätzurteile. Es spricht nach seiner Auffassung kaum etwas dagegen, die erstellten Texte mit den Schülerinnen und Schülern gemeinsam zu beurteilen. Allerdings müssen vorher klare Regeln zur Beurteilung im gemeinsamen Gespräch entwickelt werden, z. B. Charakteristika der Texte, Begründung der Vorgehensweise, Abstraktion vom Alltagsgeschehen, Geschlossenheit eines Textes, Stimmigkeit eines Textes, Durchhalten von Bildern u. a.
Bei der Beurteilung sollten die Schüler bzw. Lehrer eindeutig sagen, was nach ihrer Auffassung unstimmig ist und welche Alternativen möglich sind. Verbesserungen können von den Schülerinnen und Schülern jederzeit vorgenommen werden.
Eine gute Chance über Texte zu sprechen ergibt sich, wenn ein Schüler/eine Schülerin sich einen Text eines Mitschülers/einer Mitschülerin auswählt und diesen wie ein Anwalt verteidigt.

Literatur zum Thema

Bartnitzky, Horst/Hecker, Ulrich (Hrsg.): Was tun mit Texten, Essen 1991
Bockhorst, Hildegard/Weber, Hans (Hrsg.): Ich geb's Dir schriftlich, Remscheid 1986
Böseke, Harry/Land, Ulrich: Worte im Aufwind, Remscheid 1989
Brenner, Gerd: Kreatives Schreiben, Frankfurt am Main 1990
Fritzsche, Joachim: Schreibwerkstatt, Stuttgart 1993
Grümmer, Gerhard: Spielformen der Poesie, Leipzig 1985
Haas, Gerhard u. a.: Handlungs- und produktionsorientierter Literaturunterricht. In: Praxis Deutsch 123/1994, S. 17–25
Koch, Helmut H./Pielow, Winfried: Schreiben und Alltagskultur, Baltmannsweiler 1984
Liebenau, Ulrich: EigenSinn, Frankfurt am Main 1995
Merkelbach, Valentin: Plädoyer für den schreibenden Deutschlehrer. In: Mitteilungen des Deutschen Germanistenverbandes 4/1989, S. 23–29
Mosler, Bettina/Herholz, Gerd: Die Musenkussmischmaschine, Essen 1991
Müller-Michaels, Harro: Noten für Kreativität? Zum Problem der Beurteilung produktiver Arbeiten im Literaturunterricht. In: Deutschunterricht 46/1993, S. 338–348
Rico, Gabriele L: Garantiert schreiben lernen, Reinbek 1989
Rudloff, Holger: Produktionsästhetik und Produktionsdidaktik, Opladen 1991
Schalk, Gisela/Rolfes, Bettina: Schreiben befreit, Bonn 1986
Scheidt, Jürgen vom: Kreatives Schreiben, Frankfurt am Main 1993.
Schriever, Erich: Kulturarbeit heißt selber machen, Schwerte 1986
Spinner, Kaspar H.: Kreativität im Deutschunterricht. In: Tippelskirch, Ingrid von (Hrsg.): Kreativität und Deutschunterricht, Saarbrücken 1993, S. 9–17
Spinner, Kaspar H.: Umgang mit Lyrik in der Sekundarstufe I, Baltmannsweiler 1984
Waldmann, Günter: Produktiver Umgang mit Lyrik, Baltmannsweiler 1988
Werder, Lutz von: Erfolg im Beruf durch kreatives Schreiben, Milow 1995
Werder, Lutz von: Lehrbuch des kreativen Schreibens, Berlin 1990

Motto

Und nichts zu suchen

„Ich ging im Walde
So für mich hin ..." *(J. W. v. Goethe)*

So für mich hin, so für mich hin –
Wie ist das zu verstehen?
Was hat der Kerl so für sich hin
Durch einen Wald zu gehen?

Wer gab den Auftrag, bitte, wer
Hat ihm den Gang befohlen?
Und wo nahm er die Zeit sich her?
Wem hat er sie gestohlen?

Weil Goethe gut ins Schulbuch passt,
Muss er seit Ewigkeiten
So für sich hin und ohne Rast
In jenem Walde schreiten ...

Weswegen, wann, woher, wohin?
Was hat ihn inspirieret?
Wem bringt ein solcher Gang Gewinn?
Hat er botanisieret?

Was fühlte, dachte, schmeckte er?
Warum – das ist die Frage –
Ging er nur hin und niemals her?
Wie war die Wetterlage?

So spekulieren kreuz und quer
Die wackren Interpreten.
Denn „Nichts zu suchen" – das fällt schwer
Den deutschen Studienräten.

(Michail Krausnick)

Kommentar

(Arbeitsblätter 1 und 2; S. 9, 10)

Die Lehrperson teilt die Lerngruppe in mehrere Kleingruppen oder bittet die Schülerinnen und Schüler, selbst Kleingruppen (nicht mehr als 5 Personen) zu bilden. Alternativ können auch zwei große Gruppen gebildet werden. Diese Gruppen sollen/müssen sich in verschiedenen Räumen bzw. an verschiedenen Orten aufhalten. Jede Gruppe erhält nur *einen* der Texte in Kopie, entweder „Sahara" oder „Sarah". Es muss darauf geachtet werden, dass die Schüler während der folgenden Erarbeitungsphase keinen Kontakt mit der anderen Gruppe/den anderen Gruppen aufnehmen können, da sonst der zu erwartende Effekt (unterschiedliche Deutungen zum gleichen Text) ausbleibt. Diese Anregung zeigt, dass derselbe Text durchaus verschiedene Deutungsspielräume eröffnen *kann.*

Zum Titel ergaben sich aus der bisherigen Praxis z. B. folgende Assoziationen:

(Sarah) = Freundin, Liebe, Gemeinsamkeit, Altes Testament

(Sahara) = Wüste, Einsamkeit, Ruhe, Weite, Einöde, Abenteuer

Nachdem die jeweiligen Gruppen ihren Text als Kopie erhalten haben, werden sie gebeten den Text zu analysieren und zu deuten. Für diese Aufgabe hat die jeweilige Lerngruppe ca. 30 Minuten Zeit. Geeignete Stichpunkte sollten notiert werden, damit den anderen Schülerinnen und Schülern die Ergebnisse mitgeteilt werden können. Die Gruppe kann den Vortragenden selbst bestimmen. Alle anderen Schüler dieser Gruppe sind aufgefordert, die Ausführungen des Vortragenden im Rahmen der Präsentation zu unterstützen.
Nach dieser Erarbeitungsphase werden die Ergebnisse der Einzelgruppen der gesamten Lerngruppe (Plenum) präsentiert. Die andere Gruppe/die anderen Gruppen müssen sich während des Vortrags jedes Kommentars enthalten. Die Lehrperson muss dies sowohl während der Gruppenarbeit als auch vor dem Vortrag im Plenum nochmals deutlich machen. Erst wenn beide Texte vorgestellt wurden, sollte über die unterschiedlichen Deutungen gesprochen werden. Ein besonderes Augenmerk ist auf den Prozess der Assoziationslenkung durch den Titel des Gedichts und die Abbildungen zu richten. Es ist zu erwarten, dass bei der jeweils anderen Gruppe Erstaunen hervorgerufen wird, wenn sie bemerkt, dass es sich um *einen* Text handelt, der lediglich mit verschiedenen Titeln versehen wurde.

Arbeitsblatt 1

(ab 11. Jahrgangsstufe)

ANREGUNGEN

Schreiben Sie zunächst alle Begriffe auf, die Ihnen zu dem Titel des Gedichts einfallen (3 Minuten).

Der Text soll nun von Ihnen gedeutet werden. Gehen Sie dabei auch auf die Wortwahl ein und versuchen Sie die Stimmung, die im Text mitschwingt, in Ihre Deutung einfließen zu lassen. (30 Minuten)

Sarah

Deine Kälte und Wärme fasziniert
ich lebe in und mit dir
bis das Spiel von Licht und Schatten
mich verwirrt.

Ich möchte dich lieben können
ohne Einschränkung
mit vergrabenen Händen liebkos ich
jeden Zentimeter von dir.

Man muss weggehen können
und vergessen
aus dieser Wüste fliehn
neue Abenteuer lauern.

Arbeitsblatt 2 (ab 11. Jahrgangsstufe)

ANREGUNGEN

Schreiben Sie zunächst alle Begriffe auf, die Ihnen zu dem Titel des Gedichts einfallen (3 Minuten).

Der Text soll nun von Ihnen gedeutet werden. Gehen Sie dabei auch auf die Wortwahl ein und versuchen Sie die Stimmung, die im Text mitschwingt, in Ihre Deutung einfließen zu lassen. (30 Minuten)

Sahara

Deine Kälte und Wärme fasziniert
ich lebe in und mit dir
bis das Spiel von Licht und Schatten
mich verwirrt.

Ich möchte dich lieben können
ohne Einschränkung
mit vergrabenen Händen liebkos ich
jeden Zentimeter von dir.

Man muss weggehen können
und vergessen
aus dieser Wüste fliehn
neue Abenteuer lauern.

Vertiefung

Im Rahmen der Vertiefung könnte über das Thema „Gibt es die einzig wahre Interpretation?“ gesprochen werden. Zu diesem Zwecke sollte gegebenenfalls weiteres Material zur Verfügung gestellt bzw. von den Lernenden genutzt werden.

Zusatztext 1

Rudolf Riedler

Falsch ausgelegt zu werden ist das Risiko des Dichters

Tote Dichter können sich nicht wehren, lebende übrigens auch nicht. Sie brauchen es auch nicht. Die Begriffe *richtig* oder *falsch* sind kaum brauchbar im Umgang mit Gedichten. *Wahr* und *unwahr* wäre schon besser. Die Vorstellung der richtigen Auslegung kommt aus der Erwartung, dass der Dichter eine ganz bestimmte, die *eine und einzige Botschaft* übermitteln wollte. Selbst wenn es so ist, ist sie nicht verbindlich. (...)

Das Missverständnis mit der Botschaft in der Dichtung rührt häufig davon her, dass sie mit Worten arbeitet, mit denselben Materialien, mit denen tatsächlich auch Botschaften im konkreten Sinn, also Nachrichten, Wünsche, Befehle, Verbote und Ähnliches übermittelt werden. Die Doppelfunktion der Sprache ist es, die auf die falsche Fährte und in die oft irrige Erwartung führt. Die Malerei tut sich da leichter. Natürlich können Farben und Formen Botschaften sein wie Wörter und Sätze. Aber sie brauchen – wie Wörter und Sätze – nicht unbedingt über den Kopf zu gehen. Wenn der Dichter mit seinem Gedicht lediglich einen konkreten Inhalt vermitteln wollte, hätte er vielleicht besser einen Leitartikel geschrieben.

Kunst ist zweckfrei: das mag so hingehen. Absichtslos muss sie deshalb nicht sein. *Was wollte der Dichter uns sagen?* Die bis zum Überdruss gestellte, oft einschüchternde Frage ist nicht rundweg von der Hand zu weisen. Vielleicht wollte er uns ja wirklich etwas sagen. Da lohnt es allemal die Spuren aufzunehmen, nach Belegen zu fahnden, nach Motiven zu forschen, die Zeit und die Biografie zu befragen. Dieses Fährtenlesen kann ein aufregendes, ein faszinierendes Abenteuer des Geistes und der Gefühle sein. Wie weit dem Gedicht sein Geheimnis, so es denn eines hat, zu entlocken gelingt, ist eine andere Frage. Man kann nie ganz sicher sein. *Ein Gedicht muss ein Geheimnis haben,* gibt schon Goethe zu bedenken; *vom Rätsel ein Stück* mag es für sich behalten.

Reime finden

Motto Reim dich oder ich fress dich.

(G. W. Sacer)

Kommentar

(Arbeitsblätter 3 und 4; S. 13)

Reime sind zwar kein konstitutives Merkmal von Gedichten, dennoch prägen sie viele Gedichte im Zusammenhang mit dem jeweiligen Metrum. Im Besonderen sind die Kindergedichte und Volkslieder, aber auch eine große Anzahl der uns über Schullektüre nahe gebrachten Gedichte durch Reimformen gekennzeichnet. Die folgenden Arbeitsanregungen, die eher für jüngere Schüler (ab 5. Klasse) geeignet sind, versuchen das Sprachgefühl im Hinblick auf die Reimformen *und* inhaltliche Verbindungen zu schulen. Die Arbeitsblätter sind sowohl für die Einzel- als auch für die Gruppenarbeit einsetzbar.

Lösung

(Originaltext zu Arbeitsblatt 3; S. 13)

Erwin Moser
Zwerg

Es war einmal ein Zwerg,
der saß auf einem Berg,
der stand in einem Land,
das Land ist unbekannt.

Es liegt auf einem Stern,
der Stern ist klein und fern.
Er schwebt ganz weit im Raum,
so weit kann keiner schaun.

Das war so seltsam schön,
und ich, ich hab's gesehn!
Und zwar vergang'ne Nacht,
bevor ich aufgewacht ...

Lösung

(Originaltext zu Arbeitsblatt 4; S. 13)

Georg Bydlinski
Garten

Ich sitze im Gras und schweige.
Der Himmel ist blau wie das Meer.
Der Wind bewegt die Zweige,
sie schwingen leicht, hin und her.

Ich bin nicht allein, denn ich sehe
den Wind, der im Kirschgeäst schaukelt,
den Schmetterling, der in der Nähe
ganz langsam vorübergaukelt.

Ich höre die Amseln und Stare.
Ich sehe die Käfer im Kraut.
Der Wind bewegt meine Haare,
die Sonne berührt meine Haut.

Arbeitsblatt 3

ANREGUNG

(ab 5. Jahrgangsstufe)

Setze die passenden Reimwörter im folgenden Text ein. Hier sind alle genannt:
Land; schön; Zwerg; aufgewacht; fern; unbekannt; gesehn; Nacht; Raum; Berg; schaun; Stern;

Gib dem Gedicht eine geeignete Überschrift.

____

Es war einmal ein ______________
der saß auf einem ______________
der stand in einem ______________
das Land ist ______________

Es liegt auf einem ______________
der Stern ist klein und ______________
Es schwebt ganz weit im ______________
so weit kann keiner ______________

Das war so seltsam ______________
und ich, ich hab's ______________
Und zwar vergang'ne ______________
bevor ich ______________

Arbeitsblatt 4

ANREGUNG

(ab 5. Jahrgangsstufe)

Setze die passenden Reimwörter im folgenden Text ein. Hier sind alle genannt:
schaukelt; Zweige; Kraut; Haare; Nähe; schweige; Meer; vorübergaukelt; Stare; her; sehe; Haut;

Gib dem Gedicht eine geeignete Überschrift.

____

Ich sitze im Gras und ______________
Der Himmel ist blau wie das ______________
Der Wind bewegt die ______________
sie schwingen leicht, hin und ______________

Ich bin nicht allein, denn ich ______________
den Wind, der im Kirschgeäst ______________
den Schmetterling, der in der ______________
ganz langsam ______________

Ich höre die Amseln und ______________
Ich sehe die Käfer im ______________
Der Wind bewegt meine ______________
die Sonne berührt meine ______________

Variante 1 Durch Umstellen von Wörtern das Gedicht erstellen

Kommentar

(Arbeitsblätter 5-7; S. 15, 17)

Diese Spielart erfordert vom Bearbeiter die Fähigkeit, über das einfache Einsetzen von Wörtern hinauszugehen, da zum Teil die Reimwörter erst im Folgesatz zu finden sind (Arbeitsblatt 7). Dies bedeutet, dass der Kontext eine bedeutendere Funktion als in den vorangehenden Beispielen besitzt. Zudem erfordert diese Aufgabe das Durchschauen von Satzstrukturen, was den Schwierigkeitsgrad doch gewaltig erhöht.

Lösung

(Originaltext zu Arbeitsblatt 5; S. 15)

Rolf Italiaander
Postkarte nach Hause

Lieber Hans, leider kannst du nicht hoffen,
ich habe noch keinen Indianer im Federschmuck getroffen.

Nein, nicht alle Indianer sind ausgestorben;
viele sind lebhaft umworben.

Die Indianer in Mexiko haben Berufe wie jeder,
sind Arbeiter, Bauern, Künstler, Beamte, Apotheker.

Ob sie noch an die alten Götter glauben?
Ihre Religion konnte man ihnen nicht rauben.

Sie wissen, dass Träumer wie du an sie denken.
Sie wollen der Welt alte Träume neu schenken.

Lösung

(Originaltext zu Arbeitsblatt 6; S. 15)

Detlev von Liliencron
Märztag

Wolkenschatten fliehen über Felder,
blau umdunstet stehen ferne Wälder.

Kraniche, die hoch die Luft durchpflügen,
kommen schreiend an in Wanderzügen.

Lerchen steigen schon in lauten Schwärmen,
überall ein erstes Frühlingslärmen.

Lustig flattern, Mädchen, deine Bänder;
kurzes Glück träumt durch die weiten Länder.

Kurzes Glück schwamm mit den Wolkenmassen;
wollt' es halten, musst' es schwimmen lassen.

Arbeitsblatt 5 (ab 6. Jahrgangsstufe)

ANREGUNG

Durch Umstellen von Wörtern kannst du das Gedicht im Paarreim wiederherstellen. Versuche es.

Postkarte nach Hause

Leider kannst du nicht hoffen, lieber Hans,
noch habe ich keinen Indianer im Federschmuck getroffen.

Nein, ausgestorben sind nicht alle Indianer;
umworben sind viele lebhaft.

In Mexiko haben die Indianer Berufe wie jeder,
sind Arbeiter, Apotheker, Bauern, Künstler, Beamte.

Ob sie noch an die alten Götter glauben?
Rauben konnte man ihnen ihre Religion nicht.

Dass Träumer wie du an sie denken, wissen sie.
Sie wollen der Welt alle Träume neu schenken.

Arbeitsblatt 6 (ab 6. Jahrgangsstufe)

ANREGUNG

Durch Umstellen von Wörtern kannst du das Gedicht im Paarreim wiederherstellen. Versuche es.

Märztag

Über Felder fliehen Wolkenschatten,
ferne Wälder stehen blau umdunstet.

Kraniche, die hoch die Luft durchpflügen,
kommen in Wanderzügen schreiend an.

Lerchen schon in lauten Schwärmen steigen,
ein erstes Frühlingslärmen überall.

Mädchen, deine Bänder flattern lustig;
durch die weiten Länder träumt kurzes Glück.

Mit den Wolkenmassen schwamm kurzes Glück;
Wollt' es halten, musst' es schwimmen lassen.

Variante 2 Ein Gedicht aus einem Prosatext erstellen

(Arbeitsblatt 7; S. 17)

Lösung

(Originaltext zu Arbeitsblatt 7; S. 17)

Eugen Roth
Das Sprungbrett

Ein Mensch, den es nach Ruhm gelüstet,
besteigt, mit großem Mut gerüstet,
ein Sprungbrett – und man denkt, er liefe
nun vor und spränge in die Tiefe,
mit Doppelsalto und dergleichen
der Menge Beifall zu erreichen.
Doch lässt er, angestaunt von vielen,
zuerst einmal die Muskeln spielen,
um dann erhaben vorzutreten,
als gält's, die Sonne anzubeten.
Ergriffen schweigt das Publikum –
doch er dreht sich gelassen um
und steigt, fast möcht' man sagen, heiter
und voll befriedigt von der Leiter.
Denn, wenn auch scheinbar nur entschlossen,
hat er doch sehr viel Ruhm genossen,
genau genommen schon den meisten –
was sollt er da erst noch was leisten?

Variante 3 Schüttelreime

(Arbeitsblatt 8; S. 17)

Kommentar

Bei der Erstellung von Schüttelreimen ist es sinnvoll, von Namen (Ortsnamen, Vornamen, Familiennamen u. ä.) auszugehen und dann ein entsprechendes Wort hinzuzufügen, dessen Anfangsbuchstaben eine lohnende Austauschmöglichkeit andeuten. Es ist dann meist kein Problem, den Rest des Verses zu notieren. Die verfassten Schüttelreime sollten – schon allein des Spaßes wegen – vorgetragen werden.

Arbeitsblatt 7 (ab 7. Jahrgangsstufe frühestens)

ANREGUNG

Forme den folgenden Text zu einem Gedicht um. Das Gedicht hat im Original einen Paarreim. Schaue bei der Bearbeitung nicht nur auf die nächsten Wörter, sondern lies auch den nächsten Satz. Vielleicht hilft er dir weiter.

Das Sprungbrett

Ein Mensch, den es nach Ruhm gelüstet, besteigt, mit großem Mut gerüstet, ein Sprungbrett – und man denkt, er liefe nun vor und spränge in die Tiefe, mit Doppelsalto und dergleichen der Menge Beifall zu erreichen. Doch lässt er, angestaunt von vielen, zuerst einmal die Muskeln spielen, um dann erhaben vorzutreten, als gält's, die Sonne anzubeten. Ergriffen schweigt das Publikum – doch er dreht sich gelassen um und steigt, fast möcht`man sagen, heiter und voll befriedigt von der Leiter. Denn, wenn auch scheinbar nur entschlossen, hat er doch sehr viel Ruhm genossen, genau genommen schon den meisten – was sollt er da erst noch was leisten?

Arbeitsblatt 8 (ab 6. Jahrgangsstufe)

Ein Schüttelreim ist ein Zweizeiler in Form eines Paarreims, bei dem die Anfangskonsonanten der Reimwörter oder der reimenden Silben ausgetauscht werden, sodass eine neue sinnvolle Wortfolge entsteht.

Beispiele

Er würgte eine Klapperschlang,
bis ihre Klapper schlapper klang.

Man soll nicht schon am Sonntagmorgen
bekümmert für den Montag sorgen.

ANREGUNG

Bilde Schüttelreime mit folgenden Wortpaaren:

– morgen sacht
– Reisewut
– Zeitung liest
– u. a.

Motto Drei leben friedlich, wenn zwei nicht daheim sind.

(Sprichwort)

Kommentar

(Arbeitsblätter 9 und 10; S. 19, 21)

Die Schülerinnen und Schüler sehen sich vor die Aufgabe gestellt einen möglichst sinnvollen Gedichttext zu erstellen. Allerdings werden sie bei diesem Vorhaben nicht allein gelassen. Aus drei in sich schlüssigen alternativen Textzeilen soll jeweils eine ausgewählt werden, um einen neuen Text zu schaffen. Es ist nicht angestrebt, den Originaltext zu rekonstruieren, da dies die Fantasie in der Zuordnung zu sehr lenken würde. Falls das Original dennoch rekonstruiert wird, kann dies natürlich lobend erwähnt werden.
Der dieser Anregung zugrunde liegende Text kann nachher vorgelesen werden, da Schülerinnen und Schüler immer wieder danach fragen.

Mögliche Lösung

(Originaltext zu Arbeitsblatt 9; S. 19)

Günter Ullmann
Herbstwind

Erst spielt der Wind nur Fußball
mit Vaters bestem Hut,
dann schüttelt er die Bäume,
die Blätter riechen gut,

und lässt die Drachen leben
und wringt die Wolken aus.
Der Herbstwind lässt uns beben,
wir gehen nicht nach Haus.

Arbeitsblatt 9 (ab 6. Jahrgangsstufe)

ANREGUNG Wähle aus den vorgegebenen drei Zeilen jeweils eine aus – und schreibe dein Gedicht auf.

Erst spielt der Wind nur Fußball
Zuerst geh ich zum Karneval
Zur Schule geh ich zum ersten Mal ____________________

da verläßt mich schnell der Mut
mir geht es besonders gut
mit Vaters bestem Hut ____________________

dann spring ich von der Treppe
dann schüttelt er die Bäume
dann bekomm ich etwas Furcht ____________________

es packt mich schnell die Wut
es wird dann alles gut
die Blätter riechen gut ____________________

und lässt die Drachen leben
und lässt den Regen fallen
ich lass den Mantel an ____________________

und gehe bald nach Haus
und zieh die Schuhe aus
und wringt die Wolken aus ____________________

Der Herbstwind lässt uns beben
Der Sommer ist noch heiß
Der Winter kommt mit Kälte ____________________

wir warten auf ein Eis
wir gehen nach Haus
ich sehe eine Maus ____________________

Mögliche Lösung

(Originaltext zu Arbeitsblatt 10: S. 21)

Bernhard Damm

für rose

als wir müde waren vom tag
stand der mond überm meer
und ich fühlte dich näher
als den schlaf
an dem platz
der uns
dem meer
und dem mond gehörte
saßen wir abend für abend
gemeinsam
das wiegen der halme im hintergrund
den fall der klippe zum meer
mitten dazwischen wir
der mond und das meer
für momente waren wir die welt

Arbeitsblatt 10 (ab 8. Jahrgangsstufe)

ANREGUNG

Wähle aus den vorgegebenen drei Zeilen jeweils eine aus und erstelle dein Gedicht.

als wir müde waren vom tag
weil sie traurig waren aus enttäuschung
da sie fröhlich waren im herzen ______________________

versank die sonne im meer
stand der mond überm meer
ertränkten sie alles im see ______________________

und ich spürte dich weiter
und sie schliefen tiefer
und ich fühlte dich näher ______________________

als du dir vorstellen kannst
als den schlaf
als ihr vermutet hättet ______________________

an dem platz
an dem ufer
in der seele ______________________

der dir
der uns
der mir ______________________

dem see
dem ufer
dem meer ______________________

und der nacht gehörte
und dem freund gehörte
und dem mond gehörte ______________________

saßen wir abend für abend
standen wir tag für tag
lagen wir nacht für nacht ______________________

gemeinsam
zusammen
einsam ______________________

das lachen der möwen im ohr
das rauschen der blätter als begleitung
das wiegen der halme im hintergrund ______________________

den fall der klippe zum meer
den steilen abhang als wagnis
die wellen als zeichen des wandels ______________________

mitten dazwischen wir
neben dem allen ich
und dann immer wieder nur du ______________________

das meer und die möwen
der mond und das meer
der wind und ich ______________________

für augenblicke untergang
für einige Sekunden sind wir eins
für momente waren wir die welt ______________________

Motto Es ist leichter Gedichte zu machen als Gedichte zu verstehen.
(Michel de Montaigne)

Kommentar

(Arbeitsblatt 11; S. 23)

Das Gedicht (ohne Reim) ist in sich logisch zu rekonstruieren, falls der Bearbeiter in der Lage ist die ironische Aussage in der zweiten Texthälfte zu erkennen. Es stellt für die Schüler in jedem Falle eine Erleichterung dar, wenn der Lehrer auf den nicht vorhandenen Reim hinweist und zudem erklärt, dass der Text aus zwei Sätzen besteht. Die Aufgabe kann sinnvollerweise in Gruppenarbeit gelöst werden, da so verschiedene Möglichkeiten diskursiv durchgespielt, begründet und/oder verworfen werden. Als Alternative können bei zu großen Schwierigkeiten bis zu fünf Wörter im Text gestrichen und bis zu zehn weitere Wörter frei hinzugefügt werden, um einen neuen Text zu erstellen. Dies ist zugleich ein erster Schritt zum eigenständigen Schreiben. In der Reflexion müssen vor allem zwei Aspekte Berücksichtigung finden:

- Gab es Anhaltspunkte, die dir bei der Rekonstruktion bzw. der Erstellung eines neuen Textes hilfreich waren?
- Welche Probleme traten auf?

Mögliche Lösung

(Originaltext zu Arbeitsblatt 11; S. 23)

Hermann Spix
Umweltschutz

Endlich
ist einer großen
Farbenfabrik
der durchschlagende Erfolg
im Kampf
gegen
die Umweltverschmutzung
gelungen
Ab Stromkilometer 475
ist der Fluss
blau
wie das Mittelmeer

Arbeitsblatt 11 (ab 9. Jahrgangsstufe)

ANREGUNG

Das kurze Gedicht, das du unten mit allen Wörtern abgedruckt siehst (Reihenfolge der Wörter ist vertauscht), soll von dir wiederhergestellt werden, ohne ein Wort zu streichen bzw. hinzuzufügen.

Achtung! Die Schreibweise und grammatische Form der Wörter müssen beibehalten werden.

Mittelmeer; der; gelungen; ist; Stromkilometer 475; wie; das; Farbenfabrik; im; durchschlagende; gegen; ist; Kampf; Endlich; einer; der; blau; Ab; die; Umweltverschmutzung; großen; Erfolg; Fluss.

Zeilenpuzzle

Motto

Im Laufschritt
Mit Hangeln und Sprinten
Klettern und Hüpfen
Erspringen die Jogger
Bände voll Lyrik

(Unbekannt)

Kommentar

(Arbeitsblätter 12 und 13; S. 25, 27)

Ganz allgemein sind Schüler mit Freude dabei, wenn es darum geht, ein Gedicht aus Textteilen zusammenzusetzen. Es ist eine eher spielerische Tätigkeit, die jedoch den Blick auf das Wesentliche im Text lenkt und somit hohe Konzentration fordert und fördert. Dabei kann es durchaus sinnvoll sein, Abfolgen herzustellen, die denen im Original widersprechen. Sie sollten aber neue Perspektiven eröffnen oder zumindest in sich schlüssig sein.
Bei dem Text von Mario Hené (der auch vergrößert und zerschnitten ausgeteilt werden kann = Zeilenpuzzle) handelt es sich um einen Liedtext, der jedoch den Schülern eher unbekannt sein dürfte. Die Aufgabenstellung scheint beim ersten Hinschauen nicht lösbar zu sein. Doch bereits beim zweiten Lesedurchgang wird klar, dass es eindeutige Hinweise gibt, die eine Textrekonstruktion ermöglichen.

Die wichtigsten Anhaltspunkte sind:

a) Vier Zeilen beginnen mit Großbuchstaben. (Später wird deutlich, dass diese Zeilen die vier Strophen einleiten.)
b) Vier Zeilen werden mit einem Punkt abgeschlossen. (Es sind die Schlusszeilen der einzelnen Strophen.)
c) Der Text weist einen Strophenaufbau auf.
d) Der Liedtext (Gedichtform) zeigt eine klare Reimform nach dem Muster „abba".
e) Inhaltlich ist ein logischer Aufbau erkennbar (See, Boot, Ruder, Segel).

Die oben genannten Anhaltspunkte werden von den Schülern weitgehend als Rekonstruktionsprinzipien erkannt. Daher ergibt sich eine recht hohe Quote von gelungenen Rekonstruktionen. In dem notwendigen Unterrichtsgespräch über die Rekonstruktionswege sollten folgende Aspekte beachtet werden:

zu a) Gedichte folgen nicht zwangsläufig den üblichen Normierungen im Bereich der Sprache, es gibt Gedichte, die durchweg dem Prinzip der Kleinschreibung folgen; andere wiederum beginnen am Zeilenanfang generell mit einer Großschreibung, auch dann, wenn dies den Rechtschreibregeln widerspricht. Dahinter muss nicht zwangsläufig eine inhaltliche Aussage stehen. Dennoch sollte dies zumindest in Betracht gezogen werden. Zudem gibt es Gedichte, die gerade den Verstoß gegen geltende Regeln als Gestaltungsprinzip nutzen.

zu b) Es fehlen im Text alle weiteren Satzzeichen. Im Sinne eines integrativen Sprachnormenunterrichts könnten die Zeichen hier begründet eingesetzt werden.

zu c) Die Einteilung in Strophen ist für Lieder durchaus üblich, jedoch kein konstitutives Merkmal eines Gedichts.

zu d) Auch der Reim ist kein zwingendes Merkmal eines Gedichts; es kann nicht oft genug darauf hingewiesen werden. Eventuell sollte auf den unreinen Reim in der dritten Strophe aufmerksam gemacht werden (hinüberführen – verlieren), denn dieser Reim wird nicht immer erkannt.

zu e) Die Schülerinnen und Schüler bemerken meist sehr schnell, dass auf der inhaltlichen Ebene eine klare Abfolge erkennbar ist. Der See ist die Voraussetzung dafür, dass das Boot fahren kann. Das Ruder gibt die Richtung, das Segel fängt den Wind ein und ermöglicht die Fahrt. Die beiden letzten Strophen werden von den Schülerinnen und Schülern häufig vertauscht, da die Fahrt des Bootes im Prinzip erst den sinnvollen Einsatz des Ruders ermöglicht. Eine solche Begründung ist als durchaus logisch zu bewerten. Als Gegenbegründung könnte allerdings angemerkt werden, dass der Text durch die Zeile („und wenn du da bist weißt du auch warum du lebst") eher abgeschlossen wird.

Arbeitsblatt 12 (ab 9. Jahrgangsstufe)

ANREGUNG

Im folgenden Gedicht sind die Zeilen durcheinander geraten. Stelle, wenn möglich, den ursprünglichen Text wieder her.
Finde einen geeigneten Titel für das Gedicht.

01 Du brauchst ein Segel das du dir aus Träumen webst
02 wenn du dich treiben lässt dann wirst du dich darin verlieren
03 dort ist im Lauf der Zeit ein abgrundtiefer See enstanden
04 an dessen Jahresringen man nur Leid und Freude misst
05 und der in jedem von uns wächst bis an den Tod.
06 Der Weg zum Lächeln führt dich in ein Tal
07 das aus dem wetterfesten Holz des Hoffnungsbaums gebaut ist
08 ob du dein Ziel erreichst entscheidest du allein.
09 Ans andre Ufer kommst du nur mit einem Boot
10 aus den Tränen derer die den Weg nicht fanden
11 und wenn es dir gelingt den Wind des Glücks zu fangen
12 und wenn du da bist weißt du auch warum du lebst.
13 wirst du sicher irgendwann dort angelangen
14 und die gestorben sind allein mit ihrer Qual.
15 Du brauchst ein Ruder und das kann die Liebe sein
16 wenn du es richtig anfasst wird sie dich hinüberführen

Was hat dir bei der Rekonstruktion des Gedichts geholfen, was bereitete dir Schwierigkeiten?

Hilfen

Schwierigkeiten

Lösung

(Originaltext zu Arbeitsblatt 12; S. 25)

Mario Hené

Der Weg zum Lächeln

Der Weg zum Lächeln führt dich in ein Tal,
dort ist im Lauf der Zeit ein abgrundtiefer See entstanden,
aus den Tränen derer, die den Weg nicht fanden
und die gestorben sind allein mit ihrer Qual.

Ans andere Ufer kommst du nur mit einem Boot,
das aus dem wetterfesten Holz des Hoffnungsbaums gebaut ist,
an dessen Jahresringen man nur Leid und Freude misst
und der in jedem von uns wächst bis an den Tod.

Du brauchst ein Ruder, und das kann die Liebe sein,
wenn du es richtig anfasst, wird sie dich hinüberführen,
wenn du dich treiben lässt, dann wirst du dich darin verlieren,
ob du dein Ziel erreichst, entscheidest du allein.

Du brauchst ein Segel, das du dir aus Träumen webst,
und wenn es dir gelingt, damit den Wind des Glücks zu fangen,
wirst du sicher irgendwann dort drüben angelangen,
und wenn du da bist, weißt du auch, warum du lebst.

Lösung

(Originaltext zu Arbeitsblatt 13; S. 27)

Karl Krolow

Sonntagvormittag

Unerwartet
Ist es still geworden
Die Motorräder schlafen
Unter Wirtshausbäumen.
Und die Fahrräder träumen
Bei Coca-Cola
Von der nächsten Kurve.
Die sie schneiden werden.

Löwenzahnsamen
Treibt ihnen ins Glas
Der Sonntag ist mittags
Hell wie die Iris.
Die keine Wimper beschattet.

Niemand mag aufbrechen.
Man sitzt weiter beisammen.
Auf blauen Gartenstühlen.

Ganz langsam zerfällt dann nachmittags
Die Landschaft zu Staub.
Den die Schnelligkeit zurückließ.

Arbeitsblatt 13 (ab 11. Jahrgangsstufe)

ANREGUNG

Im folgenden Gedicht sind die Zeilen durcheinander geraten. Stellen Sie, wenn möglich, den ursprünglichen Text wieder her.
Der Titel des Gedichts ist in den Zeilen enthalten. Wählen Sie aus.

01 Der Sonntag ist mittags
02 Von der nächsten Kurve
03 Löwenzahnsamen
04 Bei Coca-Cola
05 Und die Fahrräder träumen
06 Niemand mag aufbrechen
07 Die sie schneiden werden
08 Die Motorräder schlafen
09 Man sitzt weiter beisammen
10 Ist es still geworden
11 Sonntagvormittag
12 Treibt ihnen ins Glas
13 Unter Wirtshausbäumen
14 Ganz langsam zerfällt dann nachmittags
15 Den die Schnelligkeit zurückließ
16 Auf blauen Gartenstühlen
17 Die keine Wimper beschattet
18 Die Landschaft zu Staub
19 Unerwartet
20 Hell wie die Iris

Was hat Ihnen bei der Rekonstruktion des Gedichts geholfen, was bereitete Ihnen Schwierigkeiten?

Hilfen	Schwierigkeiten

Variante Texte entflechten und kreativ weiter bearbeiten

Kommentar

(Arbeitsblatt 14; S. 29)

Die Zuordnung wird gewaltige Probleme bereiten und ist nur bedingt leistbar, da weder Zeilenanfänge, noch Metrum, noch Reimschemata Hilfestellung leisten. Lediglich der Inhalt lässt einige begründete Zuordnungen zu, zum Beispiel:

„sommererinnerungen – sommerkleidfetzen“
„es ist still geworden im Park – die Vögel singen woanders“

Es sollte den Schülerinnen und Schülern weitgehend freigestellt werden, ob sie diese Aufgabe in Einzel- oder Gruppenarbeit bearbeiten wollen. Allerdings bietet die Gruppenarbeit neben der Kommunikation den Vorteil, dass unterschiedliche Ideen Berücksichtigung finden können. Der Vergleich mit den Originaltexten kann Bestätigung für die geleistete Arbeit sein, falls der rekonstruierte Text dem Original ähnlich ist. Eigentlich ist dies aber gar nicht notwendig, denn wichtiger scheint mir zu sein, dass eine konstruktive Auseinandersetzung mit Sprache und Inhalt der jeweiligen Texte stattgefunden hat und stichhaltige Begründungen für die jeweilige Zuordnung geliefert werden.
Die von den Schülerinnen und Schülern selbst erstellten Texte sollten vorgestellt werden. Wichtig! Auf keinen Fall zum Vortrag zwingen. Viele Schüler scheuen sich anfangs ihre Texte im Plenum zu lesen.
Die Erfahrungen mit der zweiten Schreibanregung zeigen, dass die meisten Schülerinnen und Schüler weit weniger als die Hälfte der vorgegebenen Zeilen nutzen. Einige beginnen zunächst die erstellten Texte mit vorgegebenen Zeilen, verzichten jedoch in der Überarbeitung mehr und mehr auf diese Vorgaben.

Mögliche Lösungen

(Originaltexte zu Arbeitsblatt 14; S. 29)

Gabriele Diermann
Spät im Jahr

Es ist still geworden im Park
die Vögel singen woanders
nackt starren die Bäume in den Himmel –
mit schweren Schuhen zertret' ich
Sommerkleidfetzen

Es ist still geworden im Park
keine tanzenden Mücken
kein raschelndes Laub
und schweigsam mein Herz –
mit vergrabenen Händen liebkos ich
Sommererinnerungen

Hilde Domin
Ziehende Landschaft

Man muss weggehen können
und doch sein wie ein Baum
als bliebe die Wurzel im Boden
als zöge die Landschaft und wir stünden fest.
Man muss den Atem anhalten,
bis der Wind nachlässt
und die fremde Luft um uns zu kreisen beginnt,
bis das Spiel von Licht und Schatten,
von Grün und Blau,
die alten Muster zeigt
und wir zuhause sind,
wo es auch sei,
und niedersitzen können und uns anlehnen,
als sei es an das Grab
unserer Mutter.

Arbeitsblatt 14 (ab 11. Jahrgangsstufe)

ANREGUNG

Hier sind zwei Gedichte miteinander verwoben. Die Zeilen sind völlig richtig wiedergegeben. Versuchen Sie so viel Zeilen wie möglich zu rekonstruieren und den beiden Gedichten zuzuordnen.

Was lässt sich einfach zuordnen? Worin liegen die Schwierigkeiten in der Rekonstruktion der beiden Gedichte?

01 sommererinnerungen
02 bis der Wind nachlässt
03 die alten Muster zeigt
04 als zöge die Landschaft und wir stünden fest
05 es ist still geworden im Park
06 und schweigsam mein Herz –
07 als bliebe die Wurzel im Boden
08 man muss weggehen können
09 nackt starren die Bäume in den Himmel –
10 kein raschelndes Laub
11 und doch sein wie ein Baum
12 unserer Mutter
13 die Vögel singen woanders
14 bis das Spiel von Licht und Schatten
15 wo es auch sei
16 keine tanzenden Mücken
17 man muss den Atem anhalten
18 als sei es an das Grab
19 sommerkleidfetzen
20 von Grün und Blau
21 mit vergrabenen Händen liebkos ich
22 und niedersitzen können und uns anlehnen
23 es ist still geworden im Park
24 und wir zuhause sind
25 mit schweren Schuhen zertret' ich
26 und die fremde Luft um uns zu kreisen beginnt

ANREGUNG

Erstellen Sie ein Gedicht. Nutzen Sie dazu einige der oben abgedruckten Zeilen. Ihr Text sollte aus wenigstens 12 Zeilen bestehen. Mindestens die Hälfte der Gedichtzeilen muss von Ihnen frei formuliert sein. Die Groß- und Kleinschreibung am Zeilenbeginn kann von Ihnen verändert werden.

Kommentar

(Arbeitsblatt 15; S. 31)

Eine einfache Zuordnung ist bei der folgenden Schreibanregung in den Textzeilen möglich, in denen über Musik oder über Instrumente geschrieben wird (z. B. „Klänge", „Konzert" und „Instrument"). Die sich wiederholende Textzeile „dein Instrument möchte ich sein" lässt auf einen sich wiederholenden Strophenaufbau schließen. Es ist allerdings für die Schülerinnen und Schüler schwierig, diese Textzeile dem Strophenanfang zuzuordnen (fehlende Großschreibung!). Die Zuordnung wird insgesamt Probleme bereiten und ist nur bedingt zu leisten, da kein Reimschema vorliegt.

Mögliche Lösungen

(Originaltexte zu Arbeitsblatt 15; S. 31)

Wolfgang Öchsner
Mädchen im vorbeifahrenden Autobus

Ein blasses Gesicht mit hohen Augen,
das von den Wurzeln nichts verrät,
im Schemenzug aus unbekannten Leben.

Die Ufer werden sich niemals berühren,
selbst die Meere gleichen einander fast nie,
Fische sind die Menschen, Sterne ...

Durch ein verstaubtes Stückchen Glas
bist Du sekundenlang für mich verglüht.
Nimm diese Möwe mit zur Reise.

Edith Linvers
Dein Instrument

Dein Instrument möchte ich sein
in deinen Händen
stundenlang immer
neue Klänge probieren
bis dir der Atem fehlt

Dein Instrument möchte ich sein
dich auf Reisen begleiten
wirfst immer ein Auge auf mich
dass ich nicht in falsche
Hände gerate

Dein Instrument möchte ich sein
ständig deinen Lippen nahe
fleißig auf allen Proben
im Konzert mich mit dir
wiegen

Dein Instrument möchte ich sein
mich von dir pflegen lassen
nicht ausgewechselt werden
und im Alter an Wert
gewinnen

Vertiefung

Es ist relativ einfach, aus Lesebüchern Gedichte herauszusuchen und die Textzeilen zu mischen. Je unterschiedlicher die Texte inhaltlich und formal sind, um so leichter ist die Zuordnung. Motivgleiche Gedichte müssen sich von der Form stark unterscheiden, wenn eine Zuordnung möglich werden soll.

Arbeitsblatt 15 (ab 11. Jahrgangsstufe)

ANREGUNG

Hier sind zwei Gedichte miteinander verwoben. Die Zeilen sind in sich völlig richtig wiedergegeben. Versuchen Sie so viel Zeilen wie möglich zu rekonstruieren und den beiden Gedichten zuzuordnen.

Was lässt sich einfach zuordnen? Worin liegen die Schwierigkeiten in der Rekonstruktion der beiden Gedichte?

01 wirfst immer ein Auge auf mich
02 fleißig auf allen Proben
03 Fische sind die Menschen Sterne
04 dein Instrument möchte ich sein
05 neue Klänge probieren
06 nimm diese Möwe mit zur Reise
07 ein blasses Gesicht mit hohen Augen
08 stundenlang immer
09 im Konzert mich mit dir
10 dein Instrument möchte ich sein
11 gewinnen
12 bis dir der Atem fehlt
13 durch ein verstaubtes Stückchen Glas
14 das von den Wurzeln nichts verrät
15 dass ich nicht in falsche
16 nicht ausgewechselt werden
17 dich auf Reisen begleiten
18 selbst die Meere gleichen einander fast nie
19 dein Instrument möchte ich sein
20 im Schemenzug aus unbekannten Leben
21 in deinen Händen
22 die Ufer werden sich niemals berühren
23 dein Instrument möchte ich sein
24 wiegen
25 bist du sekundenlang für mich verglüht
26 mich von dir pflegen lassen
27 ständig deinen Lippen nahe
28 und im Alter an Wert
29 Hände gerate

ANREGUNG

Erstellen Sie ein Gedicht. Nutzen Sie dazu einige der oben abgedruckten Zeilen. Ihr Text sollte aus wenigstens 12 Zeilen bestehen. Mindestens die Hälfte der Gedichtzeilen muss von Ihnen frei formuliert sein. Die Groß- und Kleinschreibung am Zeilenbeginn kann von Ihnen verändert werden.

Motto

klinisch

im deutschunterricht
werden gedichte
behandelt –
was fehlt ihnen?

(Hermann Wallmann)

Kommentar

(Arbeitsblätter 16–20; S.35, 37, 39)

Die hier angewendeten Verfahren lassen sich auf jeden anderen Text übertragen, der inhaltlich eine logische Abfolge aufweist. Es besteht natürlich auch die Möglichkeit, einen auf den ersten Blick eher unlogischen Text als Basismaterial zu nutzen, um dann die einzelnen Vorschläge der Schülerinnen und Schüler mit dem Ausgangstext in Beziehung zu setzen. Dies kann zu einer fruchtbaren Diskussion über die mögliche Intention der Autorin/des Autors führen und Fundament für eine Analyse und Interpretation des jeweiligen Textes sein.
Die in der Folge abgedruckten Textvarianten zu Günter Harnischs „Perspektiven" und zu Axel Kutschs Text „Schöne Grüße aus Afrika" erlauben ein an den Fähigkeiten der Schüler ausgerichtetes Vorgehen. Die Zielvorgabe besteht darin, einen Lückentext kontextbezogen mit Wörtern zu füllen (zum Teil als Auswahl aus alternativen Vorgaben – zum Teil ohne Vorgabe) und Begründungen für die Auswahl der Wörter zu leisten. Sinnvoll ist nur der Einsatz *einer* Möglichkeit im Unterricht, da der Anreiz für weitere Bearbeitungen abnimmt. Der Vergleich mit dem Originaltext kann Bestätigung für die geleistete Arbeit sein, falls der selbst formulierte Text ähnlich ist oder sogar mit dem Original übereinstimmt.

Zu den Anregungen:

a) Setze statt der Fragezeichen das nach deiner Meinung geeignete Wort ein.
b) Begründe, warum du gerade diese Wörter gewählt hast.
c) Gib dem Text einen Titel.
d) Setze statt der Fragezeichen ein nach deiner Meinung geeignetes Wort ein. Beziehe bei deinen Überlegungen den Titel des Gedichts mit ein.

zu a) Diese Aufgabenstellung erfordert vom Lernenden die bewusste Entscheidung für *eine* der vorgegebenen Alternativen. Alle Vorgaben sind in sich schlüssig und sprachlich einwandfrei einzubauen. Der Bearbeiter muss sich also überlegen, wie er den Kontext einbezieht und welche mögliche Intention ihm vorschwebt. Einerseits führt die Vorgabe der Alternativen zur Einschränkung des kreativen Spielraums, andererseits beinhalten die Begriffe jedoch auch die „richtige" Lösung und helfen somit, in einer ersten Phase des produktiven Texteingriffs Orientierung zu finden.

zu b) Die Begründungen lassen erkennen, ob der jeweilige Bearbeiter formale oder inhaltliche Kriterien bei der Lösung dieser Aufgabenstellung angewendet hat. Vielleicht eröffnen sich auch völlig neue Perspektiven und unerwartete Begründungen.

zu c) Von den Schülerinnen und Schülern wurden z. B. beim Text „Schöne Grüße aus Afrika" genannt:
- Urlaubstage
- Schönes Leben
- Typisch Deutsch
- Arrogante Urlauber u. a.

zu d) Der Titel des Textes kann wertvolle Hinweise auf eine mögliche Ausrichtung des Textes liefern. Dies lässt erwarten, dass die Schülerinnen und Schüler beim Text von Kusch im Kontext bewusst das typische Urlaubsklischee aufbauen. Dies führt ebenso wie im Originaltext zur Entlarvung unpolitischen Konsumverhaltens.

Die jeweils vorgeschlagenen Alternativen (einer der drei Begriffe ist der „richtige") sind einerseits Hilfestellung, andererseits stellen sie jedoch auch eine Einschränkung (Begrenzung) der Fantasietätigkeit dar, was manchen schreiberfahrenen Bearbeiter stören wird. Immerhin soll aber immer noch eine begründete Zuordnung getroffen werden. Wichtige Kriterien werden dabei der Kontext und die Stilebene des Gedichts sein.
Beispielsweise könnte bei der letzten Textzeile in Harnischs Text als Begründung für die Wahl des Begriffs „Hintern" darauf verwiesen werden, dass der Autor auch sonst keine Scheu zeigt, diese Stilebene zu nutzen („urinieren").
Ebenso ist es denkbar, bei der Entscheidung für „Kopf" auf sprachlich gebräuchliche Formulierungen hinzuweisen, wie dies zum Beispiel bei „sich am Kopf kratzen" der Fall ist. Zudem legen die beiden hier genannten Begriffe „Schädel" und „Kopf" die Wahl eines der Begriffe nahe, da sie den gleichen Teil des Körpers benennen.

Die Lehrerin/der Lehrer sollte bei der Besprechung der gewählten Titel darauf achten, ob es sich um eine einfache Adaption des Inhalts oder von Formulierungen aus dem Text handelt, z. B. „Die Biologen und die Affen" bzw. „Das Affengehege". Vielleicht formulieren die Schülerinnen und Schüler einen abstrakteren, auf den ersten Blick unpassenden Titel, der eine Diskussion lohnt. Es wäre wünschenswert, auch über den Zusammenhang zwischen Titelgebung und begrifflicher Zuordnung zu sprechen. Hat das eine das andere beeinflusst?

Mögliche Lösung

(Originaltext zu Arbeitsblatt 16–18; S. 35, 37)

Günter Harnisch
Perspektiven

Vor dem Affengehege
stehen drei Biologen,
welche die Affen beobachten
und zählen
wie oft sie sich lausen,
streiten, paaren, urinieren.

Ein Stück weiter rückwärts
stehen die Besucher.
Sie beobachten und zählen,
wie oft sich die Biologen,
welche die Affen beobachten,
am Hintern kratzen.

Kommentar

(Arbeitsblatt 17; S. 35)

Die einzige Hilfe, die den Schülerinnen und Schülern zur Verfügung steht, ist der Titel des Gedichts. Ansonsten sind sie allein auf ihr Sprachgefühl, Sprachvermögen und logische Überlegungen beim Einsetzen angewiesen. Sicherlich werden sehr unterschiedliche Fassungen erstellt werden. Eine Diskussion über die verschiedenen Fassungen lohnt.
Die Begründungen lassen erkennen, ob inhaltliche oder/und formale Kriterien bei der Bearbeitung des Textes im Vordergrund standen. Möglicherweise eröffnen sich auch völlig neue inhaltliche Gestaltungen.

Arbeitsblatt 16 (ab 6. Jahrgangsstufe)

ANREGUNGEN

Setze jeweils das nach deiner Meinung geeignete Wort ein. Begründe, warum du gerade diese Wörter gewählt hast. Gib dem Text einen Titel.

_______________ dem Affengehege	Vor, Neben, Hintern
__________________ drei Biologen,	stehen, sitzen, überlegen
welche die Affen _______________	betrachten, ärgern, beobachten
und __________________________	berechnen, zählen, kalkulieren
wie _______________ sie sich lausen,	häufig, oft, selten
streiten, paaren, urinieren.	
Ein Stück weiter _______________	rückwärts, hinten, abseits
stehen die ____________________.	Zuschauer, Besucher, Beobachter
Sie _______________ und zählen,	betrachten, beobachten, schauen
wie oft sich die _______________,	Biologen, Forscher, Wissenschaftler
welche die _______________ beobachten,	Schimpansen, Paviane, Affen
am _____________________ kratzen.	Schädel, Hintern, Kopf

Arbeitsblatt 17 (ab 8. Jahrgangsstufe)

ANREGUNGEN

Setze an den gekennzeichneten Stellen das nach deiner Ansicht passende Wort ein. Versuche für mindestens drei gewählte Wörter eine Begründung zu finden. Nutze den Titel des Gedichts als Hilfe.

Perspektiven

_______________ dem Affengehege
__________________ drei Biologen,
welche die Affen _______________
und __________________________
wie _______________ sie sich lausen,
streiten, paaren, urinieren.

Ein Stück weiter _______________
stehen die ____________________.
Sie _______________ und zählen,
wie oft sich die _______________,
welche die _______________ beobachten,
am _____________________ kratzen.

Kommentar

(Arbeitsblatt 18; S. 37)

Der erste Arbeitsauftrag bietet ein großes Maß an Freiheit bei der Zuordnung, da der Schüler im Rahmen des Kontextes noch relativ frei entscheiden und seine sprachlichen Fähigkeiten ins Spiel bringen kann. Ein schreibunerfahrener Schüler fühlt sich durch diese Aufgabenstellung möglicherweise überfordert („Ich bin doch kein Dichter").
Die begründete Zuordnung kann den Mitschülerinnen und Mitschülern Einblick in den jeweiligen Gestaltungs- und Entscheidungsprozess des Bearbeiters geben. Dies führt in der Regel zu Diskussionen über „Sinn und Unsinn" der Zuordnungen. Die Lehrperson muss das Augenmerk darauf legen, dass sich hier zunächst die Schülerinnen und Schüler äußern, die sich und ihre Texte gut verteidigen können. Die Schüler dürfen auf keinen Fall zu Aussagen gezwungen werden.

Arbeitsblatt 18 (ab 8. Jahrgangsstufe)

ANREGUNGEN

Setze in den Lücken ein nach deiner Meinung geeignetes Wort ein. Begründe jeweils, warum du dieses Wort gewählt hast. Gib dem Text einen Titel.

____

______________ dem Affengehege
_________________ drei Biologen,
welche die Affen ______________
und __________________________
wie ______________ sie sich lausen,
streiten, paaren, urinieren.

Ein Stück weiter ______________
stehen die ___________________
Sie ______________ und zählen,
wie oft sich die ______________,
welche die ______________ beobachten,
am ____________________ kratzen.

____

____

____

____

____

____

____

____

____

____

____

____

Mögliche Lösung

(Originaltext zu Arbeitsblätter 19–20; S. 39)

Axel Kutsch

Schöne Grüße aus Afrika

Liegen am Strand halbnackt
stop
wunderbar warm hier unten
stop
bei Euch tiefer Winter – ätsch –
stop
schwarze Bedienung spurt
stop
verneigt sich noch für ein Trinkgeld
stop
fühlen uns wie im Paradies
stop
nur bettelnde Kinder stören
stop
ansonsten alles wie im Prospekt
stop

Arbeitsblatt 19 (ab 6. Jahrgangsstufe)

ANREGUNGEN

Setze die nach deiner Meinung geeigneten Wörter ein (drei Möglichkeiten). Begründe, warum du diese Wörter gewählt hast. Gib dem Text einen Titel.

____

Liegen am ____________ halbnackt / See, Teich, Strand
stop
________________ warm hier unten / sonderbar, wunderbar, seltsam
stop
bei Euch tiefer ____________ – ätsch – / Winter, Herbst, Sommer
stop
_________________ Bedienung spurt / weiße, arme, schwarze
stop
verneigt sich noch für ein ____________ / Trinkgeld, Almosen, Lächeln
stop
fühlen uns wie im _________________ / Hotel, Paradies, Gartenhaus
stop
nur __________________ Kinder stören / singende, bettelnde, kleine
stop
ansonsten alles wie im ____________ / Prospekt, Heimatland, Dorf
stop

Arbeitsblatt 20 (ab 8. Jahrgangsstufe)

ANREGUNGEN

Setze die nach deiner Meinung geeigneten Wörter ein. Begründe, warum du diese Wörter gewählt hast. Gib dem Text einen Titel.

____

Liegen am ______________ halbnackt
stop
________________ warm hier unten
stop
bei Euch tiefer ____________ – ätsch –
stop
_________________ Bedienung spurt
stop
verneigt sich noch für ein ____________
stop
fühlen uns wie im _________________
stop
nur __________________ Kinder stören
stop
ansonsten alles wie im ____________
stop

Variante 1

Kommentar

(Arbeitsblatt 21; S. 41)

Die folgende Arbeitsanregung trainiert am Beispiel eines Gedichts in Ansätzen das Spiel mit den grammatikalischen Möglichkeiten. Daher stellt sie eine wichtige Voraussetzung für spätere kreative Erarbeitungen auf höherem Niveau dar. Der Vergleich mit dem Originaltext und das Sprechen über den Originaltext gehörten natürlich zur Erarbeitung dazu.

Mögliche Lösung

(Originaltext zu Arbeitsblatt 21; S. 41)

Jürgen Becker
Gedicht, sehr früh

In der Frühe um fünf weckt mich
das Geräusch eines einzelnen, kreisenden Flugzeugs;
ich kämpfe noch an den Rändern
des Schlafs, um den Rest eines Traums;
kreischend die Vögel, ehe zu dröhnen
beginnt mein vollbeschäftigtes Land;
fürchterlich wird der Sommer, glücklich die Nachbarn
auf Grundstücken in der Nähe der Autobahn;
resigniert haben einige, vorbei sei
die schönste Zeit, und das zählt nicht;
gestern abend hörte ich sprechen Leute
in Gärten, Geräusche des Alterns;
Vor vielen Jahren erfand ich nach jeder Täuschung
die nächste, dann wusste ich mehr;
so fängt der Tag an, die Volkswagen schnarren,
Wirkliches mit der Zeitung, anderswo noch Schnee.

Arbeitsblatt 21 (ab 9. Jahrgangsstufe)

ANREGUNG

Fülle die Textpassagen mit den angegebenen Wörtern so aus, dass ein sinnvoller Text entsteht. Zu beachten ist, dass die Nomen im Singular (Einzahl), die Verben im Infinitiv (Grundform) und die Adjektive ohne Steigerung vorgegeben sind. Du kannst die Wörter im Rahmen der grammatikalischen Möglichkeiten verändern.

Nachbar; wissen; Jahr; Rest; vorbei; Zeitung; Sommer; wecken; Autobahn; Vogel; schön; schnarren; Geräusch; kämpfen; einzeln; hören; beginnen;

Gedicht, sehr früh

In der Frühe um fünf ______________ mich
das Geräusch eines ____________________, kreisenden Flugzeugs;
ich ______________ noch an den Rändern
des Schlafs, um den ____________________ eines Traums;
kreischend die ______________, ehe zu dröhnen
______________ mein vollbeschäftigtes Land;
fürchterlich wird der ______________, glücklich die ______________
auf Grundstücken in der Nähe der ______________________;
resigniert haben einige, ______________ sei
die ______________ Zeit, und das zählt nicht;
gestern abend ______________ ich sprechen Leute
in Gärten, ____________________ des Alterns;
Vor vielen ______________ erfand ich nach jeder Täuschung
die nächste, dann ______________ ich mehr;
so fängt der Tag an, die Volkswagen __________________,
Wirkliches mit der ______________, anderswo noch Schnee.

____

____

____

____

____

Variante 2

Kommentar

(Arbeitsblatt 22; S. 43)

Bei dieser Arbeitsanregung werden ebenfalls alternative Begriffe aus einem Wortfeld ausgewählt und deren Auswahl begründet. Im Unterrichtsgespräch können die Auswahlkriterien Rhythmus und Alliteration diskutiert werden. Ein Ziel ist die Sensibilisierung für Sprache in ihrer verdichteten Form. Der Zugang zu Lyrik wird durch gelenkte Wortfeldassoziationen erleichtert. Strukturprinzip ist die Verschmelzung von zwei Erfahrungsebenen in einem Bild. Das Thema des Gedichts ist das zu frühe Erwachen am Morgen. Geweckt vom Klanggemisch aus Hahnenschrei und Dengeln einer Sense hängt der Schläfer in Gedanken noch dem Traum der Nacht nach und wünscht sich zurück in den Morgenschlaf.

Zur Auswahl der Wörter:

- „schlaf, schrei, schneide, schimmert" haben den gleichen Anlaut (Alliteration)
- sie verbinden sich mit weichem, das Atemgeräusch nachahmendem Laut zu einer klanglichen Einheit
- „schlaf" ist „schlummer" auch aus rhythmischen Gründen vorzuziehen
- der zweite Graswuchs im Spätsommer heißt „grummet" (Beziehung zu zweitem Schlaf am Morgen und Assoziation zum Schlummer)
- „gedeiht" scheidet aus rhythmischen, „grünt" aus inhaltlichen Gründen aus.

Mögliche Lösung

(Originaltext zu Arbeitsblatt 22; S. 43)

Reiner Kunze
Im Morgengrauen

Der hahn mäht schlaf
So fein gedengelt ist sein schrei, dass durch die schneide
der fingernagel schimmert
des traums
Du hoffst, dass sich der hahn entfernt
zu anderen müdigkeiten
und auf der deinen
dichtes grummet wächst

Arbeitsblatt 22 (ab 11. Jahrgangsstufe)

ANREGUNG

Streichen Sie in dem folgenden Gedicht die kursiv geschriebenen Wörter, die Ihrer Meinung nach nicht zutreffend sind. Begründen Sie Ihre Auswahl.

Im Morgengrauen

Der hahn mäht *schlummer*
träume
schlaf

So fein gedengelt ist sein *krähen,* dass durch *das eisen*
ruf *die klinge*
schrei *die schneide*

der fingernagel *blinkt*
schimmert
leuchtet

des traums

Du hoffst, dass sich der hahn entfernt

zu anderen müdigkeiten

und auf der deinen

dichtes *grummet* *gedeiht*
grün *wächst*
gras *grünt*

Motto

Der Dichter

Denket nicht, ihr, die ihr da lest,
dass ich im Wahn schreibe,
nein, das nicht,
wohl aber der Welt entrückt.
Für eine kurze Weile,
grad so lang
wie die Zeilen, reite ich vielleicht
auf einem Elefanten in den Himmel.

(*Wanda Gawinski*)

Kommentar

(Arbeitsblätter 23 und 24; S. 45, 47)

Zum einen ist bei dieser Schreibanregung das „Erlesen" des vorhandenen Textes von Bedeutung. Lassen sich die „richtigen" Ergänzungen logisch erschließen oder erahnen? Wer konzentriert liest und sich alle Begriffe im vorliegenden Text klar macht, findet häufig die Lösung oder zumindest einen Teil davon.
Abgesehen von dem Spaß, den das Erfinden neuer Textpassagen mit sich bringen kann, schult dies auch das Gespür für den Stil des Textes.
Im ersten Beispiel (Arbeitsblatt 23) müssen zum Teil nur Einzelwörter eingefügt werden; aber auch längere Textpassagen können reizvolle Veränderungen ergeben. Der Alternativtext (Arbeitsblatt 24) ist eindeutig auf längere Texteinschübe hin angelegt.

Mögliche Lösung

(Originaltext zu Arbeitsblatt 23; S. 45)

Jan M. Greven
Begebenheit

Die Alte ging langsam und gebückt. Manchmal verschnaufte sie, auf ihren Stock gestützt. Und dann stand da das Sport-Cabriolet auf dem Bürgersteig. Metallic-red, die Räder noch eingeschlagen, selbst im Stand voll Dynamik und Sex.
Die Alte verschnaufte. Dann ging sie nach rechts. Aber zwischen der Stoßstange und der Mauer war nicht genügend Platz zum Durchgehen. Die Alte verschnaufte und ging nach links. Sie trat auf die Fahrbahn und wollte um das Heck gehen. Aber ein Auto nach dem anderen schoss vorbei. Manche Fahrer hupten, einer schalt sie mit dem Zeigefinger. Sie ging zurück zur Mauer, wiederum vergeblich; ihr Atem rasselte. Da stieß sie mehrfach mit ihrem Stock gegen einen der Reifen.
Nach einer Weile tiefer Ratlosigkeit hob sie den Stock und drohte dem Himmel, an dem weiße Mittagswolken hingen.

Arbeitsblatt 23 (ab 8. Jahrgangsstufe)

ANREGUNG

Fülle die Lücken im Text durch sinnvolle Texteinschübe.

Die ____

____

ging langsam und gebückt. Manchmal ______________________

____

sie, auf ihren Stock gestützt. Und dann stand da ______________

____

auf dem Bürgersteig. ______________________________

____

____

Dann ging sie nach rechts. Aber zwischen der ______________

____

und der Mauer war nicht genügend Platz zum Durchgehen. ______

____

____

Aber ein Auto nach dem anderen schoss vorbei. ______________

____

Sie ging zurück zur Mauer, wiederum ______________________

____

____

Nach einer Weile tiefer Ratlosigkeit hob sie ______________

____

und drohte dem Himmel, an dem weiße Mittagswolken hingen.

Mögliche Lösung

(Originaltext zu Arbeitsblatt 24; S. 47)

Jan M. Greven
Gelächter

Das Fest war richtig auf dem Höhepunkt angelangt. Die Linden auf dem Schulhof dufteten zum Verrücktwerden. Es gab Jazz und Luftballons, ein bisschen Bier. Die Schüler schminkten sich gegenseitig farbenfroh und fantasievoll. Sie nahmen Gesichtsmasken voneinander. Schön und seltsam musste es sein, auf der Decke in der Sonne zu liegen, zärtlich mit Nivea eingecremt zu werden und mit Strohhalmen in den Nasenlöchern die weichen, warmfeuchten Gipsstreifen im Gesicht zu spüren. Hier brieten sie Speck und Eier mit Sonnenenergie, dort malten und töpferten sie im Kollektiv.
Dann kam die Supershow kanalisierter Aggression, Lehrergesichter, live im ovalen Kartonloch, durften mit nassen Schwämmen beworfen werden. Im Publikum stand ein Pärchen und lachte, lachte mit in der allgemeinen Freude, der ganz junge Lehrer und die zierliche, blonde Schülerin, die er um die Hüfte gefasst hielt.
Und der Hausmeister, der Mann mit dem vielfältig rasselnden Schlüsselbund, gab einem anderen Lehrer, und dieser war auch keineswegs alt, mit dem Ellenbogen einen Schubs: Soll ich meinen Nullneunercolt holen und die zwei auseinander ballern?
Und sie lachten laut, lachten und lachten.

Variante 1

Kommentar

Die Geschichten können auch verfasst werden, indem jeder Teilnehmer zunächst nur die erste Lücke mit Text füllt. Anschließend gibt er das Blatt an jemand weiter, der diesen Text weiterschreiben soll. So muss sich der jeweilige Schreiber immer neu auf andere Inhalte einstellen. Dies erfordert ein großes Maß an Flexibilität und Fantasie.

Variante 2

Kommentar

Eine Gruppe aus wenigen Schreibern schreibt an einem Text. Jeder Teilnehmer erhält nur einen Teilabschnitt des Textes und soll diesen weiterschreiben. Die einzelnen Teile werden dann als Gruppentext zusammengesetzt. Sie werden sich häufig wundern, was dabei herauskommt.

Arbeitsblatt 24 (ab 8. Jahrgangsstufe)

ANREGUNG

Fülle die Lücken im Text durch sinnvolle Texteinschübe.

Das Fest war richtig auf dem Höhepunkt angelangt. Die Linden auf dem Schulhof dufteten zum Verrücktwerden. Es gab Jazz und Luftballons, ein bisschen Bier. Die Schüler schminkten sich gegenseitig farbenfroh und fantasievoll. Sie nahmen Gesichtsmasken voneinander. Schön und seltsam musste es sein, auf der Decke in der Sonne zu liegen,

zärtlich ____

____

____

____

____

____

____

Dann kam die Supershow____

____

____

____

____

____

Im Publikum stand ein Pärchen und lachte, lachte mit in der allgemeinen Freude,

der____

____

____

____

____

____

____

Und der Hausmeister, der Mann mit dem vielfältig rasselnden Schlüsselbund, ________

____

____

____

____

____

Und sie lachten laut, lachten und lachten.

Anfang und Ende vorgeben

Motto Anfang und Ende
reichen einander die Hände. *(Sprichwort)*

Kommentar

(Arbeitsblätter 25 und 26; S. 49)

Eine Geschichte beginnt mit einem seltsamen Geschehen. Dem Leser graust es, kalte Schauer laufen den Rücken hinunter. Was ist hier geschehen? Hier bricht die Geschichte ab. Der Leser hat nun die Möglichkeit seine Fantasie spielen zu lassen. Aber ein Ziel ist dennoch vorgegeben, denn der Schluss der Geschichte ist wieder bekannt. Der Spaß und die Schwierigkeit ist in einem gegeben. Wie passe ich meinen Text in die Rahmengeschichte ein? So oder ähnlich könnte diese Schreibanregung aussehen. Es muss jedoch nicht immer eine Horrorgeschichte sein.

Arbeitsblatt 25 (ab 8. Jahrgangsstufe)

ANREGUNG

Anfang und Ende eines Textes sind vorgegeben. Dazwischen finden sich jedoch seltsame Zeichen, die zu einem Text umgeformt werden sollen. Dieser Text sollte dann seinen sinnvollen Schluss in der vorgegebenen Textpassage finden.

Sie steht dort angelehnt an das alte Haus. Wie ein Stein. Manchmal setzt sie sich, manchmal greift sie in das Gras um zu essen. Dann kaut sie stundenlang an einem Halm, steht an der Wand. Wie ein Stein. Manchmal ist ihr nach Weinen, aber sie weint nicht, weil sie nicht weiß, ob ein Stein weinen kann, und weil sie sich nicht sicher ist, ob sie nicht doch zu einem Stein geworden ist. Vielleicht wird sie einmal jemanden auf der Straße vor dem alten Haus fragen, was sie ist. Vielleicht wird sie es nicht tun, denn ...

Dann schließt sie die Augen und beginnt, heftiger zu kauen.

Arbeitsblatt 26 (ab 8. Jahrgangsstufe)

Ein bekanntes literarisches Beispiel findet sich in Peter Handkes Buch „Die Angst des Tormanns beim Elfmeter".

ANREGUNG

Anfang und Ende eines Textes sind vorgegeben. Dazwischen finden sich jedoch seltsame Zeichen, die zu einem Text umgeformt werden sollen. Dieser Text sollte dann seinen sinnvollen Schluss in der vorgegebenen Textpassage finden.

Er drehte den Wasserhahn auf. Sofort fiel eine Fliege vom Spiegel ins Waschbecken und wurde gleich weggespült. Er setzte sich aufs Bett: gerade noch war der Stuhl rechts von ihm gewesen, und jetzt stand er links von ihm. War das Bild seitenverkehrt? Er schaute es von links nach rechts an, dann von rechts nach links. Er wiederholte den Blick von links nach rechts; dieser Blick kam ihm wie ein Lesen vor. Er sah einen Schrank, danach einen kleinen Tisch, danach einen Papierkorb, danach einen Wandvorhang, beim Blick von rechts nach links dagegen sah er einen , daneben den , darunter den , daneben den  darauf seine ; und wenn er sich umschaute, sah er die , daneben den  und die . Er saß auf dem , darunter lag ein , daneben eine  . Er ging zum  :  :

 . Bloch zog die Vorhänge zu und ging hinaus.

Variante

Kommentar

(Arbeitsblätter 27 und 28; S. 51, 53)

Im Prinzip ähnelt diese Anregung den beiden vorherigen. Mit einem Unterschied: Während bisher Zeichensymbole die Lücken ausfüllten, ist der Schreiber nun völlig auf sich und seine Fantasie angewiesen. Dies ist jedoch nicht unbedingt eine Erschwernis, sondern kann auch hilfreich sein, da der Bearbeiter nicht mehr durch Vorgaben beim Zwischentext festgelegt wird. Das Vorlesen des Originaltextes sollte – wenn überhaupt – am Ende der Unterrichtseinheit erfolgen.
Schwierigkeiten treten in der Regel auf, weil der Text auch vom Stil her angemessen formuliert sein soll.

Originaltext

(zu Arbeitsblatt 27; S. 51)

... über dem Micky Maus-Heft eingeschlafen, als der Mann in Tokio auf der Erde aufprallte, die Frau drei Straßen weiter sich aus dem Fenster beugte, um dem Leder hinterherzuschauen, und Irmgard beim Verlassen des Geschäftes auf die Ladenglocke aufmerksam wurde. Sie wusste nichts von ihrer Gleichgültigkeit, die Frau nicht, dass sie eine sensationsgierige Spannerin war, und Irmgard hatte keine Ahnung, dass die Ladenglocke zur Totenglocke wurde. Als die Frau hinunterging, um das Leder zu holen, stand schon ein deutscher Tourist mit seinem Sohn in Tokio vor dem auf der Straße zerplatzten Mann, machte sich Irmgard Gedanken über die Farbe ihres Pullovers, und sie träumte, sie wäre Micky Maus auf dem Weg zu Donald Duck. Irmgard traf Erika auf der Straße, die Frau ihre Nachbarin, der deutsche Tourist und sein Sohn trafen auf viele andere Japaner, Donald Duck war allerdings nicht zu Hause. Sie machte sich im Traum auf den Weg zu Goofy, und ihre Mutter steckte den Schlüssel in die Haustür, als dem Sohn in Tokio so schlecht wurde, dass er sich übergeben musste, die Frau drei Straßen weiter ihre Nachbarin fragte, wann es wohl endlich einen Deo-Roller gäbe, bei dem man sich die Haare nicht mehr einklemmen könne und Irmgard auf Erikas Figur neidisch war und mit dem Gedanken spielte, den Lutscher in den nächsten Gulli zu schmeißen. Als die Sanitäter kamen, wurde sie von der Mutter geweckt, hatte sich Irmgard für eine einwöchige Fastenkur entschieden, die Frau von ihrer Nachbarin noch immer keine Antwort bekommen, der deutsche Tourist seinem Sohn einen Underberg an den Hals gesetzt, und Goofy, Donald Duck und Micky Maus waren zu bedrucktem Papier reduziert. Sie hätte gern mit Goofy gesprochen und war sauer auf die Mutter, die die Einkäufe auspackte und dabei Radio hörte. Irmgard kaufte sich an der nächsten Straßenecke für zehn Mark Obst, Erika eine Tafel Schokolade, die Frau drei Straßen weiter hob das Fensterleder auf, und der deutsche Tourist betrachtete gemeinsam mit seinem Sohn, wie der tote Japaner von den Sanitätern zugedeckt und verfrachtet wurde. Sie dachte an Micky, Micky an Goofy, der Sohn dachte ans Hotel, der Vater an Deutschland, die Frau drei Straßen weiter dachte an das Wasser im Eimer, das langsam kalt wurde, die Nachbarin an den Deo-Roller, die Mutter an die ewig leeren Versprechungen der Politiker im Radio, ...

(Bettina Schöller: Hohes C)

Arbeitsblatt 27 (ab 9. Jahrgangsstufe)

ANREGUNG

Anfang und Ende eines Textes sind vorgegeben. Dazwischen klafft jedoch eine gewaltige Lücke, die gefüllt werden soll. Achte beim Schreiben darauf, dass du inhaltlich an die Anfangs- und Schlusspassage anknüpfst. Auch dein Schreibstil sollte der Vorgabe angepasst sein, da sonst ein Stilbruch eintritt. Dieser Text sollte dann seinen sinnvollen Schluss in der vorgegebenen Textpassage finden.

Anfang

Als sie sich in Frankfurt auf das Sofa setzte und Micky Maus las, sprang ein Mann in Tokio aus dem Fenster. Im selben Augenblick ließ die Frau drei Straßen weiter beim Fensterputzen das Leder fallen, und Irmgard kaufte sich von ihrem letzten Geld einen Lutscher. Sie war gerade ...

Ende

... Erika dachte an die Farbe von Irmgards Pullover, Irmgard an die bevorstehende Obstwoche, die Straßenkehrer in Tokio an den Dreck, den sie nun wegmachen mussten, und der tote Japaner dachte gar nichts mehr.

Originaltext

(zu Arbeitsblatt 28; S. 53)

... Bescheid. Ich weiß nicht nur besser Bescheid als mein Friseur, sondern auch besser als die Redakteure sämtlicher Tageszeitungen. Dank meines Fernsehers. Nicht, dass er ein besonderer Fernseher wäre, es ist ein älteres Modell, schwarzweiß nur, aber mit einem schönen Gehäuse aus Holz. Bis vor sechs Wochen war er kaputt, dann klingelte ein sogenannter Haushaltstechniker, der von Tür zu Tür geht und alle möglichen elektrischen Geräte repariert. So auch meinen Fernseher, wobei er mit seinem Lötkolben wie mit einem Zauberstab herumfuchtelte und dabei einen widerlichen Geruch verbreitete. Zwanzig Mark wollte er haben.
Abends saß ich dann in meinem schönsten und einzigen Sessel, sozusagen unter vier Augen mit dem Nachrichtensprecher, und bemerkte zunächst nichts Auffälliges. Erst als nach den Nachrichten von einer adretten Ansagerin mit breiter Schleife im Haar der Krimi „Mord im Kirchenschiff" angekündigt wurde, stutzte ich. In meiner Programmzeitschrift war für diesen Tag das Verbrauchermagazin „Tatort Waschküche" aufgeführt, während „Mord im Kirchenschiff" erst am folgenden Tag gezeigt werden sollte. Der Krimi war spannend. Ich hatte den Fehler schon vergessen, als ich feststellte, dass auch die nachfolgende Sendung über den Untergang eines Luxusliners in das Programm des nächsten Tages gehörte. Mit zunehmender Verwunderung bemerkte ich an diesem Abend, dass mein Fernseher das gesamte Programm einen Tag zu früh zeigte, auch die Nachrichten wurden vorweggenommen, so dass über Ereignisse berichtet wurde, die noch gar nicht geschehen waren.
Ich staunte. Es war mir unbegreiflich, wie mein Fernseher es schaffte, das Erscheinen der Bilder um genau einen Tag vorzuverlegen. Aber bei genauerem Überlegen erschien es mir ebenso unbegreiflich, dass er überhaupt Bilder zeigte. Darüber hatte ich nur noch nie nachgedacht.
Mein Erstaunen legte sich nach wenigen Tagen. Ich stellte fest, dass es nach einer kurzen Umstellungsphase des Körpers sehr gut möglich ist, dem Rest der Welt einen Tag voraus zu sein. Ja, erst jetzt beginne ich, während ich dem Nachrichtensprecher besser zuhöre als früher, die Abende vor dem Fernseher zu genießen. Sorgfältig vergleiche ich, was ich den Menschen in diesem Land an Informationen voraushabe. Es ist nicht viel. Im Gegenteil: es ist erschreckend wenig. Das Weltgeschehen scheint sich gleich einer riesigen Schnecke fortzubewegen, die jeden Abend eine Pause einlegt, sich stolz vor Hunderten von Kameras aufbaut, um die zurückgelegten Millimeter ausgiebig zu zelebrieren. Glücklicherweise befinden sich im Fernsehprogramm auch Western, Spielfilme und Krimis. Die schaue ich mir alle aufmerksam an. Und die Verantwortung, einen Tag früher als Millionen von Zuschauerinnen und Zuschauern damit konfrontiert zu werden, ist mir bewusst. Im Geiste spreche ich Empfehlungen aus, gebe Kritiken ab und warne vor allzu schwerer Kost oder zu seichter Unterhaltung. Schon manch einen Abend gab es, an dem ich gerne auf einen der höchsten Kirchtürme dieser Stadt gestiegen wäre und verkündet hätte: Leute, ihr tut gut daran, heute zum altbewährten Mensch-ärgere-dich-nicht zu greifen oder früh ins Bett zu gehen.
Aber da fangen die Schwierigkeiten an. Ich darf mein Geheimnis nicht verraten; ich fühle, dass mich der Verlust des winzigen Vorsprungs von 24 Stunden in tiefe Depressionen stürzen könnte. Seit sechs Wochen kenne ich nur noch diesen Alptraum: Ich schalte meinen Fernseher an, lasse mich in meinem schönsten und einzigen Sessel nieder, blicke gespannt auf das Glasviereck und – muss wieder das ganz normale Programm über mich ergehen lassen, dem sich gleichzeitig ein ganzes Volk stumm und ergeben ausliefert! Doch bisher ist es ein Alptraum geblieben.
Dass der Umgang mit meinen Mitmenschen allerdings schwieriger wird, wurde mir klar, als ich wieder in dem kleinen Salon meines Friseurs saß. Er dozierte gerade über den Besuch des amerikanischen Präsidenten, der am folgenden Tag eine mit Spannung erwartete Abschlussrede halten würde. Während der Friseur sprach, rasierte er mit kraftvollen Bewegungen meine Nackenhaare ab, wobei das Dröhnen des Rasierers meinen Kopf in den Maschinenraum eines mittelgroßen Frachtschiffes zu verwandeln schien. Seine Stimme, die gewohnt war, auch den Tausend-Watt-Föhn zu übertönen, traf meine Ohren wie Hammerschläge: zur deutschen Außenpolitik werde sich der Präsident sehr kritisch äußern, ebenso zum neuesten Finanzskandal; und für die Abrüstungsfrage könne man von ihm nur das Schlimmste befürchten; gerade hier in Europa seien seine Worte besonders ernst zu nehmen. Dank meines Fernsehers kannte ich die Abschlussrede bereits. Ich hatte die wesentlichen Ausschnitte gesehen. Was er gesagt hatte? Nichts. Jedenfalls nichts Wichtiges.
Hätte ich in diesem Moment noch Nackenhaare gehabt, hätten sie sich wahrscheinlich so sehr gesträubt, dass der Rasierer stecken geblieben wäre. Jahrelang hatte ich seinen Reden, Prognosen und Deutungen geglaubt. Seine Friseursobjektivität hatte für mich jenseits von Gut und Böse gestanden. Und was war sie? Bloßes Geschwätz. Das Schlimmste war, dass ich nicht widersprechen konnte. Hier zählte nur das Aufregende, Bedeutungsvolle, das man ja immer erhoffen konnte, solange es um die Zukunft ging. Wie dumm, dass von allen Möglichkeiten für die Zukunft die langweiligste ausgerechnet diejenige war, die dann auch eintraf ...

(Burkhard Wetekam: Fernsehtag)

Arbeitsblatt 28 (ab 9. Jahrgangsstufe)

ANREGUNG

Anfang und Ende eines Textes sind vorgegeben. Dazwischen klafft jedoch eine gewaltige Lücke, die gefüllt werden soll. Achte beim Schreiben darauf, dass du inhaltlich an die Anfangs- und Schlusspassage anknüpfst. Auch dein Schreibstil sollte der Vorgabe angepasst sein, da sonst ein Stilbruch eintritt. Dieser Text sollte dann seinen sinnvollen Schluss in der vorgegebenen Textpassage finden.

Anfang

Zu meinem Friseur werde ich auch nicht mehr gehen. Er redet zu viel über Dinge, von denen er nichts versteht. Jahrelang habe ich zugehört, wie alle nur erdenklichen Ereignisse des Tagesgeschehens in seinem kleinen Salon zu Legenden wurden, wie ihnen hier die einzig wahre Deutung zuteil wurde. Mit weit zurückgebeugtem Oberkörper ließ er Diktatoren stürzen, Koalitionsverhandlungen platzen und Sportlerkarrieren ein dramatisches Ende nehmen, während sich seine Schere synchron zum Mund öffnete und schloss und Haarbüschel für Haarbüschel lautlos auf den schmutzigen PVC-Boden hinabschwebte.
Und ich habe alles geglaubt!
Seit sechs Wochen ist das anders; seit sechs Wochen weiß ich ...

____

____

____

____

____

____

____

____

____

____

____

____

Ende

... Meine Turnschuhe quietschten vorwurfsvoll auf dem schmutzigen PVC-Boden, als ich zur Tür ging und mir ein unbeteiligtes Auf Wiedersehen abrang. Auf dem Weg zu meinem schönsten und einzigen Sessel versuchte ich mir vorzustellen, wie ich mit langen Haaren aussehen werde.

Motto

Anfangs wollt' ich fast verzagen,
und ich glaubt', ich trüg' es nie,
und ich hab es doch getragen –
aber fragt mich nur nicht, wie.

(Heinrich Heine)

Kommentar

(Arbeitsblätter 29–31; S. 55, 57, 59)

Das Weiterschreiben bereits vorgegebener Erzählanfänge führt zu Einsichten in die Erzählweise des Textes. Der Schreiber muss sich zunächst einmal auf die vorgegebene Perspektive einlassen und des Weiteren den Stil des Textes beibehalten, damit kein Bruch entsteht. Insofern ist er in seinen Möglichkeiten zum Teil eingeschränkt, was jedoch nicht zum Nachteil gereichen muss. Für den noch nicht so erfahrenen Schreiber kann dies auch eine Hilfe im Sinne einer notwendigen Vorgabe sein. Das Weiterschreiben eines solchen Textes fördert zudem die kreativen Fähigkeiten, da Situationen ausgestaltet werden sollen, Alternativen durchdacht und formuliert werden müssen, um zu einem abgerundeten, eventuell auch überraschenden Schluss zu gelangen.
Der Titel des Textes ist bewusst nicht genannt, da dies bereits den Schreibenden zu sehr lenken würde.

Originalschluss

(zu Arbeitsblatt 29; S. 55)

... Doch der Mann ließ sich nicht stören und zog sich in aller Ruhe seine Haut aus. Stellenweise war dies schwierig, denn seine Haut war schon fast angewachsen, und schließlich entschied er sich, die blauen Augen zu behalten. Er hatte sich an sie gewöhnt. Die Haut aber faltete er sorgfältig zusammen und legte sie in die Schublade zu den Socken. Sie war eine gute Haut gewesen, und er tätschelte sie noch einmal, bevor er die Schublade schloss.
Den nächsten Tag verbrachte er damit, seine Sachen zu packen. Er rief all seine Freunde an und sagte ihnen, dass er sie an der Kreuzung treffen würde, um sich von ihnen zu verabschieden. Sie kamen und hatten viel zu sagen, er solle doch bleiben, dies sähe ihm gar nicht ähnlich und wie er ihnen dies antun könne.
Der Mann sah und hörte sie kaum; ihre Stimmen klangen wie aus weiter Ferne. Immer wieder wanderten seine Blicke zur Straße. Schnell reichte er seinen Freunden noch ein Abschiedsgeschenk, das Spiegelbild samt Spiegel, und ging. Seine Freunde waren damit beschäftigt, auf ihn einzureden und bemerkten gar nicht, dass er schon fort war.
Der Mann lief die Straße entlang und wunderte sich, wohin ihn seine Füße trugen. Im Vorübergehen steckte er sich noch den Sonnenuntergang in die Hosentasche, lachte und verschwand dann im Wald.

Arbeitsblatt 29 (ab 8. Jahrgangsstufe)

ANREGUNG

Hast du nicht Interesse, zu dem folgenden Textanfang „deinen“ Schluss zu schreiben? Lasse deiner Fantasie freien Lauf.

Es war einmal ein Mann, dem war seine Haut zu eng geworden. Die ersten Anzeichen übersah er einfach, doch immer öfter ertappte er sich bei Gedanken, die ihn überraschten. Es machte ihm nichts mehr aus, auf Bahnhöfen zu warten, und als der Herbst kam, begrüßte er ihn. Der Mann besaß viele sehr nette Freunde, welche eine hohe Meinung von ihm hatten, und er tat sein Bestes, sie nicht zu enttäuschen.
Eines Abends jedoch, als er die Tür zu seinem Zimmer öffnete, stand ihm ein Fremder gegenüber. „Guten Abend“, sagte der Mann. „Kenne ich Sie?“ Der Fremde trug einen grauen Anzug und schwarze Schuhe. Er antwortete nicht. Der Mann runzelte die Stirn. „Also entweder, Sie sagen mir jetzt, wer Sie sind und was Sie hier wollen, oder ich muss Sie bitten ...“
„Ich“, sagte der Fremde, „bin dein Spiegelbild.“
Dies verschlug dem Mann erst einmal die Sprache.
„Unmöglich“, stellte er schließlich fest. „So sehe ich doch gar nicht aus. Ich weiß doch, wer ich bin.“ „Wirklich?“, fragte das Spiegelbild. „Frage doch einmal deine Freunde, wer du bist.“
Verwirrt schwieg der Mann. Er schaute an sich herunter. Tatsächlich, er trug schwarze Schuhe, und sein Anzug war grau. Er setzte sich auf sein Bett. Dann lächelte er plötzlich. „Was hast du vor?“, fragte das Spiegelbild misstrauisch. Als es sah, was der Mann plante, bekam es einen roten Kopf. „Hör auf!“, schrie es. „Hör sofort auf! Ich verbiete dir ...!“ ...

Originalschluss
(zu Arbeitsblatt 30; S. 55)

... heiratete eines Tages Arthur – in der Mittagspause, denn er konnte seine Arbeit nicht länger als eine Stunde im Stich lassen. Sie bekamen sieben Kinder, und Arthur arbeitete so hart für den Unterhalt seiner Familie, dass er sich die Zähne bis zum Gaumen abwetzte. Bald war er ein Schatten seiner selbst, und er starb, ohne je in seinem Leben Urlaub genommen zu haben. Der junge Biber fuhr fort, zu essen, zu schlafen, in den Flüssen herumzuschwimmen und mit den Bibermädchen „Blindekuh" zu spielen. Er brachte es nie zu etwas, aber er lebte herrlich und in Freuden und wurde steinalt.

Beispiel
(Schülertext zu Arbeitsblatt 30; S. 57)

... jedoch konnte seine Lebensweise nicht ertragen. Sie ärgerte sich über Al, obwohl sie ihn doch ein bisschen mochte. „Wenn er nur nicht so faul wäre, und wenn er doch mindestens einen Damm gebaut hätte", dachte sich das Biberweibchen. „Nein, der taugt nichts", musste sie stets von ihren Eltern hören. „Das ist ein Flegel." Also kam bei ihr ebenso diese Meinung auf. Aber das Bibermädchen wollte heiraten, weil es dachte, es sei an der Zeit. Die Eltern der jungen Biberin drängten ihre Tochter sich doch endlich mit Arthur zu vermählen. Doch sie bat stets darum, diesen Schritt noch einmal überdenken zu dürfen. Die Eltern jedoch drängten immer mehr, zumal sie alsbald Oma und Opa werden wollten. Da kam der jungen Biberin die rettende Idee.
Sie ließ verkünden, dass derjenige sie zur Frau haben sollte, welcher Sieger eines Wettbewerbs sei. Der Wettbewerb bestand aus drei Disziplinen, denn das Biberweibchen wollte einen Mann, der stark, gewandt und fleißig war, aber auch tanzen und sie unterhalten konnte.
Die erste Disziplin sollte die Schnelligkeit beim Fällen eines Baumes unter Beweis stellen. Beide Bibermännchen legten los. Arthur brachte seine gesammelte Erfahrung ins Spiel, die er in den Jahren zuvor beim Bäumefällen gesammelt hatte. Al dagegen hatte hier nichts zu bieten. Seine Zähne aber waren messerscharf und nicht so abgenutzt wie Arthurs. So kam es, dass beide Bäume aufgrund der jeweiligen Vorteile gleichzeitig fielen.
Die Biber sollten als zweite Disziplin einen kleinen Damm bauen, der zudem bewohnbar war. Die Vermutung des Lesers über den Sieger ist natürlich richtig. Gewonnen hatte Arthur, denn sein Geschick war unübertrefflich. Al war zwar zuerst fertig, das Resultat war jedoch nur von zweifelhafter Anschauung. Sein Werk bestand lediglich aus willkürlich aufgeschichteten Ästen, Blättern und sonstigen Gegenständen, die in unmittelbarer Nähe greifbar waren. Arthur war unumstrittener Gewinner dieser Disziplin.
Die dritte Disziplin stand noch aus. Beide Bibermännchen sollten sich in Schale werfen und ihrer Herzdame mit allem Gehabe imponieren. Al trug einen schneidigen Smoking, seine Schwanzflosse war auf Hochglanz poliert und die Zähne blitzten weißer als das weißeste Weiß, denn nur „Bibodent" für feste Zähne und gesundes Zahnfleisch erzeugt diesen Effekt. Seine Stimme klang so schmalzig und schmeichelnd, dass die junge Biberin schier von Sinnen war. Das Abendprogramm, welches er seiner weiblichen Begleitung bot, war auf allen Ebenen gelungen. Er führte sie zum Essen aus, verbrachte einen angenehmen Tanzabend und imponierte ihr in Meister Lampes Pub mit nostalgischen Gesängen. Das Bibermädchen schwebte auf Wolke sieben.
Am nächsten Abend führte Arthur die Biberin aus. Sie erkannte ihn zunächst nicht, als er sie abholte, da er wie ein obdachloser Biber aussah. Seine Hose war zerrissen, zwischen den Zähnen saßen noch die Eichenholzsplitter, und die Tatzen waren von der Arbeit noch sehr verschmutzt. Arthur zeigte dem Bibermädchen alle Dämme, die er in den vergangenen Jahren gebaut hatte. Als der Abend vorbei war, wollte die Biberin nur noch ruhen, denn ihre Tatzen waren wundgelaufen.
Dass Al diese Disziplin für sich entschieden hatte, liegt auf der Hand. Ein Gesamtsieger stand jedoch nicht fest, denn der Wettbewerb verlief für beide Bewerber unentschieden. Das Biberweibchen musste nun ihre Wahl treffen. Beide Männchen warteten gespannt auf das Ergebnis. Die Biberin entschied sich jedoch für keinen der beiden und blieb bis an ihr Lebensende jungfräulich.

Arbeitsblatt 30 (ab 7. Jahrgangsstufe)

ANREGUNG

Schreibe einen geeigneten Schluss zu dem vorgegebenen Anfang der Geschichte.

Es war einmal ein junger Biber, der hieß Al und bewarb sich gemeinsam mit einem älteren Biber namens Arthur um die Gunst eines hübschen Biberweibchens. Die junge Dame wollte von Al nichts wissen, weil er ein Leichtfuß und ein Taugenichts war. Er hatte in seinem Leben noch kein Stückchen Holz genagt, denn er zog es vor, zu essen, zu schlafen, in den Flüssen herumzuschwimmen und „Hasch-mich" mit den Bibermädchen zu spielen. Arthur dagegen, der ältere Biber, hatte seit der Zeit, da er seine ersten Zähne bekam, immer nur gearbeitet und nie irgendetwas mit irgendwem gespielt. Als der junge Biber das Biberweibchen bat, ihn zu heiraten, sagte sie, das komme nicht in Frage, es sei denn, er bringe es zu etwas. Sie wies ihn darauf hin, dass Arthur schon zweiunddreißig Dämme gebaut habe und zur Zeit an drei weiteren arbeite, während er, Al, bisher noch nicht einmal an ein Brotbrett oder ein Nudelholz herangegangen sei. Al war sehr traurig, erklärte aber, er denke nicht daran zu arbeiten, nur weil eine Frau es von ihm verlange. Als sie ihm daraufhin ihre schwesterliche Liebe anbot, erwiderte er, dass er bereits siebzehn Schwestern habe, deren Liebe ihm vollauf genüge. So nahm er denn sein gewohntes Leben wieder auf: Er aß, schlief, schwamm in den Flüssen herum und spielte mit den Bibermädchen „Ich sehe was, was du nicht siehst". Das Biberweibchen ...

Originalschluss
(zu Arbeitsblatt 31; S. 59)

... suchte er in Schubfächern, wühlte in Regalen, brachte schließlich eine rote Glühbirne und nannte den Preis.
Also, Sie haben keine Lose? Der Mann fragte vorsichtig, unsicher, und er kaufte die rote Glühbirne. Natürlich, antwortete der Verkäufer, wir haben alles, alles haben wir.
Nochmals lief er in die hinteren Räume, summte vor sich hin; freundlich nickend, als verbeuge er sich leicht, legte er ein grünkariertes Wachstuch auf den Tisch vor den Mann. Dieser griff irritiert nach seiner Brieftasche, schaute kurz nach rechts und links, bevor er das Wachstuch kaufte und aus dem Laden verschwand.
Der Verkäufer aber lächelte, lächelte, dass seine weißen Zähne zu sehen waren, das Zahnfleisch rot und feucht, wie nasse Kirschen.
Du hättest ihn sehen sollen, hättest ihn sehen sollen.

Variante 1 Motivierende Einstiegssätze

Kommentar
(Arbeitsblatt 32; S. 59)

Durch einen anregenden Satz sollen die Schülerinnen und Schüler dazu motiviert werden, ihre Gedanken bzw. Gefühle zu formulieren. Entscheidend für das Ergebnis ist sicherlich die Qualität des vorgegebenen Satzes oder Satzanfangs. Der Unterschied zu längeren vorgegebenen Textpassagen ist vor allen Dingen darin zu sehen, dass der Stil des Textes hierbei weitgehend selbst geprägt werden kann. Drei verschiedene Vorgehensweisen erscheinen mir sinnvoll:

- Ein Satz wird für alle Schüler verbindlich als Vorgabe gesetzt. Der Vorteil liegt hierbei in der möglichen thematischen Eingrenzung des Themas. Nachteilig ist sicherlich, dass sich durch ein solches Vorgehen der eine oder andere eingeschränkt fühlt.
- Es werden mehrere Vorgaben gemacht, aus denen die Schüler, ihren Vorlieben entsprechend, den ihnen am geeignetsten erscheinenden Anfangssatz auswählen. Damit wird die Entscheidung für die Auswahl stärker auf den Schüler übertragen, obwohl er sich mit dem zu erstellenden Text immer noch im Rahmen vorgegebener Varianten bewegt.
- Die Schülerinnen und Schüler entwickeln eigenständig die Anfangssätze und formulieren ihren Text. Damit ist größte Freiheit und Themenauswahl gegeben. Einigen wird dies sicherlich Probleme bereiten, da sie zunächst einen „roten Faden“ für ihren Text finden müssen.

Arbeitsblatt 31 (ab 10. Jahrgangsstufe)

ANREGUNG

Schreibe einen geeigneten Schluss zu dem vorgegebenen Anfang einer Geschichte.

Einmal kam ein Mann in das kleine Eckgeschäft und wollte ein Los kaufen. Als er seinen Wunsch vorgebracht hatte, bot ihm der Verkäufer einen Rasierapparat an, einen Staubsauger und ein Wörterbuch.
Der Mann wiederholte seinen Wunsch, worauf der Verkäufer ein paar Schuhe auf den Ladentisch stellte, bedauernd, er habe diese nur in Größe 45. Dem Mann wurde es unheimlich, er wollte gerade gehen, als ihn der Verkäufer zurückrief und versprach, noch einmal nachzuschauen.
Daraufhin ...

Arbeitsblatt 32 (ab 5. Jahrgangsstufe)

ANREGUNG

Suche dir einen der folgenden Beispielsätze aus. Schreibe die Geschichte weiter.

„Als ich aufwachte, rieb ich mir verwundert die Augen ..."

„Plötzlich klingelte es an der Tür ..."

„In der Zeit, als ich noch Millionär war, sah mein Tagesablauf anders aus als heute. Ich ..."

„Das kann doch wohl nicht wahr sein, dachte ich, als ich ..."

„Kaum hatte ich das Haus verlassen, geschah das Unerwartete ..."

„Manchmal träume ich, dass ..."

„Himmel, Arsch und Zwirn, sagte der Pfarrer ..."

„Mach'ne Mücke, sonst ..."

„Noch war ich ausgesprochen ruhig, aber die ersten kleinen Schauer liefen mir doch über den Rücken, denn ..."

„Ich werde immer unsichtbar, wenn ich eine Tasse Tee trinke ..."

„Eines Morgens wachte ich auf und merkte, dass ich Flügel hatte ..."

„Halt die Klappe, sagte der ..."

„Vorgestern bemerkte ich, dass ich durch Mauern sehen und gehen kann ..."

„Als ich heute den Klassenraum betrat, saßen alle Lehrer in den Bänken und ich ..."

Variante 2 Tagesablauf

Kommentar

(Arbeitsblatt 33; S. 61)

Der Schreibende hat bei dieser Schreibaufgabe eine feste Vorgabe (Tagesablauf) und kann sich daher an festgelegten Zeiten orientieren. Dies erleichtert die Schreibaufgabe wesentlich.

Variante 3 Gedichtanfänge fortsetzen

Kommentar

Arbeitsblatt 34; S. 61)

Dieses Verfahren eignet sich im Besonderen, wenn das Gedicht einen pointenhaften Schluss aufweist oder ein klar erkennbares Bauprinzip erkennen lässt. Es erfordert vom Bearbeiter allerdings die Kenntnis derartiger Pointierung und sollte daher erst gegen Ende der Sek I angewendet werden.

Mögliche Lösungen

(Originalschlüsse zu den Gedichten auf Arbeitsblatt 34)

Hans-Curt Flemming
nasse kleinstadt

...
kleine bäche mit
kleinen brücken
verheißungen
flussaufwärts

Erich Fried
Wer will...

...
der will nicht
dass sie bleibt.

Manfred Sestendrup
Im Café

...
sie hat gewonnen

Arbeitsblatt 33 (ab 5. Jahrgangsstufe)

ANREGUNG

Schreibe einen Tagesablauf nach deinen Vorstellungen zu einem der folgenden Themen.

– Mein Tagesablauf als schönste Frau der Welt
– Mein Tagesablauf als reichster Mensch der Welt
– Mein Tagesablauf als Leibwächter (body-guard) von Michael Jackson
– Mein Tagesablauf ...

Arbeitsblatt 34 (ab 9. Jahrgangsstufe)

ANREGUNG

Ergänze die Gedichttexte durch weitere Zeilen, die nach deiner Auffassung die Gedichte abrunden. Vergleiche im Anschluss den von dir formulierten Text mit den Originalfassungen der Gedichte.

nasse kleinstadt
im november
öffentlicher spielplatz
vor der sparkasse
regenlachen auf dem boden
himmel voll drohender
mütterfinger

und dennoch
...

____
____
____
____
____

einer schaut mich an
ich schaue eine an
eine schaut einen an und
schaut mich an der ich
schaue wie sie
schauen
einer steht auf und
geht ich stoße meine
tasse um
eine grinst
...

____
____
____
____

Wer will
dass die Welt
so bleibt
wie sie ist
...

____
____
____
____
____

Motto

Das Ende bedacht,
hat viel Gutes gebracht *(Sprichwort)*

Kommentar

(Arbeitsblatt 35; S. 63)

Bei dem folgenden Textbeispiel handelt es sich um einen prämierten Wettbewerbstext einer Schülerin aus Hessen.
Die Schülerinnen und Schüler sollen sich auf zwei Ebenen in die Textvorgabe hineindenken. Zum einen erfordert der vorgegebene Schlussteil des Erzähltextes ein Sich-Einlassen auf den Inhalt des Textes. Der Schüler muss also seinen Erzählanfang so gestalten, dass sich der abgedruckte Text ohne Bruch anschließen lässt. Des Weiteren sollte der Stil des zu erstellenden Textteils dem abgedruckten Text adäquat sein. Es ist davon auszugehen, dass die Schüler nach dem Originalanfang (s. S. 55) fragen, um die erstellten Texte damit zu vergleichen. Diesem Wunsch sollte – allerdings nicht zu früh – nachgekommen werden.

Beispiel

(Schülertext zu Arbeitsblatt 35; S. 63)

Ein neuer Anfang

Es war einmal ein Mann, der war nur für andere da. Jeder konnte zu jeder Zeit zu ihm kommen, egal mit welchem Problem auch immer. Er war stets bereit zuzuhören. Er war auf Parties gerne gesehen und alle mochten ihn, weil er auf fast alle Fragen einen Rat wusste. Wenn man Sorgen hatte, sei es in der Liebe oder im Beruf, so fragte man den Mann nach einer Lösung. Gewiss, auch er konnte nicht immer weiterhelfen, aber seinen Freunden oder Bekannten reichte es oft schon, wenn sie jemanden hatten, dem sie ihr Herz ausschütten konnten. Dabei hatte er selber oft großen Kummer und er fühlte sich manchmal nicht wohl in seiner Haut. Aber davon wollte kaum einer seiner Freunde etwas hören, hatten sie doch alle genug mit ihren eigenen alltäglichen Nöten zu tun. Und wenn mal einer da war, der sich seiner annahm, dann hörte man ihm nur oberflächlich zu, oder man tat einfach so, als wolle man ernsthaft an seinem Leben teilhaben. In Wirklichkeit aber interessierte es keinen. Eines Tages auf einer Party, ein Freund hatte Geburtstag gefeiert, alle waren gekommen um Spaß zu haben und sich zu vergnügen. Der Mann war der einzige, der nicht unbedingt an Spaß interessiert war. Er war sehr einsam und trank hin und wieder ein Bier. Er dachte oft darüber nach, wie es sein würde, wenn er einfach verschwände und alles liegen und stehen ließe. Wenn er einfach aus seiner Haut schlüpfen und ein neues Leben anfangen könnte. Den vermeintlichen Freunden, denen er immer zugehört hatte, würde er dann den Rücken kehren und einfach verschwunden sein.
Aber keiner von den Gästen bemerkte den Mann, denn sie waren zu sehr mit sich selbst beschäftigt. Der Mann trank sein letztes Bier aus und ging früh nach Hause um ein neues Leben zu beginnen. Nach einiger Zeit bemerkten einige der Feiernden, dass er fort war, und man begann ihn zu suchen. Aber man fand ihn nicht. Dann kam einer der Gäste auf die Idee doch mal bei ihm anzurufen (...)

Variante — Schlusssatz vorgeben

Kommentar

(Arbeitsblatt 36; S. 63)

Es wird lediglich ein Schlusssatz vorgegeben. Die Vorgeschichte bleibt der Fantasie des Schreibenden völlig überlassen.

Arbeitsblatt 35 (ab 8. Jahrgangsstufe)

ANREGUNG

Schreibe eine geeignete Anfangspassage zu dem folgenden Ende eines kurzen Erzähltextes. Gib der Geschichte einen passenden Titel.

Ende

... Doch der Mann ließ sich nicht stören und zog sich in aller Ruhe seine Haut aus. Stellenweise war dies schwierig, denn seine Haut war schon fast angewachsen, und schließlich entschied er sich, die blauen Augen zu behalten. Er hatte sich an sie gewöhnt. Die Haut aber faltete er sorgfältig zusammen und legte sie in die Schublade zu den Socken. Sie war eine gute Haut gewesen, und er tätschelte sie noch einmal, bevor er die Schublade schloss.
Den nächsten Tag verbrachte er damit, seine Sachen zu packen. Er rief all seine Freunde an und sagte ihnen, dass er sie an der Kreuzung treffen würde, um sich von ihnen zu verabschieden. Sie kamen und hatten viel zu sagen, er solle doch bleiben, dies sähe ihm gar nicht ähnlich und wie er ihnen dies antun könne.
Der Mann sah und hörte sie kaum; ihre Stimmen klangen wie aus weiter Ferne. Immer wieder wanderten seine Blicke zur Straße. Schnell reichte er seinen Freunden noch ein Abschiedsgeschenk, das Spiegelbild samt Spiegel, und ging. Seine Freunde waren damit beschäftigt, auf ihn einzureden und bemerkten gar nicht, dass er schon fort war.
Der Mann lief die Straße entlang und wunderte sich, wohin ihn seine Füße trugen. Im Vorübergehen steckte er sich noch den Sonnenuntergang in die Hosentasche, lachte und verschwand dann im Wald.

Arbeitsblatt 36 (ab 8. Jahrgangsstufe)

ANREGUNG

Die beiden Beispielsätze sollen die Schlusssätze von zwei Geschichten sein. Wähle einen Satz aus und schreibe dazu die Vorgeschichte.

- „Am nächsten Tag sah ich, als ich über den Schulhof ging, ein Denkmal von mir selbst dort stehen."
- „Da saß ich nun mit diesem kleinen grünen Mann, quasselte und trank mit ihm."

Trennungen

Motto Ach, was ist das Leben schön,
wenn die andern mich verstehn. *(Sprichwort)*

Kommentar

Worttrennungen sind im Rahmen der Rechtschreibung ein Kapitel für sich. Abgesehen von den Schwierigkeiten (trenne nie „st", denn es tut ihm weh!/„ck" wird zu „k-k"/Trennungen nach Herkunft des Fremdworts, z. B. „Päd-a-go-gik"), die als Folge der Rechtschreibreform zum Teil entfallen, gibt es zufällige Trennungen, die eigentlich nicht erlaubt sind, aber einen neuen Wortsinn entfalten. Das Suchen nach derartigen sprachspielerischen Varianten eröffnet Einblicke in die Mehrdeutigkeiten unseres Sprachsystems.
Es macht im Übrigen auch Spaß sich einfach die neuen Trennungen anzuschauen.

ANREGUNG
(ab 9. Jahrgangsstufe)

Suche in Tageszeitungen, Zeitschriften und anderen Printmedien nach falschen, aber dennoch einen neuen Wortsinn ergebenden Trennungen.

Beispiele

Tran-sport	statt	Trans-port
Hau-stier	statt	Haus-tier
Vers-ehen	statt	Ver-sehen
herz-eigen	statt	her-zeigen
nacht-eilig	statt	nach-teilig
Bäcker-ei	statt	Bäcke-rei
Müller-zeugung	statt	Müll-erzeugung
Gast-anker	statt	Gas-tanker
Atomarsch-welle	statt	Atomar-schwelle
Bild-ende	statt	Bil-dende
Urin-stinkt	statt	Ur-instinkt
Miss-etat	statt	Misse-tat

Motto Fragen sind immer der Mühe wert,
Antworten nicht immer. *(Sprichwort)*

Kommentar

Mit der Sprache spielen kann sehr spannend sein. Dafür eröffnen sich viele Möglichkeiten. Für den, der beruflich mit dem Wort umgeht, ist es zudem Training. Bestimmte zusammengesetzte Substantive eignen sich besonders zur Umwandlung in eine Frage. Auch durch Auseinanderreißen zusammengesetzter Wörter lassen sich solche Fragen bilden. Dabei erzielen wir nicht nur einfach witzige Fragen; nicht selten tritt ein Hintersinn zutage, der die Frage zu einer wirklich bohrenden Frage macht. So zum Beispiel: Ehren Urkunden? Darauf lässt sich nur antworten: Es kommt darauf an. Vor allem auf das Wann, Wo und Warum.
Solche Sprachspielereien folgen häufig der Phonetik (Lautgestalt), nicht der Rechtschreibung; daran sei noch erinnert, wenn nun der einleitenden Erklärung Beispiele folgen.

ANREGUNG Im folgenden Text werden zusammengesetzte Substantive verändert, indem sie zu Fragen umformuliert werden. Entwickeln Sie ähnliche Fragestellungen.

Klaus W. Schmuda
Bohrende Fragen

Raten Käufer?
Floh Marktverkäufer?
Haut Arzt Patienten?
Log Buch?
Zechen Direktoren?
Schien Bein?
Mied er Warenhersteller?
Schalt er Beamte?
Summen Bilanzen?
Stimmen Gewinne?
Mag sie Milian?
Büßten Halter?
Lag er gut?
Scharf Richter?
Reden Schreiber?
Rochen Fänger?
Fing er Hüte?
Krähen Füße?
Ballen Pressen?

Voll, Kaufmann?
Leiht er Sprossen?
Stahl er Zeugnisse?
Leer, Körper?
Hecken Schützen?
Schloss er Werkstatt?
Kalt Mamsell?
Unken Teiche?
Laden Hüter?
Latschen Kiefer?
Spuren Elemente?
Mag er Quark?
Blühten Drucker?
Schlachten Bummler?
Hallte Schild?
Kurt Schmidt?
Blau, Mann?
Steppen Wölfe?
Pflanzen artige Tiere?

Ölt Anker?
Speckt Unke?
Mutt er mal?
Braut Führer?
Mault Ihr Nachwuchs?
Blenden freie Fenster?
Schaden frohe Schüler?
Gib's Arme?
Murmelt Ihr Kopf?
Schult er Blätter?
Stinkt ihr?
Sitzen Bleiber?
Muss Orgskij? (Komponist)
Nerven schwache Patienten?
Kriecht Ihr Liebhaber?
Rennt Ihr Schinken?
Haart Olle?

Variante Treffende Aussagen

ANREGUNG Ähnlich wie bei den „Bohrenden Fragen" werden aus Wörtern neue Aussagen formuliert.

Beispiele

Ehrenurkunden = Ehre nur Kunden!
Kriegerdenkmal = Krieger, denk mal!
Lernerfolg = Lerner, folg!

Wortwörtlich oder mehrdeutig?

Motto

Deutschstunde

„Was will der Dichter damit sagen?",
pflegte unser Studienrat zu fragen.
Meist war er mit unseren Antworten
so unzufrieden, dass wir uns fragten,
warum denn die Dichter
nicht gleich das sagten,
was sie gar nicht sagen wollten.

(Helmut Lamprecht)

Kommentar

Die Wirkung von Mehrdeutigkeiten beruht meist auf der unterschiedlichen Einbindung in einen Kontext. Meist handelt es sich dabei um doppelte bzw. dreifache Einbindungen. Dabei werden nicht nur die unterschiedlichen Bedeutungen summiert, sondern häufig auch eine neue Gesamtbedeutung hergestellt.

Variante 1 Neuer Sinn

ANREGUNG

Setze ein Wort durch andere Betonung, Aussprache in einen neuen Sinnzusammenhang.

Beispiele

- Automaten = Paradiesäpfel aus feuchten Niederungen
- Erbstück = Untersuchungsobjekt der Genforschung
- Kehrseite = die Straßenseite, die gefegt werden muss
- Kontaktlinsen = berührungsfreundliche Hülsenfrüchte
- Legende = Feierabend im Hühnerstall
- Politessen = Diner im Kreis von Staatsmännern
- Steuerberater = milde dreinredender Beifahrer
- Villenviertel = Bruchteil einer Nobelimmobilie

Variante 2 Mehrdeutige Werbeslogans

ANREGUNG

Suche in Zeitungen und Zeitschriften Werbeslogans, die Doppeldeutigkeiten/Mehrdeutigkeiten enthalten.

Beispiele

„Sie haben richtig gewählt." (Deutsche Telekom)
„Wir sorgen für richtiges Auftreten." (Firma für Pflasterungen)
„Alles Gu(r)te!" (Werbung an den Autobahnen)
„Eine Spende, die von Herzen kommt." (Rotes Kreuz)
„Nordsee – Meer erleben." (Fischgroßhandel)
„Sie fahren mit Abstand am besten." (Werbung an den Autobahnen)
„Verpassen Sie nicht die Urzeit." (PRO 7 – Werbung für die Serie „Fred Feuerstein")
„Komfort bis zur Zugspitze." (Deutsche Bahn AG)

Arbeitsblatt 37 (ab 9. Jahrgangsstufe)

ANREGUNG

Finde Wörter und Sätze, die Doppeldeutigkeiten oder Mehrdeutigkeiten eröffnen, und setze diese in unterschiedliche Textzusammenhänge um die Mehrdeutigkeit zu verdeutlichen (mündlich und schriftlich).

Beispiele

Er *handelt* mit Autos.	Er *handelt* (engl.) die Maschine ausgezeichnet.
Die wahre Liebe.	Die Ware Liebe.

Motto

Unter einem Zirkuszelt
steh ich,
schreibe,
was gefällt.

(Unbekannt)

Kommentar

(Arbeitsblatt 38; S. 69)

Wir haben uns daran gewöhnt, sprachliche Regeln und Normen im mündlichen und schriftlichen Sprachgebrauch zu verwenden und einzuhalten. Darauf wurden wir, wenn nicht bereits im Elternhaus, so doch spätestens in der Schule getrimmt. Nicht immer mit Erfolg! Die Nichtbeachtung, viel schlimmer noch die Nichtbeherrschung von Sprachnormen wurde mit Sanktionen belegt, ihre Beachtung mit Lob. Natürlich gibt es auch eine Reihe von Regeln, deren Logik nicht einsehbar ist, eine Vielzahl von Schreibweisen, auf deren Beherrschung es eigentlich nicht ankommt, weil sich der Wortsinn nicht verändert. Wo beginnt jedoch der Un-Sinn?
Brigitte Heidebrecht (die Autorin des folgenden Gedichts) betreibt seit Ende der 70-er Jahre einen Kleinverlag, in dem sie zunächst ihre eigenen Texte, dann jedoch zunehmend auch Werke anderer Autoren (vorwiegend Frauen) publizierte. Das Gedicht „die wandlung“ nutzt die sprachspielerischen Möglichkeiten im Bereich der Orthographie und auf der lautlichen Ebene. In diesem Text wandelt sich eine Menge, auch auf der inhaltlichen Ebene. Angedeutet werden sollen hier nur einige Assoziationen, die Ansätze für mögliche Deutungen liefern könnten. Sie sind ausschließlich von den Schülerinnen und Schülern im Unterricht genannt worden.

endheute dich	= Ende; heute?; sich enthäuten (Schlange); aus sich herausgehen;
scherzend	= Scherz zum Ende der Beziehung?; männlicher Sarkasmus;
geh-mal	= Gemahl; hau ab!;
öffnette	= er erhofft sich schöne Momente; nett;
reisverschlussssssss	= Reis?; Eis?; Zischlaut am Ende = Zischen der Schlange;
griff nach irr	= sexuelles Verlangen nach ihr; sie reagiert wie irre;
würglich	= wirklich?; sie würgt ihn zu Tode; Würgeschlange;
fuhr aus der haut	= aus der Haut fahren = Wut; Verwandlung; Schlange;
nie meer geseen	= nie mehr gesehen; Meer; See; Wassersymbolik; alles fließt
austertraum	= Austern = Wassersymbolik; aus der Traum!;
nickse	= Nixe = Wassersymbolik;
tauchte ... durch die mitte	= abtauchen = verschwinden; s. Anfang = geh-mal;

Es stellt sich die Frage, ob hier nur gegen übliche Schreibweisen verstoßen wurde oder andere Absichten diesen Text dominieren. Welche Regeln, Normen, Gesetzmäßigkeiten werden im Beispieltext nicht eingehalten? Inwiefern entstehen dadurch neue Ausdrucks- und Gestaltungsmöglichkeiten? Ist eine solche Ausdrucksweise nicht blanker Unsinn? All diese Fragen eröffnen ein tiefgreifendes Verständnis für die Notwendigkeit sprachlicher Normen, aber auch für die Spielräume, die sich durch konstruktiven Verstoß gegen diese Normen eröffnen.

Arbeitsblatt 38 (ab 11. Jahrgangsstufe)

ANREGUNG

Suchen Sie aus dem Text von Brigitte Heidebrecht die Doppeldeutigkeiten heraus, die sich aufgrund der Rechtschreibänderungen ergeben.

Brigitte Heidebrecht
die wandlung

endheute dich!
sprach scherzend ihr geh-mal
öffnette ihren
reißverschlussssssss und
griff nach irr

da
tat sie es
würglich

fuhr aus der haut
und ward
nie meer
geseen

austertraum
sprach sie zur nickse
und tauchte mit ihr ab
durch die mitte

WEITERE ANREGUNGEN

Stellen Sie zusammen mit anderen Mitschülern eine Liste von Wörtern zusammen, die zwar eigentlich falsch geschrieben sind, aber dadurch einen neuen Sinn ergeben.

Schreiben Sie einen Text, der die bewusst „falsche“ Rechtschreibung als Mittel für neue Aussagen nutzt.

Beispiel

Bernd Josef Uhle
die nackte flucht

Heute will ich sehen
ihre nackte flucht
von mir soll sie gehen,
niemals mehr betucht.

Heute soll sie sehen
eine nackte flucht
stein, um welchen wehen
winde „ausgebucht“.

Heute will ich lachen,
niemals mehr versucht,
und es sicher machen,
dass die nackte flucht.

Variante 1

Es kann sehr interessant sein Bedienungsanleitungen und Visitenkarten so umzuformulieren, dass eine sprachlich komische Umschreibung der auszuführenden Tätigkeit herauskommt. Besser als die in der Realität vorkommenden Beschreibungen und Karten sind sie allerdings selten.

Export - Import

Einzel und Grosshandel

Geschenk ardikel. Teppiche anrufbeantworte
Funktelefone Schunuerlohse Telefone alleart

Variante 2 Das waren Zeiten

Arbeitsblatt 39 (ab 5. Jahrgangsstufe)

ANREGUNG

Verbessere im Gedicht von Bruno Horst Bull die Fehler. Was verändert sich dadurch?

Bruno Horst Bull
Ein schlechter Schüler

Als ich noch zur Schule gehte,
zählte ich bald zu den Schlauen,
doch ein Zeitwort recht zu biegen,
bringte immer Furcht und Grauen.

Wenn der Lehrer mich ansehte,
sprechte ich gern falsche Sachen,
für die anderen Kinder alle
gebte das meist was zum Lachen.

Ob die Sonne fröhlich scheinte
oder ob der Regen rinnte:
wenn der Unterricht beginnte,
sitzt' ich immer in der Tinte.

Ob ich schreibte oder leste,
Unsinn machtete ich immer,
und statt eifrig mich zu bessern,
werdete es nur noch schlimmer.

Als nun ganz und gar nichts helfte,
prophezie mir unser Lehrer:
wenn die Schule ich verlasste,
wörde ich ein Straßenkehrer.

Da ich das nicht werden willte,
kommte ich bald auf den Trichter,
stak die Nase in die Bücher,
und so werdete ich Dichter.

Variante 3 Speisekarte

Arbeitsblatt 40 (ab 9. Jahrgangsstufe)

ANREGUNG

Fertige eine Speisekarte an, deren Wörter bewusst in falschem Deutsch geschrieben sind. Aufgrund der Verstöße ergeben sich allerdings neue inhaltliche Aussagen. Das Gedicht „Speisen und Gedränge" von Franz Fühmann kann durchaus als Anregung dienen. Die Speisekarte sollte mehrere Gänge umfassen.

Beispiel

Franz Fühmann
Speisen und Gedränge

Schildgrätensuppen
Rolladen mit Restkartoffeln
Thüringer Rostbrettl mit Packobst
Eispein mit mehr Rettich
Gedienstete Sehzunge
Wählfleisch mit Sau ergraut
Frühkasse vom Faß an
Lahmbraten mit Rammsoße
Mordateller
Kesse Stangen
Liebdauer
Kannenbert

Wort„ver"steigerung

Motto

Es gibt III Arten Mensch:
die einen
lesen Gedichte
und zerdenken sie und ihr Hirn,
fragen nach dem Sinn
jedes Wortes.

Das sind die Intelligentesten.

Die anderen
lesen Gedichte
zur Kurzweil,
freuen sich
an jedem Wort.

Das sind die Vernünftigsten.

Der Rest liest keine Gedichte.

Das sind die meisten.

(Kai-Uwe Clauswitz)

Kommentar

Bei den Olympischen Spielen heißt einer der Sinnsprüche „Citius – Altius – Fortius". Auch wir steigern uns ständig, sei es mit Worten oder Taten. Da gibt es die „normalen" regelmäßigen Steigerungen innerhalb der Sprache (sanft – sanfter – am sanftesten), daneben die „normalen" unregelmäßigen Steigerungen (gut – besser – am besten), dazu noch Steigerungen, die eigentlich gar nicht möglich sind (einzigster, grüner), ja, und dann auch noch Steigerungen, die völlig absurd sind, aber ungeheuer viel Spaß machen.

Beispiele

Kamm – Kammer – Kämmerer
legal – illegal – ikearegal
Hamm – Hammer – Hamster
schief – Schiefer – skifest
fing – Finger – Pfingsten
Tee – Teer – Test

ANREGUNG

Steigere die Superlative bis ins Unübertreffbare! Was kann es denn noch mehr geben als den „weichesten Weichspüler" oder den „werbeträchtigsten Werbetrachtenanzug"? Setze deiner Fantasie keine unnötigen Grenzen.

Motto

Bewaffnet
mit spitzer Feder
scharfen Gedanken
renne ich
holprige Verse entlang
schlage zu
mit Schlagworten
reiße die Welt
in Wortfetzen
betrachte zufrieden mein Scherbengericht
und verkünde strahlend meinen Sieg.

(Johanna Rau)

Kommentar

Nicht immer verstehen wir die Abkürzungen, die uns in Stellenangeboten, Bekanntschaftsanzeigen, technischen Beschreibungen, Spielanleitungen oder Reisekatalogen begegnen. Welche Bedeutung mag hinter so manchem Kürzel stecken?
Erste Vorgaben kann jeder aus der Tagesz. entnehmen. Dabei kann erkannt werden, dass es spez. und in dieser Hinsicht auch leichter zu entschl. Abkürzungen gibt; Abk., so wie sie i. d. R. übl. sind. Zunächst einmal sollte die Entschlüsselung von Anzeigen in Gruppen geübt werden. Anschließend können ausgewählte Zeitungstexte sinnvoll gekürzt werden. Andere könnten versuchen diese Texte wieder in die ursprüngliche Fassung zu verwandeln.
Vielleicht weckt dies sogar das Interesse eigene literarische Texte zum Thema „Abkürzungen" zu verfassen.

ANREGUNG

Formuliere eine Zeitungsannonce, in der du mit sinnvollen Abkürzungen dein Fahrrad, deinen Computer oder etwas anderes zum Verkauf anbietest.

Kommentar

(Arbeitsblätter 41 und 42; S. 75)

Zeit ist Geld, auch in der Sprache, heute muss man ratzfatz auf den Punkt kommen. Also kürzen wir, was das Zeug hält! Die üblichen Kürzel „EZ. m. Du., Bd., WC, TV, Blk. u. Meerbl." sind nicht gerade sonderlich einfallsreich – und modern sind sie schon gar nicht. Wir müssen viel fantasievoller und rigoroser kürzen.

„W8tl" statt „Wachtel", „11Nbein" statt „Elfenbein"?

Die Variante 2 greift eine sprachliche Tendenz auf, die sich mehr und mehr in Werbetexten durchsetzt. Ursprünglich aus den USA stammend, findet sie auch hier immer mehr Anhänger. Einige Beispiele verdeutlichen dies:

U2	=	Ihr auch, du auch, ihre beide (Name einer Rockgruppe)
T 4 2	=	Tea for two
B4	=	before
I h8 U ever	=	I hate you ever

Und was den Amerikanern recht ist, ist uns schon lange billig:

Mein C tut W, wenn ich G = Mein Zeh tut weh, wenn ich geh.
SigSNZ = Essigessenz
Schw1Hxe = Schweinshaxe

Ein gelungenes Beispiel lieferte die Zeitschrift „Brigitte" (18/1991, S. 102) mit dem Satz:

„O★ mit T & Ke4?" kreischt 11i ♥og auf 6isch, nNt H1 einen „Sc♥keks" + l8 sich 1/2 †. = „Ostern mit Tee und Kefir?", kreischt Elfi Herzog auf Sächsisch, nennt Heinz einen „Scherzkeks" und lacht sich halbtot.

Variante 2 Gedicht

Arbeitsblatt 41 (ab 8. Jahrgangsstufe)

ANREGUNG

Entschlüssele die Abkürzungen in den beiden folgenden Gedichten.

Peter Schütze
Oec. (Oekonomie)

In der dt. Spr. der BRD
sollten mehr Abk. Verwendung
finden.
So kann viel Plz., Zt. u. DM
gespart werden.
Schnell wd. sich alle a. die
ref. Abk.-Spr. gewöhnen u. sie wird
aus dem tgl. Leb., bes. d. Arb.-Welt
mit EDV usw. nicht mehr wegzudenken
sein.
Abds. ist fr. Feierabend bzw. die
Arb.-Wo. ist kürzer, d.h. us. Lb. verl. sich.
Wir hb. m. Zt. us. n. Abk. zu
erd.
S. k. sich th. us. Lb. ew. verl ...
-SOS!

Werner Elbrecht
Eingeschr.

jg.
M.
32/184
gutauss.
vollschl.
aufgeschl.
niveauv.
liebev.
u.
mot.
su.
k.
Sex
so.
zärtl.
F.
z.
Musspr.
Zuschr.

Variante 3 Shortie

Arbeitsblatt 42 (ab 10. Jahrgangsstufe)

ANREGUNG

„O★ mit T & Ke4?“ kreischt 11i ♥og auf 6isch, nNt H1 einen „Sc♥keks“ + l8 sich 1/2 †.

Wem gelingt die Übertragung dieses Satzes in die normale Sprache?
Wer schafft es, weitere Sätze mit solchen „komischen Kürzeln“ zu verfassen?

____

____

____

____

____

____

____

Fremdwörter – Fremde Wörter?

Motto

*Wer aus der Fremde kommt, bringt Neues mit.
In der Fremde fließt das Wasser bergauf.* *(Sprichwort)*

Variante 1 Fremdwörter-Lexikon-Spiel

Kommentar

Benötigt werden für dieses Spiel einige Fremdwörterlexika oder – ersatzweise – auch Rechtschreiblexika. Das Prinzip des Spiels beruht darauf, dass zu einem Fremdwortbegriff zwei weitere erfundene Bedeutungen selbst formuliert werden. Die anderen Mitspieler sehen sich nun vor die Aufgabe gestellt aus den Bedeutungsvorgaben die richtige Bedeutung herauszufinden. Je exakter man im Stile des Fremdwörterlexikons formuliert, um so schwieriger ist es für die anderen die korrekte Lösung herauszubekommen. Die Vorteile dieses Spiels liegen auf den folgenden Ebenen.

Die Teilnehmer können:
- in Teamarbeit die Begriffe suchen und formulieren (kommunikativer Aspekt)
- Kenntnisse über die Schreibung von Fremdwörtern entwickeln
- während der Suche nach geeigneten Begriffen die inhaltliche Bedeutung vieler Fremdwörter kennen lernen
- auf spielerische Art die Erklärungsweise des Duden bzw. anderer Lexika erfahren
- die Erklärungsweise verinnerlichen und auf selbst gewählte Beispiele anwenden

Mitspieler werden mit Absicht auf das falsche Gleis geführt. Dennoch entwickelt sich bei allen Teilnehmern ein hohes Maß an Sensibilität für sprachliche Formulierungen.

Beispiele

Konfitent
a) veralteter Begriff für Beichtender
b) Hersteller von Marmeladen aller Art
c) Mitglied einer Personengruppe, die sich gemeinsam gesundheitlich fit hält

Ingredienz
a) Ausdruck für Mangel an gutem Benehmen
b) Zutat, Bestandteil
c) Festlicher Akt, bei dem die Braut des Prinzen auserkoren wird

Iguanodon
a) Pflanzenfressender Dinosaurier
b) Pharmaprodukt gegen Kreislaufschwäche
c) heiß-trockener Wind in der Kalahari-Wüste

Variante 2 Fremdwörter-Verwirr-Spiel

Kommentar

(Arbeitsblatt 44; S. 79)

Das Bearbeiten dieses Arbeitsblattes schult in besonderer Weise den Umgang mit dem Rechtschreib- und Fremdwörterduden und erweitert den Wortschatz. Dies kann dann nutzbringend bei der Herstellung der Silbenrätsel eingebracht werden.

Arbeitsblatt 43 (ab 8. Jahrgangsstufe)

Wie oft hört man die Rede eines Politikers und ist verzweifelt, weil man nicht versteht, was dieser Politiker in seiner Sprache doch offensichtlich Wichtiges äußert. Bei genauem Hinhören fällt einem vielleicht auf, dass einiges aus der Rede auf Deutsch verständlicher wäre.
Einem Beamten im US-Außenministerium wird nachgesagt, er sei der erste gewesen, der eine sogenannte Fremdwörter-Misch-Maschine erfunden habe. Ich habe sie mit leichten Abwandlungen übertragen. Setze einfach einmal je einen Begriff aus den drei Spalten beliebig zusammen. Das hört sich doch brauchbar an. Oder etwa nicht?

Beispiel

Fremdwörter	– Misch	– Maschine
Autonome	– Inkubations	– Kompetenz
Latente	– Frustrations	– Ignoranz
Spekulative	– Regenerierung	– Potenz
Ignorante	– Perfektions	– Mutation
Impertinente	– Interjektions	– Protuberanz
Prägnante	– Aggressions	– Korrelation
Dubiose	– Affektions	– Influenz
Akkurate	– Distributions	– Dominanz
Effektive	– Kontemplations	– Kongregation
Konspirative	– Interfunktions	– Synergetik

ANREGUNG

Erfinde doch auch eine Misch-Maschine. Möglichkeiten gibt es genug, z. B. eine:

- Ausreden-Misch-Maschine
- Persönliche Qualitäten-Misch-Maschine
- Schimpfwörter-Misch-Maschine
- Kosenamen-Misch-Maschine u. a.

Wer Spaß daran hat und ein wenig handwerkliches Geschick besitzt, kann auch eine Drehscheibe als Misch-Maschine herstellen.

Lösung

(zu Arbeitsblatt 44; S. 79)

Fremdwort im Text	Bedeutung	Aussageabsicht	Entsprechendes Fremdwort
Chanson *frz.*	Kabarettlied, witzig-freches, geistreiches Lied	Glücksfall, günstige Gelegenheit	Chance *frz.*
balsamieren *gr.-lat.*	einsalben	sich bloßstellen	sich blamieren *frz.*
Konservation *lat.*	Erhaltung, Instandhaltung	geselliges Gespräch	Konversation *lat.-frz.*
Parvenu *lat.-frz.*	Emporkömmling	spanische Wand	Paravent *lat.-it.-frz.*
Arrivé; gemeint ist Arrivist *lat.-frz.*	Streber, Emporkömmling	Gesangsstück, singbare Melodie	Arie *it.*
Courtoisie *frz.*	feines Benehmen, Höflichkeit	Maklergebühr	Courtage *frz.*
Thé dansant *frz.*	kleiner Hausball	Fünfuhrtee	Five o'clock tea *engl.*
Theorie *gr.-lat.*	Betrachtungsweise, gedankliche Überlegung	Gottesgelehrsamkeit	Theologie *gr.-lat.*
Hypothese *gr.-lat.*	Vermutung, unbewiesene Annahme	längste Seite eines rechtwinkligen Dreiecks	Hypotenuse *gr.-lat.*
Hippologie *gr.-lat.*	Pferdekunde	krankhaft reizbare Frau	Xanthippe
Tuberose *lat.*	aus Mexiko stammende Zierpflanze	Lungenschwindsüchtige	Tuberkulosekranke *lat.*
Protuberanz *lat.*	Gasmasse im Sonneninneren; Vorsprung (an Organen)	Apfelsinensorte	Pomeranze *lat.-pers.*
Zyklame *gr.-lat.*	Alpenveilchen	Wirbelwind	Zyklon *gr.-engl.*
Zyklus *gr.-lat.*	Kreislauf, Folge	Riese mit einem Auge	Zyklop *gr.*
Toreador *lat.-span.*	Stierkämpfer	Wirbelwind	Tornado *lat.-span.-engl.*
Tournedos *frz.*	Rindersteak	südfranzösischer Minnesänger	Troubadour *frz.*
Champignon *lat.-frz.*	Edelpilz	Haarwaschmittel	Shampoo *engl.*
Champion *lat.-frz.-engl.*	Meister in einer Sportart	Papierlaterne	Lampion *lat.-it.-frz.*
Antinomie *gr.-lat.*	Widerspruch eines Satzes in sich	Kunst, Leichen zu zergliedern	Anatomie *gr.-lat.*
Anthologie *gr.*	Gedichtsammlung, Auswahl	Selbstregierung, Unabhängigkeit	Autonomie *gr.*
Panorama *gr.*	Rundblick, Ausblick	Landenge in Südamerika	Panama
Paranoia *gr.*	Geistesgestörtheit	Schlafanzug	Pyjama *engl.*
Tarlatan *fr.*	feines Baumwollgewebe	Kurpfuscher, Marktschreier	Scharlatan *it.-frz.*
Tamerlan	= Timur Leng, transoxanischer Herrscher, 1336-1405	Außenminister unter Napoleon	Charles Maurice de Talleyrand, 1754-1838
Samojede *russ.*	Nordlandhund	russische Teemaschinen	Samowar *russ.*
Kreolin *lat.-port.-span.-fr.*	weiblicher Abkömmling romanischer Einwanderer in Mittel- und Südamerika	gebauschter Frauenrock	Krinoline *lat.-it.-frz.*
Mulattin *lat.-span.*	weiblicher Nachkomme eines weißen und eines schwarzen Elternteils	Mischling von Pferd und Esel	Muli oder Maultier
Prophylaxe *gr.*	vorbeugende Maßnahme; Verhütung von Krankheiten	Reblaus	Phylloxera
Hygiene *gr.*	Gesundheitslehre, Gesundheitspflege, Sauberkeit, Reinlichkeit	Raubtier, das Leichen frißt	Hyäne *gr.-lat.*
Olymp *gr.-lat.*	Wohnsitz der Götter; Gebirge in Nordgriechenland	Neugebilde in der Nase	Polyp *gr.-lat.*
Hades	(griechischer Gott der) Unterwelt	Rückenmarksschwindsucht	Tabes *lat.*
Basilisk *gr.-lat.*	Fabeltier; tropische Eidechse	griechische Kirche	Basilika *gr.-lat.*
Obelisk *gr.-lat.*	freistehende, rechteckige, spitz zulaufende Säule	Lieblingsfrau der Türken	Odaliske *türk.-frz.*
Konföderations-Mexico: Konföderation *lat.*	Staatenbündnis	Nachschlagewerk	Konversationslexikon; (Konversation *frz.* „geselliges Gespräch)
Alpaka *indian.-span.*	Lamaart in Südamerika	Ordnungskriterium in einem Nachschlagewerk	Alphabet *semit.-gr.-lat.*

Arbeitsblatt 44 (ab 11. Jahrgangsstufe)

ANREGUNG

Lesen Sie den Text „Leitfaden für Reiche“. Erklären Sie zunächst einmal, mit Blick in den Duden, welche Begriffe hier gemeint sind und was sie bedeuten. Stellen Sie anschließend Begriffe zusammen, die ähnlich klingen, aber etwas Unterschiedliches meinen. Stellen Sie dann einen Text her, in dem Sie bewusst die Begriffe zur spielerischen Verfremdung einsetzen.

Roda Roda
Leitfaden für Reiche

Lieber Freund, Sie sind durch glückliche Ausnutzung geschäftlicher Chansons in einen Gesellschaftskreis aufgestiegen, der gern Fremdwörter gebraucht. Damit Sie sich nun nicht jeden Augenblick balsamieren, möchte ich Ihnen einige Winke für die Konservation geben. Vor allem, bitte, seien Sie nicht beleidigt, wenn jemand Sie einen Parvenu nennt. Er meint nichts Böses. Parvenu ist eine spanische Wand, ein Bettschirm. Arrivé hingegen: eine singbare Melodie, ein Gesangsstück.
Man wird Ihnen schlechte Manieren vorwerfen und Mangel an Courtoisie. Lassen Sie sich dadurch nicht kränken, die Mängel wiegen nicht schwer: Courtoisie ist nichts andres als Maklergebühr; und Manieren – die Hände pflegen wollen Sie sich ohnehin.
Lädt man Sie zum Tee ein, kann es ein five o'clock tea sein oder ein Thé dansant. Keinesfalls hat es das Mindeste mit Theorie zu schaffen, der Gottesgelehrsamkeit. Hypothese wieder ist die längste Seite eines rechtwinkligen Dreiecks, verwechseln Sie das nicht mit Hippologie, der krankhaften Reizbarkeit von Frauen. (...)
Zwischen Tuberosen und Protuberanzen ist ein gewaltiger Unterschied: Protuberanzen sind Apfelsinen, Tuberosen jedoch Lungenschwindsüchtige. Halten Sie Zyklamen und Zyklus auseinander: Zyklame ist ein Wirbelwind, Zyklus ein Riese mit einem Auge. Für Wirbelwind kann man auch Toreador sagen; Tournedos klingt wohl ähnlich, bedeutet aber etwas ganz anderes, nämlich einen südfranzösischen Minnesänger.
„Sagt man Champignon oder Champion?“, werden Sie fragen. Es kommt darauf an, ob Sie Haarwäsche meinen oder eine Papierlaterne. Antinomie ist die Kunst, Leichen zu zergliedern; Anthologie: Selbstregierung, Unabhängigkeit. Panorama ist eine Landenge in Südamerika; Paranoia aber ein Schlafanzug. Tarlatan: ein Kurpfuscher und Marktschreier; der schlaue Tamerlan war Minister des Äußeren unter Napoleon dem Großen. Samojeden sind russische Teemaschinen.
Merken Sie sich ferner, dass eine Kreolin nicht dasselbe wie eine Mulattin ist. Mulatten sind Bastarde von Pferd und Esel; eine Kreolin ist ein gebauschter Frauenrock. Man wird Ihnen von Krankheit und Gesundheit reden, Prophylaxe und Hygiene. Behalten Sie, bitte, wohl im Gedächtnis: Prophylaxe ist die Reblaus; Hygiene ein Raubtier, das Leichen frisst. Ein großer Unterschied ist auch zwischen Olymp und Hades; Hades ist die Rückenmarksschwindsucht, Olymp aber ein Neugebilde in der Nase. Basilisk: eine griechische Kirche; die Lieblingsfrau des Türken heißt Obelisk.
Mein Freund, ich hoffe, Sie wissen nun Bescheid mit Fremdwörtern. Sollten Ihnen noch jemals Zweifel aufsteigen, dann reden Sie nicht leichtfertig hin, sondern schlagen vorher hübsch nach im Konföderations-Mexiko, wo Sie, nach dem Alpaka geordnet, das Wissenswerte beisammenfinden.

Variante 3 Fremdwörter-Silbenrätsel selbst entwerfen

Arbeitsblatt 45 (ab 11. Jahrgangsstufe)

ANREGUNG

Lösen Sie das Silbenrätsel. Welches Lösungswort ergibt sich, wenn Sie die in Kästchen aufgeführten Buchstaben von oben nach unten lesen? Achtung: Bei den gesuchten Wörtern handelt es sich um Fremdwörter. Jede Silbe darf nur einmal verwendet werden.
Silben:

AL – AP – AT – AT – BY – CHAUF – DIS – EF – EX – FEKT– FEKT – FEUR – FI – GON – IER – IN – IN – KRET – KU – LA – LI – MIN – MO – NAT – PE – PELL – PER – PO – PRE – RE – REN – REN – RINTH – SPHÄ – TE – TER – TER – TIE – TRAP – WAG – VERT – ZIE

VOLLKOMMEN	=	_ _ _ □ _ _ _
AUSLEGEN, DEUTEN	=	_ _ _ _ □ _ _ _ _ _ _ _ _ _
AUFRUF	=	_ _ _ □ _ _
ZEITPUNKT	=	_ _ _ □ _ _
VERSCHWIEGEN	=	□ _ _ _ _ _ _
EISENBAHNWAGEN	=	□ _ _ _ _ _
AUSSTELLUNGSSTÜCK	=	_ _ _ □ _ _ _
NACHBILDUNG	=	_ _ _ □ _ _ _ _
IRRGANG	=	_ _ _ _ _ _ _ □ _
LUFT, UMWELT	=	_ _ □ _ _ _ _ _ _ _
BRIEFUMSCHLAG	=	_ □ _ _ _ _
ANSTECKEN	=	_ _ □ _ _ _ _ _ _ _
FAHRER	=	_ _ _ _ □ _ _ _ _
WIRKUNG	=	□ _ _ _ _ _
VERBÜNDETE	=	_ _ □ _ _ _ _ _ _

Lösung

PER	**F**	EKT
INTE	**R**	PRETIEREN
APP	**E**	LL
TER	**M**	IN
	D	ISKRET
	W	AGGON
EXP	**O**	NAT
ATT	**R**	APPE
LABYRIN	**T**	H
AT	**M**	OSPHÄRE
K	**U**	VERT
IN	**F**	IZIEREN
CHAU	**F**	FEUR
	E	FFEKT
AL	**L**	IIERTE

Arbeitsblatt 46 (ab 11. Jahrgangsstufe)

ANREGUNG

Entwerfen Sie selbst ein Fremdwörter-Silbenrätsel. Nehmen Sie ein Fremdwörterlexikon oder einen Rechtschreibduden zur Hand; suchen Sie dann geeignete Fremdwörter mit der deutschsprachigen Bedeutung heraus. Die deutschsprachige Bedeutung wird als Hilfs- bzw. Suchbegriff vorgegeben; das Fremdwort sollte in Einzelsilben zerlegt bei den Silbenvorgaben alphabetisch geordnet werden. Als weitere Hilfe kann durch Unterlegstriche angedeutet werden, aus wie viel Buchstaben das gesuchte Wort besteht. Es ist schön, wenn noch ein separates Lösungswort die Aufgabe erschwert.

Variante 4 Produkte erfinden (Neologismen)

Arbeitsblatt 47 (ab 9. Jahrgangsstufe)

ANREGUNG

Bringe einige Beipackzettel von Medikamenten mit in die Schule; ein medizinisches Fachwörterbuch oder gar die „Rote Liste“ wären noch besser. Informiere dich über die Bedeutung von Begriffen wie „dolo“ (Schmerz); „dorm“ (Schlaf) u. a. Erfinde dann Produktnamen für Medikamente und bilde damit ein Akrostichon (s. S. 94). Es müssen nicht immer Namen für Medikamente sein. Fallen dir andere Möglichkeiten ein?

Beispiel

A ntipasta
R egosan
Z entramed
N eodent
E goblend
I ntraderm
Magofort
I munin
T axikom
T heocred
E rrapsin
L ogofit

Euphemismen

Motto Der ist leicht zu täuschen,
der leicht glaubt. *(Sprichwort)*

Kommentar

Viele Menschen haben die Angewohnheit unangenehme Sachverhalte aus dem Bewusstsein zu verdrängen. Spricht man sie auf diese Dinge an, so nennen sie das Unangenehme häufig nicht beim Namen, sondern entwickeln dafür beschönigende oder verschleiernde Ausdrücke, sogenannte Euphemismen.
Von Verharmlosungen dieser Art ist die alltägliche Sprache voll; sowohl in den Nachrichtensendungen, Tageszeitungen, politischen Reden als auch in der Alltagssprache. Einerseits werden sie unbewusst ausgesprochen, weil sie sich im üblichen Sprachgebrauch eingespielt haben (z. B. „guter Hoffnung sein“; „vollschlank“), andererseits dienen sie der bewussten Irreführung und Manipulation der Menschen (z. B. „Nullwachstum“; „Entsorgungspark“; „Vorwärtsverteidigung“). Euphemismen werden besonders in der Sprache der Politik, der Wirtschaft, der Werbung und im privaten Bereich bei den sogenannten „Tabu-Themen“ (Alter, Krankheit, Tod, Sexualität) eingesetzt.

Arbeitsblatt 48 (ab 10. Jahrgangsstufe)

ANREGUNGEN

Sammele über einen längeren Zeitraum Euphemismen, die du in den Medien, in historischen Texten oder in der alltagssprachlichen Verwendung findest. Ordne die gefundenen Euphemismen nach thematischen Kriterien und erstelle eine komplette Auflistung für alle Mitschüler. Suche ein Thema aus und schreibe eine Geschichte, einen Bericht oder Ähnliches, in der/dem ein großer Teil der Euphemismen verwendet wird. Scheue nicht davor zurück, auch parodistische oder sogar satirische Mittel einzusetzen. Die Kenntnis der Formulierung und Wirkung von Euphemismen hilft sich gegen beabsichtigte Manipulationen zur Wehr zu setzen.

Beispiel

Silke Baumgarten
Wortverdreher

Viele, die wirklich was zu sagen haben, tun's oft nicht. Der Umweltminister: „Die Entsorgung und Dekontamination der Reststoffe muss noch organisiert werden." Alles klar? Klingt doch nicht schlecht, oder? Dabei kann sich hinter diesem Satz ein Skandal verbergen. Heißt er doch schlicht: „Wo wir den Müll hintun sollen und wie wir ihn entgiften können, wissen wir noch nicht." So einfach ist das. Und doch so schwer. Die Wahrheit bekommt immer komplizierte Namen. Kreationen zumeist, die uns nicht erschrecken, weil sie uns nichts sagen. Fing es mit der Kernkraft an? Plötzlich gab es keine Atomkraft mehr. Das klingt ja auch so bedrohlich: Atom. Das kennt man nicht, das findet hinter verschlossenen Türen statt, das macht *Angst.* Aber Kern: Da denken wir an „kerngesund" und „kernig". Also: Der Ausstieg aus der Atomkraft war der Einstieg in die Kernkraft. Nicht minder harmlos unser Umgang mit den Pflanzenschutzmitteln. Glauben Sie wirklich, dass die Chemie unsere Pflanzen langfristig schützt? Aber dieses Wort verdeutlicht wunderbar, wie bestechend solche verbalen Fantasieprodukte sind. Denn wir alle benutzen diesen Begriff meist völlig unbekümmert, als könnte das Zeug kein Wässerchen trüben. Und wie heißt es, wenn jemand gefeuert wird? „Freisetzung". So haftet der Entlassung noch ein Hauch von Freiheit an. Abenteuerlich.

Variante 1 Die Funktion von Wörtern in der Sprache der Politik

Kommentar

Erhard Eppler, einer der führenden bundesdeutschen Politiker in den 70er und 80er Jahren, hat über die sprachlichen Beschönigungen in der politischen Sprache Auskunft gegeben und diese anhand eines Beispielsatzes verdeutlicht. In zusammengefasster Form gebe ich dieses Beispiel wieder, da es sehr markant ist und gleichzeitig für die Erstellung eigener Formulierungen Anregungen gibt. Wohlgemerkt, nicht um zu manipulieren, sondern um sich gegen Manipulationen wehren zu können.

Beispielsatz

„Ich gehe davon aus, dass die Entwicklung der Lage die Lösung der Probleme erleichtert, aber auch eine Herausforderung darstellt, denn die unverzichtbare Voraussetzung für die Akzeptanz unserer Politik ist es, dass wir den Bürgern nicht in die Tasche greifen, sondern uns durch gezielte Maßnahmen als Partei des Aufschwungs profilieren."

1. „Ich gehe davon aus ..."

- Die Tätigkeiten des Annehmens, Vermutens, Erwartens, Fürchtens und Hoffens scheinen nicht mehr beliebt zu sein. Warum? Wer politisch zu entscheiden hat, weiß nur selten alles, was er dazu wissen müsste. Er muss seine Entscheidungen also aufgrund von Vermutungen fällen. Dies zuzugeben, fällt Politikern schwer. Sie fürchten zu Recht, dass das Vertrauen der Bürgerinnen und Bürger in die Politik noch einmal abnähme. Der Satz verwischt die Grenze zwischen Wissen und Vermuten, und das macht den Ausdruck so ungeheuer attraktiv.
- Bei der Formulierung „ich hoffe" weiß der Redner auch nichts Genaues. Sagt er jedoch „ich rechne damit", so ist dies verbindlicher.

2. „dass die Entwicklung ..."

- Kaum ein Wort fließt uns leichter von der Zunge als dieses, denn es ist bequem, passt beinahe immer, klingt seriös und ein wenig optimistisch. Wenn wir von „Entwicklungsländern" sprechen, so steckt in diesem Begriff mehr an Ideologie, als wir uns eingestehen. Jede Entwicklung hat ein Ziel, in diesem Fall wahrscheinlich jene Industriegesellschaft, die wir in der nördlichen Halbkugel an vielen Stellen geschaffen haben. Für die meisten Länder der Dritten Welt stehen am Beginn des Prozesses, den wir „Entwicklung" nennen, Ereignisse, die mit natürlicher Entfaltung aus eigenem Ansatz nichts zu tun haben: die Vernichtung aller gewachsenen Strukturen, die Zerstörung eines gesellschaftlichen Gleichgewichts.
- „Entwicklung" ist heute fast alles, was geschieht, notfalls auch, was nicht geschieht. Eine hohe Inflationsrate heißt „negative Preisentwicklung", die positivste Preisentwicklung wäre die Preisstabilität, also gar keine Entwicklung.
- Weil das Wort „Entwicklung" nichts mehr sagt, müssen Adjektive Bedeutung beisteuern, z. B. unerwartete Entwicklung u. a.
- Ich kann von der „Entwicklung in einem Krisengebiet" sprechen und den Krieg in dem Land meinen. Das Wort „Entwicklung" schließt zunächst einmal unsere Mitverantwortung aus.

3. „der Lage ..."

- Was ist eine Lage (Weinbau, Buchbinderei, Kriegsschauplatz)? Def.: Alle zu einem bestimmten Zeitpunkt gegebenen Bedingungen, die die Vorbereitung, den Verlauf und den Ausgang von Operationen beinflussen können. Das Wort wird häufig durch schmückende Adjektive ergänzt, die dann das Nomen vergessen lassen (energiepolitisch, sicherheitspolitisch, arbeitsmarktpolitisch). Für Arbeitslosigkeit kann man nach Verantwortlichen suchen, aber kaum für die entsprechende Lage. „Versorgungslage" und „Waldschadenslage" sind entsprechende Begriffe. Auch das Wörtchen „Lage" hilft, eine wichtige Grenze zu verwischen, die Grenze zwischen dem, was als unabänderlich hinzunehmen, und dem, was zu ändern ist.

4. „Lösung der Probleme ..."

- Das Wort „Problem" zeigt eine Tendenz zur Mathematisierung der Umgangssprache. Probleme werden auch in der Mathematik gelöst: hier das Problem, da die Lösung, und zwar nur eine richtige. Gilt dies auch für die Politik? Es kann viele Problemlösungsansätze in der Politik geben, die alle auf begründeten Aussagen beruhen. War es richtig, die „Lösung der deutschen Frage" zu verlangen? Ist die deutsche Frage heute gelöst? Oder stellt sie sich nur anders? Wer etwas als Problem definiert, darf sich nicht wundern, wenn nach Lösungen gesucht wird. Wer weiß, dass sein Anliegen oder Wunsch keine raschen Lösungen erlaubt, tut gut daran, diese nicht „Problem" zu nennen.

5. „Herausforderung ..."

– Herausforderungen hat es in der Politik schon immer gegeben, aber nur solche durch Personen. Herausforderung ist nicht jede kleine Schwierigkeit. Aber Wörter, hinter denen ein Anspruch steht, sind gegen Abnutzung besonders empfindlich. Das Wort „Herausforderung" dramatisiert. Seit vielen Jahren sind die Mülllawine, die Ozonwerte oder das Waldsterben eine Herausforderung, aber die Lawine wächst weiter, der Kraftverkehr, der die Ozonwerte steigen lässt, auch, und die Wälder sterben vor sich hin. Wer „Herausforderung" sagt, muss auch eine Antwort haben oder sich wenigstens darum bemühen. Bei den meisten Politikern ist das Wort ein oder zwei Nummern zu groß für das, was gemeint ist.

6. „unverzichtbar ..."

– Das Wort klingt stark und kompromisslos. Die Nachsilbe „-bar" bezeichnet eine Möglichkeit, etwas, das man tun kann. Sichtbar ist, was man sehen kann, wählbar jemand, den man wählen kann, verzichtbar etwas, auf das man verzichten kann. Wie viele Autobahntrassen, über die heute kein Mensch mehr redet, waren vor zwanzig Jahren für die Technokraten in Verwaltung, Wirtschaft, und Politik noch unverzichtbar. In den meisten Fällen wendet sich dieses Adjektiv an die eigenen Anhänger oder an die Betroffenen, etwa die Rentner oder die Mitglieder der Gewerkschaft. Ihnen soll gezeigt werden, dass da entschlossene, harte, unbeugsame Männer und Frauen ihre Interessen vertreten. „Unverzichtbar" gehört zum Muskelspiel vor dem Wettkampf, es ist eine Imponiervokabel.

7. „Voraussetzung ..."

– Politisch in Mode gekommen ist der Begriff in folgender Weise: Tatbestand, der erst einmal gegeben sein muss, damit etwas anderes bestehen oder erreicht werden kann.
Beispiele:
Wenn eine Bürgermeisterin auf das Verlangen nach einem Parkhaus erwidert, dafür fehle vorerst die wichtigste Voraussetzung, nämlich ein Gelände, ein Bauplatz, dann kann sie auf Verständnis zählen. Wenn ein Regierungspolitiker sagt, eine Energiesteuer habe die Voraussetzung, dass die ganze Europäische Gemeinschaft mitspiele, so können bis zur Erfüllung dieser Voraussetzung viele Jahre vergehen. Also tun wir eben nichts. Aber handelt es sich hier um eine Voraussetzung? Wäre es nicht möglich, in einem großen Lande anzufangen, vielleicht mit einem geringen Satz, der sich von Jahr zu Jahr steigert, bis die europäischen Partner nachziehen? Wer immer nur Voraussetzungen definiert und alle erfüllt sehen will, ehe er handelt, hat zwar immer gute Ausreden, aber zum Handeln kommt er nicht. Politik ist keine Rechenaufgabe, bei der erst alle Faktoren der Rechnung klar sein müssen, ehe mit dem Rechnen begonnen werden kann. Auch dieses Wort entlastet. Das unablässige Reden von Voraussetzungen hilft die Grenze verwischen zwischen dem, was zu tun wäre, und den Verhältnissen, die eben nicht so sind und sinnvolles Handeln nicht zulassen.

8. „Akzeptanz ..."

– Das Wort ist erst vor wenigen Jahren in den deutschen Sprachschatz eingedrungen: Def.: Bereitschaft, etwas (ein neues Produkt oder Ähnliches) zu akzeptieren (anzunehmen). Was da verkauft und akzeptiert werden soll, ist immer ein neues, fertiges Produkt. Der Begriff „Akzeptanzproblem" zeigt, was gemeint ist. Die Bürger entscheiden nur noch darüber, ob sie sich gegen Tatsachen wehren wollen, die andere längst geschaffen haben. Wenn „Akzeptanzproblem" das eindeutige Wort „Zustimmung" immer mehr ersetzt, dann ist das ein Politikum. Zustimmung ist aktiv, Akzeptanz passiv. Wer in der Demokratie regieren will, muss sich um Zustimmung, nicht um Akzeptanz bemühen.

9. „den Bürgern in die Tasche greifen ..."

– Diese Bild ist besser als viele andere. Aber was sagt es politisch? Wer anderen in die Tasche greift, um sich dort etwas zu holen, ist ein Taschendieb. Diebstahl, so bestimmt es das Strafgesetzbuch, wird bestraft. Wie will ein parlamentarisches Regierungssystem handlungsfähig bleiben, wenn jede Anforderung an die Bürger von der jeweiligen Opposition mit einem kriminellen Akt verglichen wird? Jede Opposition muss damit rechnen, dass sie wieder Regierung wird. Auch mit Wörtern können Parteien sich gegenseitig blockieren.

10. „gezielt ..."

– Politiker sagen, dass sie das Geld des Steuerzahlers „gezielt" ausgeben, wobei meist nicht gesagt wird, was denn das Ziel sei, auf das da gezielt wird. Inzwischen gibt es gezielte Zuschüsse oder Kredite – wurden die früher aufs Geratewohl vergeben? – gezielte Entwicklungsprojekte – waren die früher ohne Sinn und Zweck? Es gehört einfach zum guten Ton gezielt zu handeln. Haben es die Politiker von heute nötig, unentwegt zu betonen, dass ihr Handeln nicht ziellos ist? Im Grunde sagt dieses Modewort nur etwas, was sich unter vernünftigen und einigermaßen gewissenhaften Menschen von selbst versteht: dass politisches Handeln Sinn, Zweck und Ziel haben soll. Wer allzu viel von „gezielten" Hilfen oder Maßnahmen redet, hat kein ganz gutes Gewissen.

11. „Maßnahmen ..."

– Maßnahmen können beinahe alles sein (kommunale Maßnahmen, Maßnahmen zur weiteren Rationalisierung, Maßnahmen zur Verbesserung des Familienlastenausgleichs). Am 3.7.1934 beschloss der gleichgeschaltete Reichstag ein Gesetz mit nur einem Artikel: „Die zur Niederschlagung hoch– und landesverräterischer Angriffe am 30. Juni, 1. und 2. Juli vollzogenen Maßnahmen sind als Staatsnotwehr rechtens." Gemeint waren mindestens 83 Morde an Anhängern und Gegnern Hitlers. Das Wort „Maßnahmen" besagt also nur, dass jemand, der die Macht dazu hat, etwas veranlasst, etwas tut, und zwar mit einer Absicht, einem Zweck. Er sagt nicht, was er tut, und schon gar nicht, wie er es tut. „Maßnahmen" deuten immer auf Hierarchien. Es muss jemand da sein, der die Maßnahmen anordnet, andere, die sie durchführen (Absperrmaßnahmen, Stützungsmaßnahmen). Weil das Wort so abstrakt, wertneutral, hierarchisch und im Grunde inhaltslos ist, bietet es sich fast immer an. Wer „gezielte Maßnahmen" fordert, will den Anschein erwecken, er wisse genau, was zu tun ist. Wüsste er es wirklich, würde er es sagen.

12. „Aufschwung ..."

– „Aufschwung" gehört zu den wenigen Wörtern, die uneingeschränkt positiv besetzt sind. Daher hat die Regierung auch das Programm für den Wiederaufbau in den neuen Bundesländern „Aufschwung Ost" genannt. Korrekt ist das nicht. Auschwung bedeutet „die Konjunkturphase, die dem unteren Wendepunkt folgt." (Brockhaus)
Konjunktur kümmert sich nur wenig um Regierungen. Ob es in der Konjunktur bei uns aufwärts oder abwärts geht, hat mit den Schwankungen des Ölpreises, dem internationalen Zinsniveau oder auch der Konjunktur in Amerika weit mehr zu tun als mit der jeweiligen Regierung in Bonn, Berlin, Mainz oder Düsseldorf. Ihre Zyklen folgen eigenen Gesetzen. Aber das gilt in der politischen Propaganda nur für den Abschwung. Dieser ist immer Folge „weltwirtschaftlicher Verwerfung" oder einfach einer „gesamteuropäischen Entwicklung". Anders die Phase des Aufschwungs. Dafür zeichnet die jeweilige Regierung verantwortlich. Das Wort „Aufschwung" zeigt an: Es geht aufwärts, das ist immer gut, ganz gleich, wo man ankommt. So ist das positiv aufgeladene Wort immer wieder zum Wahlschlager geworden.

13. „profilieren ..."

– Für den Publizisten ist „Profilierung" ein eindeutiges, praktisches, ja unentbehrliches Wort. Am wirksamsten profiliert sich, wer seiner Partei widerspricht. Wo dies um der eigenen Profilierung willen geschieht, erzeugt es nicht nur Schlagzeilen, sondern auch Bitterkeit, und es vergiftet jede Gemeinschaft. Das Wort „profilieren" ist dem Berichten über Politik mehr zugute gekommen als der Politik. Wenn gar Parteistrategen von der Profilierung ihrer Partei reden, vermuten inzwischen auch Einfältige, dass sie als Mittel dazu weniger an praktische Politik als an professionelle Öffentlichkeitsarbeit denken.

Schauen Sie sich bewusst einmal Urlaubsprospekte im Hinblick auf die dort verwendeten Euphemismen an. Wenn Sie zum Beispiel ein Zimmer mit Balkon zur Meerseite buchen, heißt dies noch lange nicht, dass Sie das Meer auch sehen können. Wenn Sie in ein Hotel ziehen, das in einem Gebiet liegt, in dem sich die Infrastruktur in hohem Maße entwickelt, bedeutet dies, dass hier rege Bautätigkeit herrscht, die sicherlich die Urlaubsfreude eher einschränkt.

Variante 2 Urlaubsprospekt

ANREGUNG

(ab 11. Jahrgangsstufe)

Formulieren Sie einen Werbetext für ein noch im Bau befindliches Hotel, um Urlaubsgäste dort hinzulocken. Benutzen Sie bewusst beschönigende Formulierungen um das Angebot schmackhaft zu machen.

Variante 3 Euphemistische Werbung

ANREGUNG

(ab 11. Jahrgangsstufe)

Suchen Sie Beispiele aus dem Bereich der Werbung, in denen Sachverhalte beschönigend (euphemistisch) beschrieben werden.

Variante 4 Ansichtskarte

ANREGUNG

(ab 11. Jahrgangsstufe)

Schreiben Sie eine Ansichtskarte aus dem Urlaub, auf der Sie einen völlig „verkorksten“ Urlaub für die Familie positiv darstellen. „Hier ist es affenkalt und es regnet seit einer Woche in Strömen“ ist sicherlich keine besonders gelungene Urlaubsnachricht. Wie wäre es mit der Formulierung „Zum Glück müssen wir nicht unter hochsommerlicher Hitze leiden“?

Variante 5 Schule

ANREGUNG

(ab 11. Jahrgangsstufe)

Beschreiben Sie die Ihnen eher negativ erscheinenden Bedingungen von Schule in einem positiv klingenden Text.

Variante 6 Sprachlenkung

ANREGUNG

(ab 11. Jahrgangsstufe)

Untersuchen Sie, wie durch bewusste Sprachlenkung während der Nazizeit Menschen manipuliert wurden. Nutzen Sie dazu Hilfsmittel, die Sie in Büchereien erhalten können.

Variante 7 Arbeitszeugnis

ANREGUNG

(ab 11. Jahrgangsstufe)

In Arbeitszeugnissen dürfen keine negativen Aussagen über den Mitarbeiter formuliert werden. Daher wurden Umschreibungen entwickelt, die sich positiv anhören, jedoch eindeutig negative Aussagen über den jeweiligen Beschäftigten enthalten. Informieren Sie sich über derartige Formulierungen.

Superhirn/Mastermind

Motto ... was das Schreiben mir bedeutet?
Geist, der Hirnes Glocke läutet. *(Unbekannt)*

Kommentar

(Arbeitsblatt 49; S. 89)

Bei dieser Anregung geht es darum, ein festgelegtes Ausgangswort zu ermitteln. Für dieses Spiel bieten sich zumindest zwei Varianten an. Bei der ersten Variante soll ein Wort aus vier, evtl. fünf Buchstaben (mit mehr Buchstaben dürfte es schwierig werden) schrittweise in ein anderes Wort umgewandelt werden. Bei jedem Einzelschritt darf nur ein Buchstabe ausgetauscht werden. Die jeweils gebildeten Wörter sollen sinnvoll sein.

In der zweiten Variante wird das bekannte Spiel „Mastermind" auf das Spiel mit Worten angewendet. Die Kenntnis des Originalspiels ist sicherlich hilfreich. Ein Schüler denkt sich ein sinnvolles Wort mit vier Buchstaben aus. Ein zweiter Schüler soll dieses Wort durch logisches Kombinieren herausfinden. Er schreibt dazu ebenfalls ein beliebiges Wort mit vier Buchstaben auf ein Blatt und bekommt eine Rückmeldung. Für jeden richtigen Buchstaben im Wort wird ein „X" angegeben, für jeden richtigen Buchstaben, der zusätzlich an der richtigen Stelle steht, wird ein „!" als Rückmeldung gegeben. Es ist sinnvoll, zunächst 6 oder 7 Buchstaben festzulegen, um einen Einstieg zu finden. Nach einiger Übungszeit wird es möglich sein das Spiel auf der Grundlage von acht oder sogar zehn Buchstaben durchzuführen.

Arbeitsblatt 49 (ab 7. Jahrgangsstufe)

Variante 1 Wortwechsel

ANREGUNG

Ausgangswort und Schlusswort sind vorgegeben. Ziel ist es, schrittweise vom Ausgangswort zum Suchwort zu gelangen. Bei jedem Schritt darfst du nur einen Buchstaben verändern. Jedes Wort, das neu entsteht, muss in sich sinnvoll sein. Stelle eigene Rätsel zu dieser Spielvariante her. Nimm ein Wort mit vier oder fünf Buchstaben als Ausgangswort. Du kannst auch vom Suchwort ausgehen und das Spiel zurückentwickeln.

Beispiel

Wie gelangst du mit drei sinnvollen Zwischenwörtern vom „Herz" zum „Gold"?

Ausgangswort	**H E R Z**
	H E R D
	G E R D
	G E L D
Suchwort	**G O L D**

Variante 2 Mastermind

ANREGUNG

Denke dir ein sinnvolles Wort mit vier Buchstaben aus. Durch logisches Kombinieren soll ein anderer Schüler oder auch eine Gruppe von Schülern dieses Suchwort herausfinden. Du musst sechs oder sieben Buchstaben vorgeben, unter denen sich die Buchstaben des Suchwortes befinden. Ansonsten hat der Spielpartner kaum eine Chance das Suchwort herauszufinden. Aus den vorgegebenen Buchstaben bildet der Spieler nun ein sinnvolles Wort mit vier der Buchstaben, die vorgegeben sind und bekommt dazu eine Rückmeldung. Für jeden richtigen Buchstaben im Wort wird ein „x" angegeben, für jeden richtigen Buchstaben, der zusätzlich an der richtigen Stelle steht, wird ein „!" als Rückmeldung gegeben.
Viel Spaß!

Beispiel

Ausgangswort	R O S E	Suchwort HERZ	
1. Versuch	R O S E	XX	(Rückmeldung: Zwei Buchstaben sind korrekt, aber an der falschen Position.)
2. Versuch	O A S E	X	(Ein Buchstabe ist korrekt, aber an der falschen Position.)
3. Versuch	R E B E	X!	(Zwei Buchstaben sind korrekt, davon befindet sich einer an der richtigen Position.)
4. Versuch	H E R D	!!!	(Drei Buchstaben sind korrekt und an der richtigen Position.)
5. Versuch	G E R D	!!	(Zwei Buchstaben sind korrekt und an der richtigen Position.)
6. Versuch	H E R Z	!!!!	(Korrekte Lösung)

Palindrom

Motto Schreiben heißt: das Glück suchen.

(George Bataille)

Kommentar

Ein Palindrom ist ein Wort, Satz oder auch ein Text, der vorwärts und rückwärts gelesen den gleichen Sinn oder auch einen neuen Sinn ergibt. Im Prinzip handelt es sich um ein eher schwieriges Wort- und Buchstabenspiel. Die Buchstabenfolge der zweiten Wort- bzw. Satzhälfte muss sich spiegelbildlich zur ersten verhalten. Angeblich wurde dieses Wortspiel von Sotades (3. Jahrhundert v. Chr.) erfunden. Es findet sich jedoch weniger in der griechischen als in der (mittel-)lateinischen Literatur.

Beispiele

Identischer Wortsinn	Neuer Wortsinn
Otto, Anna	Tor/Rot
Elle	Leben /Nebel
Bob	Neger/Regen
Rotor	Mais/Siam
Reliefpfeiler	Sie/Eis

Na, Fakir, Paprikafan?
Ehe, wehe!
In Nagold legen Hähne Geld – log Anni.

ANREGUNG Wer findet weitere Spiegelpaare oder Spiegelsätze? Ein Spiegel kann im wahrsten Sinn des Wortes Hilfe bringen. Sucht einmal mit einem Taschenspiegel nach solchen Wörtern in einem Zeitungstext, auf einer Buchseite oder in einem Werbetext.

Variante

Schreib eine kurze Geschichte, die mit einem vorwärts gelesenen Wort beginnt und mit dem rückwärts gelesenen endet.

Motto Neue Gedanken bringen neuen Wandel.

(Sprichwort)

Kommentar

Diese Varianten können aufgrund ihrer Besonderheiten sicherlich zu den anagrammähnlichen Texten (s. S. 144 ff.) gerechnet werden. Buchstabentausch und Wortumstellung erhöhen das Gefühl für lautähnliche Wörter. Mit Hilfe dieser Verfahren lassen sich häufig ironische Formulierungen erzielen. Die Bezeichnungen „Schneeball" bzw. „Schmelzender Schneeball" wurden bei den Varianten drei und vier gewählt, weil jeweils ein Wort oder Buchstabe hinzugefügt wird (wie ein Schneeball, der sich durch Rollen vergrößert) oder entfällt.

ANREGUNG (ab 8. Jahrgangsstufe, evtl. früher)

Versuche einen dir bekannten Text nach den unten durchgeführten Veränderungen zu bearbeiten. Sie lassen sich recht einfach rückgängig machen, sodass ein Leser keine Schwierigkeiten hat diesen Text in den Normaltext zu verwandeln.

Variante 1 Buchstabentausch

Hardy Scharf
Fortschritt II

Sie streben
und streben
und streben
und streben
und sterben

Mira Lobe
Der verdrehte Schmetterling

Ein Metterschling
mit flauen Bügeln
log durch die Luft.
Er wurde einem Computer entnommen,
dem war was durcheinander gekommen:
irgendein Rädchen,
irgendein Drähtchen,
und als man es merkte,
da war's schon zu spätchen.
Da war der Metterschling schon feit wort ...
wanz geit ...
Mir lut er teid.

Ernst Jandl
lichtung

manche meinen
lechts und rinks
kann man nicht
velwechsern.
werch ein illtum!

Variante 2 Wortumstellung

Manfred Sestendrup
afrikanische biografie

hin und wieder eine hungersnot
hin und wieder eine hungersnot
hin und wieder eine hungersnot
wieder eine hungersnot und hin

Variante 3 Schneeball

Arnfried Astel
Fallbeil

man
man geht
man geht nicht
man geht nicht mehr
man geht nicht mehr ohne
man geht nicht mehr ohne Kopf

Variante 4 „Schmelzender Schneeball"

Hardy Scharf
Fortschritt I

Lebensqualität
Lebensqualitä
Lebensqualit
Lebensquali
Lebensqual

Motto Wer sein eigenes Geheimnis nicht bewahren kann,
dem darf man kein fremdes anvertrauen. *(Sprichwort)*

Kommentar

Das Spielen mit Worten, insbesondere das Mitteilen verschlüsselter Botschaften, macht Schülern der unteren Jahrgangsstufen ungeheuren Spaß. Das Verstecken ist die eine Seite; wie aber sieht es mit den Möglichkeiten des Entschlüsselns aus? Kann der Code geknackt werden? Entdecken die Schüler die Logik der Verschlüsselung? In jedem Fall muss mit einfachen Verschlüsselungen begonnen werden um dann schrittweise den Grad der Schwierigkeit zu erhöhen. Über Sinn und Unsinn von Verschlüsselungen muss gesprochen werden, wenn die Spielidee nicht im luftleeren Raum verpuffen soll. In der Folge sind vier Varianten für Geheimsprachen und ähnliche Verschlüsselungen aufgeführt.

Variante 1 Buchstaben verschieben

Beispiel

(Entschlüsselter Satz) An alle Bandenmitglieder Wir treffen uns wie angekündigt am Brunnen

(Verschlüsselter Satz) Bo bmmf Cboefonjuhmjfefs Xjs usfggfo vot xjf bohflvfoejhu bn Csvoofo

Im verschlüsselten Satz wurde jeweils der nächste Buchstabe im Alphabet verwendet.

Variante 2 Wort-Bild-Kombination (s. auch Rebus, S. 140 f.)

Variante 3 Verschlüsseltes Gedicht

Beispiel

Joachim Ringelnatz
Gedicht in Bi-Sprache

Ibich habibebi dibich,
Lobittebi, sobi liebib.
Habist aubich dubi mibich
Liebib? Neibin, vebirgibib.

Nabih obidebir febirn,
Gobitt seibi dibir gubit.
Meibin Hebirz habit gebirn
Abin dibir gebirubiht.

Variante 4 Mit dem Computer verschlüsseln

Beispiel

(Entschlüsselter Satz)

Geheimsprachen sind eine wunderbare Sache, weil man dadurch einer anderen Person Dinge mitteilen kann, die kein anderer verstehen soll.
(S. auch den Abschnitt „Technische Möglichkeiten nutzen“, S. 98ff.)

Derselbe Satz in verschiedenen Verschlüsselungen:

1. Γεηειμσπραχηεν σινδ εινε ωυνδερβαρε Σαχηε, ωειλ μαν δαδυρχη εινερ ανδερεν Περσον Δινγε μιττειλεν καννν, διε κειν ανδερερ ϖερστεηεν σολλ. (Common Bullets)

2. 
(Musical Bullets)

3. 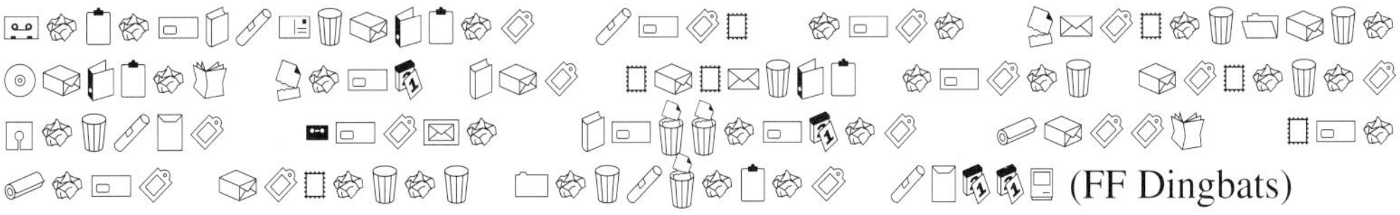
(FF Dingbats)

Schlüsselworttext (Akrostichon)

Motto Müssen wir heute schon wieder schreiben, was wir wollen?

(Unbekannt)

Kommentar

(Arbeitsblatt 50; S. 97)

Unter einem Akrostichon versteht man einen Text, bei dem die Anfangsbuchstaben (-silben oder -wörter) aufeinander folgender Verse oder Strophen hintereinander gelesen ein Wort, einen Namen oder vielleicht sogar einen Satz ergeben. Besonders geeignet für die Erstellung solcher Texte sind Begriffe, die einen starken Gefühlswert oder Identifikationswert haben, z. B.:
Frieden, Gewalt, Liebe, Angst, Winter, Glück, Technik, Hoffnung, Kunst, Sport, Trauer, Jugend, Alter, Freundschaft u. a.
Die Ausgangswörter können auch themenorientiert gewählt werden, z. B. zum Thema „Natur": See, Baum, Wald, Blume, Sommer, Landschaft, Natur, Natourismus u. a. Sie sollten mindestens aus vier Buchstaben bestehen um den üblichen Kürzeln weitgehend zu entkommen. Je länger das Ausgangswort ist, desto schwieriger wird die Arbeit! Die entstehenden Texte sollten folgenden Kriterien entsprechen:

- sie müssen sich in ihrer inhaltlichen Aussage auf das Grundwort beziehen
- sie müssen syntaktisch passend angeordnet sein
- sie dürfen nicht diskriminierend sein

Auf den letztgenannten Aspekt muss besonders geachtet werden, da viele Schüler derartige Formulierungen kennen. Drei Negativbeispiele zur Verdeutlichung:

Für	**M**ein	**A**b
Italiener	**A**uto	**I**n
Ausreichend	**Z**erstört	**D**en
Technik	**D**eutsche	**S**arg
	Arbeitsplätze	

Variante 1 Versteckter Name

ANREGUNG

Jeder Schüler schreibt die einzelnen Buchstaben seines Vornamens (evtl. auch seines Nachnamens) untereinander auf ein Blatt oder ein Stück Pappe. Jeder Buchstabe stellt den Anfang eines Wortes oder kurzen Satzes dar, mit dem er etwas Persönliches über sich aussagt, z. B. über sein Hobby, sein Aussehen, seine Wünsche u. a. Das Blatt bzw. die Pappe kann dann als Namensschild verwendet werden.

Variante 2 Wörterbörse

ANREGUNG

Die bei der Schreibvariante „Versteckter Name" entstandenen Wörter können Wort für Wort getrennt (ausgeschnitten) werden. Alle Wörter werden nun in einem Pool gesammelt und gemischt. Jeder Teilnehmer zieht je 6 Wörter und schreibt dazu einen kurzen Text.

Variante 3 Prominente vorstellen

ANREGUNG

Jede Schülerin/jeder Schüler schreibt einen oder mehrere Namen von Prominenten auf ein Blatt. Jede(r) zieht verdeckt einen Namen, setzt die Buchstaben untereinander und ordnet den Buchstaben Eigenschaften zu, die zutreffend sein könnten.

Beispiele

Meist	**K**ann
Akzeptiert	**O**ft
Sein	**H**erzlich
Konkurrent	**L**achen
Eleganz	

Variante 4 Akrostichon als Binnentext

Beispiel

	V	ERSCHWIEGENHEIT
FAMILI	**E**	NSINN
HILFSBE	**R**	EITSCHAFT
G	**L**	AUBE
GR	**O**	SSZÜGIGKEIT
ZIVILCOU	**R**	AGE
FRIED	**E**	NSWILLE
ZU	**N**	EIGUNG
NATURV	**E**	RBUNDENHEIT

	W	AHRHAFTIGKEIT
V	**E**	RANTWORTUNG
T	**R**	EUE
HEIMA	**T**	LIEBE
FR	**E**	UNDSCHAFT

Variante 5 Telestichon

ANREGUNG

Verfasse einen kurzen Gedichttext, bei dem die letzten Buchstaben der Zeilen, von oben gelesen, ein bestimmtes Wort ergeben.

Variante 6 Spagat/Gefüllte Kalbsbrust/Reissverschlusstext/Akroteleuton

Kommentar

Dieses Sprachspiel geistert unter verschiedenen Titeln (s. o.) durch die Fachbücher. Eines ist jedoch gemeinsam:
Der zu bildende Text erfüllt folgende Bedingungen: Die Anfangsbuchstaben, von oben nach unten gelesen, ergeben dasselbe Wort wie die Endbuchstaben, wenn sie von unten nach oben gelesen werden. Dieses Verfahren baut auf dem Prinzip des Akrostichon auf, ist jedoch um einiges schwieriger, da es zusätzlich auf die richtige Endung ankommt. Also füllt die Lücken so, dass ein Textzusammenhang erkennbar wird. Der Reißverschlusstext ist sicherlich am besten gelungen, wenn er noch einen Bezug zum Ausgangswort herstellt. Er fordert erheblich mehr an sprachspielerischem Vermögen vom jeweiligen Verfasser/von der Verfasserin als das Akrostichon.

Beispiel

```
K A R T E N
Ü         R
R         E
B         K
I         S
S         I
K         B
E         R
R         Ü
N         K
```

ANREGUNG

Mit den Wörtern, die als Füllwörter gefunden wurden, kann eine Geschichte geschrieben werden (auch als Gruppenarbeit).

Variante 7 Schlüsselwörter in der Werbung

Beispiel

N ATURSCHUTZGEBIETE SCHAFFEN
Als Ausgleich für touristisch erschlossene Regionen müssen Schutzgebiete und Nationalparks eingerichtet werden, in denen einzigartige Lebensräume gesichert werden sowie gefährdete Tier- und Pflanzenarten überleben können. In besonders ausgewiesenen Zonen innerhalb dieser Reservate darf es weder eine wirtschaftliche noch eine touristische Nutzung geben.

A NGEPASSTE ERSCHLIESSUNG DURCHFÜHREN
Neue Reisegebiete dürfen nicht „überdimensioniert“, sondern nur im Rahmen ihrer natürlichen Ressourcen und bereits vorhandenen Kapazitäten erschlossen werden.

T ECHNISCHEN UMWELTSCHUTZ EINSETZEN
Bei der touristischen Erschließung sowie Erweiterung bestehender Anlagen müssen alle Möglichkeiten des technischen Umweltschutzes ausgeschöpft werden.

O RT, ZEIT UND UMFANG BEGRENZEN
Zum Schutz der Natur müssen Ausflugs- und Freizeitaktivitäten auch außerhalb von Schutzgebieten eingeschränkt werden.

U MWELTVERTRÄGLICHKEIT PRÜFEN
Umweltverträglichkeitsprüfungen sind als verbindliche Maßnahmen vor der Neuerschließung von Urlaubsregionen und der Erweiterung bestehender touristischer Einrichtungen durchzuführen.

R EVISION VORNEHMEN
Ältere Erschließungsprogramme, die den Umwelt- und Naturschutz nicht vorrangig berücksichtigen, müssen überarbeitet und entsprechend angepasst werden.

I INTEGRATION BERÜCKSICHTIGEN
Planung und Umsetzung von Erschließungsmaßnahmen dürfen nicht ohne die wirkungsvolle Einbindung der ortsansässigen Bevölkerung erfolgen.

S SENSIBILISIERUNG ERREICHEN
Nur durch Umweltberatung und -bildung von Einwohnern, Behörden, Urlaubsplanern, Reiseunternehmen und Touristen ist ein harmonisches Miteinander von Natur und Tourismus möglich.

M MANAGEMENT VERBESSERN
Konzepte, die Tourismus in Naturschutzgebieten regeln und Naturerlebnisse in diesen Gebieten fördern, müssen weiterentwickelt und rasch umgesetzt werden.

U UMWANDLUNG FÖRDERN
Bei der Vergabe von Finanzmitteln für touristische Projekte durch Entwicklungshilfeeinrichtungen darf der wirtschaftliche Aspekt nicht im Vordergrund stehen. Vielmehr müssen diese Gelder der umweltverträglichen Erschließung von Reiseregionen und der Einrichtung von Schutzgebieten dienen.

S SELBSTVERSTÄNDNIS ENTWICKELN
Umwelt- und naturschutzbewusste Urlaubsplanung und ein entsprechendes Verhalten vor Ort müssen zur Selbstverständlichkeit für Naherholungssuchende und Ferntouristen gleichermaßen werden.

Arbeitsblatt 50 (ab 7. Jahrgangsstufe frühestens)

ANREGUNG

Bilde mit den Anfangsbuchstaben eines Nomens neue Wörter, die einen Zusammenhang zum Ausgangswort erkennen lassen.

Beispiele

GEGEN
EINEN
WILLEN
ALLES
LEBEN
TÖTEN

KAUFEN
IM
RUMMEL
MACHT
ENORM
SPASS

HOFFNUNG
IST
MANCHMAL
MEHR
EIN
LUFTSCHLOSS

LEBEN
IN
EINER
BESONDEREN
EINHEIT

Walter Leimeier
Neue Jugend A–Z

Nahtlos eingefügt in euer Denksystem
Ergebnislos mit ihr verhandelt
Uferlos ihre Träume im Wasser treiben lassen
Erfolglos ihnen die Werte des Lebens vermittelt
Jugendlos sie wie Kinder behandelt
Urteilslos immer wieder über sie geurteilt
Gedankenlos ihre Zukunft verplant
Emotionslos sich ihre Vorstellungen angehört
Nutzlos sich um ihre Erziehung bemüht und
Drauflos geschlagen mit Begeisterung.
Auf los gehts los
Zweifellos bedenkenlos.

Motto

Die computergesteuerte Setzmaschine
Schreit nach Futter,
Stanzt im Nonstoplauf
Aus Zigarettenkippen, Schmirgel- und Büttenpapier
Alltag in Lyrik um. *(Unbekannt)*

Kommentar

(Arbeitsblatt 51; S. 99)

Ziel dieser Anregung ist sich mit Hilfe eines unvollständigen Symbolschlüssels einen durch Computersymbolschrift kodierten Text zu entschlüsseln. Das Arbeitsblatt enthält einerseits den kodierten Text, andererseits vorgegebene Striche um die entsprechenden Buchstaben einzutragen. Ein wenig Fantasie und die genaue Erfassung des Inhalts sind schon notwendig, damit man dem Text auf die Schliche kommt. Bei der Entschlüsselung des Textes hilft der Symbolschlüssel erheblich. Er ermöglicht unter anderem das Erkennen einiger Worte im Text. Nimmt man nun hinzu, dass der Vokal „e" der in der deutschen Sprache am meisten verwendete Buchstabe ist, so wird das Entschlüsseln weiter erleichtert. Nun lassen sich auch die „sch"–Laute einsetzen. Über die bereits gebildeten Wörter erschließen sich dann auch fast alle anderen Buchstaben, sodass der Text im Original erkennbar ist. Der besondere Wert dieser Aufgabe liegt im intensiven Arbeiten mit dem Wortmaterial des Textes. Textstrukturen werden erkannt, die Sensibilität für Wortbildungen innerhalb der Sprache wird gesteigert, Wortalternativen werden gesucht und gefunden. Damit wird der Wortschatz aktiviert und – besonders in Partner – oder Gruppenarbeit – erweitert. Gerade die schwächeren bzw. dem Literaturunterricht nicht so aufgeschlossen gegenüberstehenden Schüler befassen sich gerne mit dieser Aufgabe. Im Anschluss daran kann der Text bei Bedarf analysiert und interpretiert werden. Möglicherweise ergibt sich daraus, dass sich Schüler selbst trauen, ein Sonett zu schreiben (s. S. 158 f.).

Lösung

(Originaltext zu Arbeitsblatt 51; S. 99)

Walter Leimeier
Sensibles Sonett

Der Tag verblasst, die Schatten tragen Trauer,
ein Wort von mir, gelächelt in den Wind,
zu ihm, der leise streift, geschwind
spür ich bei mir blutarme Schauer,

die in Tiefen fallen ohne eine Spur von Leben,
von Morpheus Atem ganz beseelt
weiß ich, was meine Träume zählen, fehlt
mir die Kraft, aus meiner Welt zu geben.

Kassandras Rufe hallen noch im Ohr,
auch ich will Träumen Deuter sein, bevor
die Nacht versinkt, mein Wille

fast gebrochen, hört nicht was ich sage
schon tanzen Hexen Tango zu dem Tage,
doch neben mir wächst nur die Stille.

Arbeitsblatt 51 (ab 11. Jahrgangsstufe)

ANREGUNG

Ob es Ihnen möglich ist, den abgedruckten Text zu entschlüsseln? Als Hilfe könnten Ihnen einige Symbole dienen, die mit der alphabetischen Entsprechung unten aufgeführt sind. Das Arbeitsblatt erleichtert Ihnen die Übertragung des entschlüsselten Textes, da die Räume für die Buchstaben bereits durch entsprechende Strichvorgaben angedeutet sind. Übertragen Sie die Buchstaben und versuchen Sie auf diese Weise den Text zu entschlüsseln. Ein wenig Fantasie und die genaue Erfassung des Inhalts sind aber schon notwendig. Viel Spaß! (Symbolschlüssel: ▲ = S, ➧ = T, ★ = H, ⇨ = G, ✈ = M, ● = L, ❊ = I)

Variante 1 Auf den Kopf gestellt

Kommentar

(Arbeitsblatt 52; S. 101)

Andreas Thalmayr (Pseudonym für Hans-Magnus Enzensberger) schreibt in seinem Buch „Das Wasserzeichen der Poesie“:
„Die einzig richtige Art, ein Gedicht zu lesen, gibt es nicht. Sie ist nur ein pädagogisches Phantom. So viele Köpfe, so viele Lesarten, eine richtiger als die andere. Man kann (...) auch nacherzählen, oder rückwärts lesen, oder verspotten, oder bestehlen, oder weiterdichten, oder übersetzen ... Lesen heißt immer auch: (...) zerstören und wieder zusammensetzen. Dabei entsteht allemal etwas Neues.“
Der Computer mit seinen modernen Textverarbeitungsprogrammen bietet vielfältige Möglichkeiten kreativ gestaltend in Texte einzugreifen. Er ist ein großartiges Hilfsmittel, da Textteile recht einfach umgestellt und gelöscht werden können. Zudem lassen sich relativ problemlos neue Absätze und Strophen gestalten. Über Zeichenformatierungsfunktionen können Hervorhebungen gestaltet werden; mit speziellen Designerprogrammen lassen sich die Texte weiter ausgestalten und erhalten damit eine subjektiv ausgerichtete Gestaltung und Lesart.
Die Ansicht Enzensbergers soll am folgenden Text belegt werden. Der per Computerprogramm (Word für Windows und Corel Draw) bearbeitete Text ist **ein** Beispiel, das im Unterricht angefertigt wurde. Sicherlich gibt es weitere Möglichkeiten zur visuellen Gestaltung des Textes.

Auf den Kopf gestellt

Da nähert sich
einer
zögernden Auges
aber
klaren Verstandes.
Das Objekt umkreisend
notiert er
beiläufig
die Eindrücke.
Sein Herz
schießt kein Foto.
Wieder mal
Glück gehabt,
stellt er erleichtert fest,
da sich die Hand
nicht mehr rührt.
Dann
klopfenden Herzens
und bewegten Schritts
geht er
aus den geknickten Ähren
zu seinem Fahrzeug.
Rote Kontrolleuchten.
Der Motor
schreit auf.

Variante 2 Mit Hilfe des Computers collagieren

ANREGUNG

Eine Gruppe von höchstens sechs Schülern stellt zu einem aktuellen Thema Texte zusammen und speichert diese auf einer Diskette. Die Texte können aus Reden, Interviews, Zeitungen, Werbetexten, literarischen Texten u. a. entnommen sein. Die anderen Schüler schreiben (jeder für sich) innerhalb von fünf Minuten ihre Assoziationen zu dem gleichen Thema (ohne formale Vorgaben) auf. Anschließend formulieren sie aus den Assoziationen einen kurzen Text (maximal fünf bis acht Zeilen) und speichern diesen mit einem Kennzeichen versehen im Computer als Textdatei. Danach wechseln die Schüler an einen anderen Computer und arbeiten den dort gespeicherten Text um, indem sie ihn ergänzen, kürzen, richtigstellen, in eine andere Textart umformulieren und vieles mehr. Dies Verfahren wird weitergeführt, bis mindestens fünf Bearbeiter an dem jeweiligen Text gearbeitet haben. Die Endfassungen werden zum Abschluss mit den von den anderen Schülern gesammelten Texten verglichen und zu einer Gesamtcollage verwoben.

Arbeitsblatt 52 (ab 10. Jahrgangsstufe)

ANREGUNG

Nachfolgend findest du zwei Texte in Prosafassung abgedruckt. Wähle einen der beiden Texte aus und erstelle davon eine Gedichtfassung. Bearbeite anschließend den Text, indem du versuchst mit den Gestaltungsmöglichkeiten von Computerprogrammen zu arbeiten um die Bildhaftigkeit und Aussage des jeweiligen Textes zu verdeutlichen.

Text 1

Auf den Kopf gestellt

Da nähert sich einer zögernden Auges, aber klaren Verstandes. Das Objekt umkreisend notiert er beiläufig die Eindrücke. Sein Herz schießt kein Foto. Wieder mal Glück gehabt, stellt er erleichtert fest, da sich die Hand nicht mehr rührt. Dann, klopfenden Herzens und bewegten Schritts geht er aus den geknickten Ähren zu seinem Fahrzeug. Rote Kontrollleuchten, der Motor schreit auf.

Text 2

Eine Anzahl bemantelter, beschirmter, bestiefelter Personen jeglichen Alters schmatzte sich durch die vom niederschlagenden Regen aufgeweichten und sumpfigen Wiesen. In der angestrengten Suche nach der Insel der Trockenheit bemerkten sie nicht, wie sie zunächst den Boden unter den Füßen verloren und dann sich selbst. Winddurchflutet retteten sich alle – so erzählt man – nach einigen Stunden in die betäubende Stille von Ofenwärme und Trockensocken. Sie sollen – angeblich – neben dem festen Grund auch ihren Verstand wiedergefunden haben.

Motto

Kein Sprichwort lügt,
sein Sinn nur trügt.

(Sprichwort)

Kommentar

Sprichwörter, Redensarten und Zitate wehren sich nicht, wenn ihnen ohne Respekt begegnet wird. Sie spielen zwar nicht mehr die bedeutsame Rolle, die sie noch zur Jahrhundertwende hatten, als man den vermeintlich Gebildeten an seinen Zitaten erkannte. Häufig verbargen sich hinter dieser bildungsbürgerlichen Fassade auch nur Menschen mit Halbwissen. Dieses wird nun durch die weiteren Anregungen nochmals verringert – oder etwa nicht?

Variante 1 Sprichwörter verstecken

ANREGUNG

Jeder Schüler sucht sich ein Sprichwort, entweder aus eigener Kenntnis oder aus dem Sprichwörterlexikon, und versteckt es in Sätzen. Im ersten Satz kommt das erste Wort vor, im zweiten Satz das zweite usw.

Beispiel

Um neun Uhr erfuhr ich, dass **die** Feier ausfällt.
Freia heckt meist die **dümmsten** Streiche aus.
Du solltest besser mit dem Läufer den **Bauern** schlagen.
Bei gutem Training wirst du Erfolge **ernten.**
Der Computer funktioniert, aber **die** Festplatte ist recht klein.
Der Sumo-Ringer gehört zu den **dicksten** Menschen in Japan.
Pommes mag ich nicht so gern; ich esse lieber richtige **Kartoffeln.**

Lösung: Die dümmsten Bauern ernten die dicksten Kartoffeln.

Variante 2 Worte entflügeln

ANREGUNG

Bei dieser Anregung wird nur der erste Teil eines „Geflügelten Wortes" vorgegeben, der zweite Teil soll auf lustige, listige oder auch banale Art ergänzt werden.

Beispiele

Der Apfel fällt ... ... der Wurm zerschellt.
Morgenstund ... ... mein Kopf hat Schwund.
Wer Wind sät ... ... hat die Landwirtschaft nicht verstanden.

Variante 3 Metamorphose

ANREGUNG

Die Schülerinnen und Schüler wählen metaphorische Redewendungen aus, die eine Person, deren Schwächen und Stärken, Charakter, Handlungen oder gesellschaftliche Stellung beschreiben, nehmen dieses Bild ernst und schreiben auf, wie es zu diesem Zustand gekommen ist.

Beispiele

- seine Haut zu Markte tragen
- nicht alle Tassen im Schrank haben
- von der Rolle sein
- einen Narren gefressen haben
- sich um Kopf und Kragen reden
- auf dem Zahnfleisch laufen
- über den eigenen Schatten springen
- jemandem Steine in den Weg legen
- u.a.

Variante 4 Fortsetzung von Redewendungen

ANREGUNG

Redewendungen, Platitüden und Floskeln eignen sich sehr gut als Ausgangsmaterial für das Weiterschreiben von Gedichten.

Beispiele

„Solange du die Füße unter meinen Tisch stellst ..."

„Wenn es dir nicht passt, geh doch woanders hin ...

Motto

In der Schule wird an und mit Texten operiert.
Zu oft erleidet der Patient dabei den Tod. *(Unbekannt)*

Kommentar

(Arbeitsblatt 53; S. 105)

Die 26 Buchstaben des Alphabets werden in ihrer Reihenfolge untereinander aufgeschrieben. Es spricht nichts dagegen das Alphabet auch von hinten nach vorne zu notieren. Nun sollte ein Thema bestimmt werden (durch Entscheidungsfindung in der Gruppe oder bei Einzelarbeiten selbständig), zu dem Begriffe bzw. ganze Sätze formuliert werden. Die Anfangsbuchstaben können zudem hervorgehoben bzw. ausgestaltet werden. Erleichterung: Bei jüngeren Schülern sollte man gegebenenfalls auf die „schwierigen" Buchstaben verzichten, da sie nur wenige Wörter mit diesen Anfangsbuchstaben kennen.

Beispiel

Dieter Brembs
Das Drachenabeceh

Akumander,
Blomutram,
Claculac und
Daschitil
fraßen oft
und fraßen viel,
Echogröl und
Famofax
lutschten gern
auch Bienenwachs.
Gnoloton,
Hydraulolux
sind die zwei
mit Riesenwuchs.
Imipril und
Jodelschodel,
Knastor und auch
Lummerlatt
wurden montags
selten satt,
Muckschluck,
Nasch und
Oxoho
hatten einen
grünen Po.
Plumulum,
Quülliwam
plantschten
sonntags gern
im Schlamm.
Rätscheltätschel und
Schulu
schauten dabei
lieber zu.
Töckmöck,
Umpf und
Valotrom,
Wammelwusch und
Xacholon
gaben von sich
manchen Ton,
Ysoprül und
Zammelzot
stellten sich auch gerne tot.

Variante 1 Monoletter

ANREGUNG

Alle Wörter eines sinnvollen Satzes sollen mit demselben Buchstaben beginnen.

Variante 2 Multiletter

ANREGUNG

Aus den Buchstaben des Alphabets soll ein Wort gebildet werden, welches möglichst viele verschiedene Buchstaben enthält und trotzdem noch sinnvoll ist. Die Umlaute „ä", „ö", „ü" und das „ß" sind erlaubt. Jeder Buchstabe darf jedoch nur einmal verwendet werden. Bindestrich-Wörter sind nicht zugelassen. Wer bildet das Wort mit den meisten Buchstaben?

Variante 3 Alphaletter

ANREGUNG

Eine Gruppe soll aus 26 Wörtern einen Satz zusammenstellen, in welchem das erste Wort mit „A", das zweite mit „B" usw. beginnt. Diese Möglichkeit ist natürlich auch umkehrbar. Wer seinen Spaß daran findet, könnte einmal versuchen eine Botschaft, ein Lied, eine Nachricht, einen Brief oder einen Aufruf auf diese Weise zu gestalten. Das Spiel vereinfacht sich erheblich, wenn man zunächst nur einige Buchstaben des Alphabets (z. B. „H" – „K") herausnimmt und damit einen Satz bildet.

Beispiel

Auch bei Claus darf ein frecher, großer Hund in jeden Keller laufen, mal nach oben, probeweise quer, recht schön tollpatschig und vielleicht wieder x-beliebig yo-yo-artig zurück.

(Hajo Bücken)

Variante 4 Zeitung

ANREGUNG

Jeder Teilnehmer bekommt eine Seite aus der Tageszeitung. Auf dieser Seite sollen 26 Wörter, die mit den 26 Buchstaben des Alphabets beginnen, markiert werden. Derjenige, der zuerst 26 Wörter entdeckt hat, hat das Spiel gewonnen. Sollten nach 5 Minuten noch nicht alle Wörter gefunden sein, wird abgebrochen. Häufig lassen sich die Buchstaben „x", „y" und „q" nicht finden. Drei Schüler setzen sich nun zusammen und versuchen mit den von ihnen gefundenen Wörtern mit möglichst wenig Zusatzwörtern einen neuen Text zu gestalten.

Arbeitsblatt 53 (ab 6. Jahrgangsstufe; je nach Schwierigkeitsgrad)

ANREGUNG

Schreibe die 26 Buchstaben des Alphabets untereinander auf. Du kannst sie von A – Z notieren oder auch in umgekehrter Reihenfolge. Wähle dir dann eines der in der Folge genannten Themen aus und schreibe zu jedem Buchstaben ein Wort (oder auch einen Satz) auf, das zum Thema passt. Du kannst die Anfangsbuchstaben auch ausmalen.

Beispiele für Themen

- Der Mensch von A-Z
- Urlaubs-ABC
- ABC des Friedens
- Natur und Umwelt-ABC
- Lob-ABC
- Was ich nicht mag-ABC
- Gemeinheiten-ABC
- Unsinn von A-Z
- Schimpfwörter-ABC
- Kinder-ABC
- u. a.

Wer-Wo-Was-Geschichte

Motto Und schon verweht der Schrecken angesichts der großen leeren Fläche – in mir fühl ich Fülle wachsen, langsam, still. *(Unbekannt)*

Kommentar

Jeder Schüler erhält drei verschiedenfarbige Karteikarten, ersatzweise können auch einfache Blätter verwendet werden. Die Karten werden als „Wer"- Karte, „Wo"- Karte und „Was"- Karte gekennzeichnet. In jeweils drei Minuten sollen nun auf den einzelnen Karten Stichpunkte festgehalten werden. Nachdem die Karten ausgefüllt wurden, werden sie eingesammelt und nach „Wer"-, „Wo"- und „Was"- Karten getrennt geordnet. Danach erhält jeder Schüler jeweils eine Karte aus jedem Stapel. Achtung: Der Schüler bzw. die Schülerin darf nicht seine bzw. ihre eigenen Karten erhalten. Mit den Vorgaben der neu erhaltenen Karten soll nun ein Text erstellt werden.
Variation: Eine Karte darf mit einem anderen Schüler in beiderseitigem Einverständnis getauscht werden.

„Wer"-Karte	**„Wo"-Karte**	**„Was"-Karte**
Eine Person oder ein Gegenstand wird möglichst genau beschrieben.	Der Handlungsort wird festgelegt.	Eine Textsorte wird festgelegt, drei Angebote sollten gemacht werden.
– Alter – Größe – Farbe – Aussehen – Geschlecht – Kleidung – Charakter – bes. Kennzeichen – und anderes	– eine dunkle Straße – eine Waldlichtung – ein Fahrstuhl – ein Hochhaus – ein x-beliebiger Planet – ein Raumschiff – ein Dachboden – eine Bank – und anderes	– Horrorgeschichte – Kriminalgeschichte – Märchen – Liebesgeschichte – Sciencefiction – Zeitungsbericht – Tagebuchaufzeichnung – Traumerzählung – und anderes

Wenn auf der „Wer"– Karte reale Personen genannt werden, zum Beispiel Mitschüler oder Lehrer, werden die Geschichten meist komisch, zeigen Schwächen einzelner Personen auf oder geraten zum Klamauk, selbst wenn das Genre dies nicht vorsieht. Daher sollte man auf reale Personen des engeren Umfelds verzichten.
Diese Schreibanregung eignet sich für eine Doppelstunde:

Vorbereiten, Anfertigen der Karteikarten und Verteilen der Karten:	20 Minuten
Schreiben:	45 Minuten
Vorlesen und Besprechen:	25 Minuten

ANREGUNG Schreibe mit den Angaben auf den drei gezogenen Karten eine Geschichte.

Beispiel
(Schülertext)

Vorgaben

Wer-Karte: Marius Megabyte, Spitzname „Floppy", wohnt in der Prozessorstraße 586 in Parallelporthausen, Computerfreak, beschäftigt bei einer Computerfirma in leitender Position, Extremsportler

Wo-Karte: dunkle Straße, nachts, verlassen, furchterregend, Gassen, Fabriken, Traum und Wirklichkeit wechseln

Was-Karte: Gegenwartsgeschichte, Allerweltsgeschichte

Marius Megabyte kam gerade aus der Computerfirma und machte sich auf den Weg nach Hause. Er fuhr nach Parallelporthausen in die Prozessorstraße 586. Als er dort ankam, stieß er sich den Kopf am automatischen Gurtspanner. Traum und Wirklichkeit schienen zu wechseln, er glaubte, sie würden ineinander verlaufen. Er fand sich in einer dunklen Straße wieder und hörte Furcht erregende Laute. Die ganze Gegend schien verlassen, man sah keinen Menschen, er schien das einzige lebendige Wesen zu sein. Er ging durch die Straßen und sah Gebäude, die wie Fabriken aussahen. Seine Schritte wurden schneller und schneller. Er rannte. Seine Kondition war ausgezeichnet, weil er Extremsportler war. Er fand keinen Ausgang aus dem Labyrinth. Vollkommen erschöpft setzte er sich. Jetzt sah er sich die Gegend genauer an. Es sah aus wie das Innere eines Computers. Er versuchte sich zu orientieren, doch in diesen Gassen konnte man sich nicht zurechtfinden. Zum Glück war er auch Freeclimber. Er versuchte einen der Chips zu erklimmen. Das war nicht leicht, weil die Flächen des Chips glatt waren. Nachdem er, nach vier vergeblichen Versuchen, schon fast aufgegeben hatte, schaffte er es beim fünften Anlauf. Er stand oben auf dem Chip. Nun wusste er, wo er war. Ganz in der Nähe musste der Hauptprozessor liegen. Er wusste, dass er nur durch den Lüfter oder Laufwerksschacht entkommen konnte. Megabyte überlegte. Was war das nur für ein nervtötendes Geräusch, das er immerzu hörte? Plötzlich kam es ihm wie ein Blitz durchs Gehirn geschossen. Der Lüfter. Somit war der Ausgang durch den Lüfter versperrt, denn der Lüfter würde Kleinholz aus ihm machen. Der Weg zum Laufwerk war weit. Er musste über viele Chips klettern. Beinahe hätte er sich an einem Jumper aufgespießt, als er ihn überwinden musste. Er war viele Stunden unterwegs und ausgelaugt vom vielen Klettern. Zum Glück war der Besitzer des Computers nicht sehr ordentlich, deshalb konnte er sich von Brotkrumen ernähren. Nun stand er vor der Laufwerksöffnung, sie lag in ca. 150 m Höhe. Ein weiter Weg. Megabyte holte tief Luft und begann zu klettern. Die Kletterei wurde durch die Schwingungen, die das Laufwerk verursachte, erschwert. Endlich stand er in der Öffnung. Doch wie sollte er hinunterkommen? Unmöglich! Der User vor dem PC war er selbst. Er erschrak, als er sah, wie er eine Diskette anhob und sie ins Laufwerk schieben wollte. Er konnte nur springen, wenn er nicht von der Disk zerquetscht werden wollte. Megabyte schloss die Augen und sprang. Merkwürdig, dachte er, als er die Augen wieder öffnete. Er fühlte keine Schmerzen. Dann wurde ihm alles klar, es war nur ein Traum.

Variante 1 Märchenlotto

ANREGUNG

Es werden drei verschiedene Lostöpfe vorbereitet, die Zettel oder Karten zu folgenden Aspekten beinhalten:
- Märchenfiguren
- Katastrophen, Schicksalsschläge u. a.
- Handlungsorte, Landschaften, Gebäude u. a.

Es besteht natürlich auch die Möglichkeit, die Schülerinnen und Schüler die Vorgaben selbst erfinden zu lassen. Jeder Teilnehmer an diesem Schreibspiel zieht aus jedem Topf ein Los und schreibt dazu eine Geschichte.

Variante 2 Landschaft

ANREGUNG

Verschiedene Ortsangaben werden in einem Topf gesammelt, verschiedene Stimmungen in einem anderen.

Beispiele für Orte:

Fußballplatz; in einer U- Bahn; im Theater, Konzerthalle; Höhle; auf einer Bergspitze; im Keller eines Hauses; im Garten; im Flugzeug

Beispiele für Stimmungen:

wehleidig; hasserfüllt; überschwänglich; verärgert; verbittert; ausgelassen; friedvoll; bedrückt; unterkühlt; feurig; realistisch; abgeklärt; impulsiv

Jeder Schreibende hat nun die Aufgabe, die von ihm gezogene Stimmung mit dem gezogenen Ort in Verbindung zu bringen und eine Geschichte zu schreiben. Es ist natürlich auch denkbar nur einen Ort vorzugeben und dazu die jeweiligen Stimmungen zu verteilen.

Variante 3 Unerwartete Ereignisse

ANREGUNG

Der Schreibende ist der (positive oder auch negative) Held der Geschichte und erzählt in der Ichform. Er hat eine Aufgabe zu erfüllen, z. B.:

- die Prinzessin aus den Klauen eines Monsters zu retten
- eine Stadt vor einer Katastrophe zu warnen
- einen gegnerischen Bandenchef aus dem Weg zu räumen
- alle Naturblumen im Auftrag der Kunstblumenmafia zu vernichten
- u. a.

Auf dem Weg, seine Mission zu erfüllen, widerfahren ihm jedoch unerwartete Ereignisse:

- Piraten greifen ihn an
- Monster versperren den Weg
- Dauerregen macht die Schlucht unpassierbar
- eine Lawine begräbt Menschen unter sich
- ein Erdbeben verunsichert die Menschen
- u. a.

Der Held soll all diesen Bedrohungen zum Trotz sein Ziel erreichen. Dies zwingt den Bearbeiter dazu, die Versatzstücke logisch und sprachlich geschickt in die Geschichte einzubauen.

Variante 4 Bausteingeschichte

ANREGUNG

Jede Schülerin bzw. jeder Schüler schreibt einen Anfang, einen Mittelteil und einen Schluss zu einer von ihr/ihm frei erfundenen Handlung. Die jeweiligen Teile werden in drei verschiedene Töpfe gelegt und mit denen der anderen Teilnehmer gemischt. Jeder Schreiber erhält einen Anfang, einen Mittelteil und einen Schluss und soll dazu die passenden Überleitungen schreiben. Es handelt sich somit um eine Schreibaufgabe für schon geübte Schreiber. Sicherlich ist es sinnvoll vorher schon mit Lückentexten und/oder Erzählanfängen gearbeitet zu haben.
Das Schreiben der Vorgaben geht in der Regel leicht von der Hand. Problematischer ist die Umsetzung der Verbindungsstücke. Wenn die Aufgabe zu problematisch ist, können leichte Veränderungen, z. B. bei den Namen, im Ausnahmefall erlaubt werden.
Da sehr ungewöhnliche Lösungen gefunden werden müssen, schult dies die Fantasie in besonderer Weise.
Das abschließende Gespräch über die entstandenen Texte fordert geradezu heraus, über andere Gestaltungsmöglichkeiten bei den Übergängen nachzudenken.

Variante 5 Vierzeiler

ANREGUNG

Nach dem nun bereits bekannten Muster erhält jeder Schüler drei Zettel. Auf den ersten schreibt er ein Lebewesen, auf den zweiten ein Charaktermerkmal und auf den dritten eine Tätigkeit. Nach dem Vermischen und Verteilen sollen Vierzeiler getextet werden, in denen die drei Ausgangsbegriffe verwendet werden.

Beispiel

Die Wörter „Lama“, „frech“ und „tanzen“ waren vorgegeben

Ein Lama kam einst aus Peru
und tanzte mit'nem Känguru
mit dickem Bauch und frech wie Dreck
da blieb ihm glatt die Spucke weg.

Motto Nicht alle Gitter sind bitter.

(Sprichwort)

Arbeitsblatt 54 (ab 8. Jahrgangsstufe)

ANREGUNG

Formuliere einen Erzähltext oder ein Gedicht, indem du die unten aufgeführten Nomen, Verben und Adjektive verwendest. Du solltest insgesamt wenigstens 15 Begriffe in deinem Text nutzen. Inwieweit du den Text ausschmückst, entscheidest du allein. Wortwiederholungen sind zulässig. Entwickele eigene Wortgitter als Grundlage für weitere Texte.

Wortgitter

Nomen	Verben	Adjektive
Müllkippe	ordnen	farbig
Ozonschicht	lesen	grün
Uhr	besänftigen	anmutig
Handtuch	aufatmen	groß
Himmel	vernichten	unüberhörbar
Werkzeug	erleben	freundlich
Bank	begreifen	entwickelt
Glück	lieben	gekünstelt
Feuer	einsammeln	brauchbar
Lärmpegel	widersprechen	windig

Motto Ihre Sterne stehen schlecht.
Wagen Sie nicht zu viel. *(Horoskopauszug)*

Arbeitsblatt 55 (ab 9. Jahrgangsstufe)

ANREGUNG

Wer hat nicht schon einmal bewusst „sein“ Horoskop in einer Zeitung oder Zeitschrift gelesen? Und wenn es nicht bewusst war, dann trifft man eben rein zufällig darauf und nimmt es zur Kenntnis. Wenn es Positives über das eigene Sternzeichen vermittelt, schaut man vielleicht sogar häufiger hinein. Was aber, wenn sich finstere Wolken und düstere Aussichten im Horoskop zeigen? Nicht mehr aus dem Haus gehen? Sich einschließen in den eigenen Wänden? Ich rate: Einfach darüber lachen und so tun, als ob man es gar nicht gelesen hätte. Warum? Ach ja, die Erklärung sollte ich noch geben. Da sitzen einsame Redakteure und Horoskopschreiber und müssen Woche für Woche Horoskope zur Auflagensteigerung abliefern. Ein harter Job! Ein harter Job? Versuche es einmal selbst, aber bitte nicht so trist wie in den üblichen Horoskopen. Was hältst du von der Erstellung eines „Horrorskops“? Der Fantasie sind hier keine Grenzen gesetzt. Du kannst natürlich auch die Textvorlage als Anregung nutzen.

Weitere Möglichkeiten könnten sein:

- Raucher-Horoskop
- Schul-Horoskop
- Hunde-Horoskop
- Hundehalter-Horoskop
- Horoskop für Politiker
- Männer-/Frauen-Horoskop
- Kinder-Horoskop u.a.

Textvorlage	Denkbares Horoskop aus einer Fernsehzeitschrift
Widder	Sie stehen vor einem Scherbenhaufen. Anstatt nur zu lamentieren, sollten Sie versuchen zu retten, was noch zu retten ist.
Stier	Bemühen Sie sich weitere Kontakte herzustellen! Es wäre bestimmt von Vorteil gleich mehrere Ansprechpartner zu haben.
Zwilling	Die sich abzeichnende Erfolgstendenz spornt Sie an Ihren Einsatz zu verdoppeln. Ihr Ziel rückt damit in greifbare Nähe.
Krebs	Die Voraussetzungen für Ihren Aufstieg sind denkbar gut. Wagen Sie in dieser Woche den entscheidenden Vorstoß!
Löwe	Wenn Sie bei Ihrer starken Energie auch noch mit der richtigen Taktik vorgehen, lässt sich jede Hürde mit Leichtigkeit nehmen.
Jungfrau	Vergessen Sie Ihre Scheu und zeigen Sie stattdessen Mut zur Veränderung! Die wäre derzeit nämlich äußerst konstruktiv.
Waage	Sie sind recht übermütig und daher zu jedem Risiko bereit. Passen Sie auf, dass Sie dadurch nicht in Schwierigkeiten geraten.
Skorpion	Halten Sie sich zurück, auch wenn man Ihnen Widerstand entgegensetzt! Sie hätten sonst überaus schlechte Karten.
Schütze	Ihre Forderung wird bedingungslos erfüllt. Sie bringen sie nämlich so vor, dass sich niemand zu widersetzen wagt.
Steinbock	Ohne den sonst üblichen Trubel ließe sich in dieser Woche etwas Neues in Angriff nehmen. Packen Sie es also an!
Wassermann	Ihr Selbstbewusstsein ist jetzt so enorm, dass sich damit sogar Misslichkeiten im Handumdrehen beseitigen lassen.
Fische	Sie merken sofort, wo einen Freund der Schuh drückt, und können einspringen, bevor Sie darum gebeten werden.

Motto Das Alltägliche ist das Besondere.

(Sprichwort)

Kommentar

(Arbeitsblatt 56; S. 113)

Mit Alltagstexten sind hier vor allem Anzeigen und Werbetexte gemeint, aber auch Nachrichtentexte, amtliche Schreiben, die gleichzeitig dem Schreibenden bedeutsam erscheinen. Durch eine Gestaltung in Versform und/oder Strophenaufbau können Bedeutungsakzente gesetzt und vorher nicht erkennbare Sinnzusammenhänge hergestellt werden. Es handelt sich also bei dieser Art der Poetisierung um eine Form von Deutung oder Interpretation. Die Verszeilenanordnung bildet gegenüber der Prosaanordnung von Texten also nicht nur eine visuelle und lautliche, sondern auch eine sinngemäße Umstrukturierung.

Mögliche Lösung

(Arbeitsblatt 56; S. 113)

Kinder

Kinder
bringen mehr Leben ins Leben.
Alt und Jung gehören zusammen.
Nur die Bereitschaft
zum Ausgleich und Miteinander
der Generationen
gewährleistet
für alle
in unserer Gesellschaft
ein wirkliches Zuhause.

Die Bundesregierung fördert
deshalb
das Zusammenleben der Generationen,
und sie erleichtert
die häusliche Pflege
älterer Menschen.

Die Erhaltung und Förderung
von Selbständigkeit
im Alter
sind die wichtigsten Ziele
unserer Politik
für ältere Menschen.
Das
kommt auch den Enkelkindern zugute.

Arbeitsblatt 56 (ab 9. Jahrgangsstufe)

ANREGUNG

Stelle die abgedruckte Werbeanzeige als Gedichttext dar, indem du eine Anordnung in Verszeilen herstellst. Überlege, wie du die einzelnen Zeilen anordnest um einzelne Textpassagen besonders hervorzuheben.

Motto

Ich werde doch nicht blöd sein.
Du wirst doch nicht blöd sein.
Er/Sie/Es wird doch nicht blöd sein.
Wir werden doch nicht blöd sein.
Ihr werdet doch nicht blöd sein.
Sie werden doch nicht blöd sein.

(Werbeslogan einer Elektronikartikelfirma)

Kommentar

Ob in Zeitungen, Illustrierten, auf der Straße, im Kino oder im Fernsehen: wir werden mit Annoncen und Werbung ständig konfrontiert. Heißblütige Frauen und coole Typen versuchen unsere Aufmerksamkeit zu erheischen. Mehrere Möglichkeiten erscheinen mir sinnvoll um den Verfassern von Annoncen und den Werbetextern auf die Schliche zu kommen, ihre Strategien zu erkennen und vor allem, viel besser zu sein als sie.

ANREGUNG Erfinde Werbesprüche für Fantasieprodukte.

Variante 1 Werbeslogans verfremden

ANREGUNG Verfremde bestehende Werbeslogans

Beispiel

Ich laufe meilenweit mit meinem Raucherbein.
Was lacostet die Welt?
Die Golfkrise beginnt in Ihrer Garage.
Autos zum Sterben, freuen sich die Erben von …

Variante 2 Heiratsannonce

ANREGUNG Verändere Heiratsannoncen, Bekanntschaftsanzeigen und Ähnliches auf lustige Weise. Wer schreibt eine Antwort auf diese Annonce?

Beispiel

Knackig gerösteter Dreißigender sucht neues Revier. Auf welcher Lichtung wartet meine Hirschkuh? Jäger unerwünscht. Anfragen nur mit Bild unter „Brunftzeit" an die Geschäftsstelle der Zeitung.

Variante 3 Wortbasar

ANREGUNG Stelle dir vor, du wolltest auf dem Wochenmarkt Gemüse einkaufen. Fast jeder Händler bietet dir die gängigen Gemüsesorten an. Wo würdest du kaufen? Möglicherweise entscheidest du dich für den Händler, der seine Ware am besten anpreist.

Formuliere einen Werbetext, in welchem du eine Gemüsesorte vorstellst und anpreist, z.B.:
- Glüh-Birnen
- Paradies-Äpfel
- Sand-Beeren
- Polar-Bananen
- Menüskohl, Erdsennen, Rolose (Kunstwörter aus Melonen, Rosenkohl und Erdnüsse)

Preise deine Ware den anderen Schülern an. Marktschreier des Tages ist derjenige, der die meisten Kunden anzieht.

Variante 4 Stellenausschreibung

ANREGUNG

Entwerfe eine Stellenausschreibung für einen frei erfundenen Beruf. Beschreibe die Anforderungen für die ausgeschriebene Tätigkeit.

Variante 5 Ausländer

ANREGUNG

Entwickele eine Werbeanzeige, in der du dich für ein vorurteilsfreies Zusammenleben mit ausländischen Mitbürgern einsetzt.

Beispiel

Elfchen

Motto

Alltagspoesie produzieren
Gedichte schreiben
Volkssport von heute.
Ganz groß
Lyrisches Jogging.

(Unbekannt)

Kommentar

Unter „Elfchen" werden kurze fünfzeilige Texte verstanden, die aus insgesamt elf Wörtern bestehen.
Die Form ist dabei streng vorgegeben:

1. Zeile = ein Wort
2. Zeile = zwei Wörter
3. Zeile = drei Wörter
4. Zeile = vier Wörter
5. Zeile = ein Wort

Das erste Wort gibt immer die inhaltliche Richtung an. Es kann sich dabei um eine Farbe, bestimmte Stimmungen, ein Thema, einen Namen u.v.a. mehr handeln. Die weiteren gedanklichen Verbindungen entstehen in der Regel recht schnell. Das letzte Wort eignet sich dann um alles „auf den Punkt" zu bringen. Es kann sich dabei auch um eine bewusste Pointierung handeln. Die Form des Elfchens zwingt den Verfasser somit zu einer präzisen Ausdrucksweise ohne große Umschweife.

ANREGUNG

Schreibe ein Elfchen. Achte auf die formalen Vorgaben, die unbedingt eingehalten werden müssen.

Beispiele

Stille
kein Schritt
auf den Straßen
der Nebel schreit leise
Krimizeit

Hasen
viele Eier
manche sind versteckt
einige findet man nie
Ostern

Farbenspiel
rötlicher Stern
hinter atemberaubender Kulisse
Naturgewalten bestimmen das Schauspiel
Sonnenuntergang

Variante

Es können auch Fortsetzungen geschrieben werden, z.B., indem man das letzte Wort des Elfchens (in dem Beispiel also das Wort „Krimizeit") als erstes Wort für ein neues Elfchen verwendet.

Motto Jeder Ort hat seine Weise.

(Sprichwort)

Kommentar

Der Begriff „Limerick" war ursprünglich der Name eines irischen Gesellschaftsliedes aus dem 19. Jahrhundert. In diesem Lied wurden die Abenteuer der Bewohner irischer Städte besungen.
Der Limerick besteht aus fünf Zeilen mit dem Reimschema aabba. Der Anfang enthält – in Anlehnung an die Tradition des Limericks – meist eine Ortsangabe und die Nennung eines Namens oder einer Person. In der weiteren Abfolge wird in der Regel eine witzige Situation entwickelt, die mit einer Pointe am Schluss endet. So wird der Limerick meist in der Nonsens-Dichtung verwendet.

ANREGUNG

Verfasse Limericks. Halte dich an die Vorgaben, die für diese Textsorte gelten.

Beispiele

There was a young lady of Riga,
who smiled as she rode on a tiger.
They returned from the ride
with the lady inside
and a smile on the face of the tiger.

(Edward Lear)

Einst schlichen drei Hunde in Soest
und bellten vor Wut ganz erbost
sie fanden nur Ratten
unter den Latten
und nirgendwo einen Toast.

Es gingen drei Knaben aus Bingen
im Stimmbruch als Sternsinger singen.
Zwar – es klang wenig heilig,
doch man gab ihnen eilig,
um sie zum Verstummen zu bringen.

Mein Onkel der wohnte in Unkel
am Tage war's dort schon dunkel
in der Nacht dann ein Schrei
und schon war's vorbei
man hört noch heute Gemunkel.

Variante

ANREGUNG

Limericks finden auch in der Werbung durchaus Verwendung. Erstelle einen Limerick für Werbezwecke.

Beispiel

Den Einsatz verpasste beim Spiel im Terzett
die Comtess of Burnwitch – links am Spinett.
Durch After Eight ganz verzückt,
schien der Welt sie entrückt.
Ob Mozart nicht ähnlich entschieden hätt'?

Haiku

Motto

Dann flogen die Vögel sprühend auf, ich folgte ihnen mit den Blicken, sah, wie sie in einem Atemzug stiegen, bis ich nicht mehr glaubte, dass sie stiegen, sondern dass ich falle ... *(Unbekannt)*

Kommentar

Das Schreiben von Gedichten ist in Japan nicht nur Schriftstellern überlassen, sondern auch im Volk verbreitet. Dies hängt mit der Einfachheit der japanischen Lyrik zusammen, die eigentlich nur zwei Versformen kennt. Zum einen den einunddreißigsilbigen Fünfzeiler, den „Tanka", und den siebzehnsilbigen Dreizeiler, der „Haiku" heißt.
Japanische Gedichte basieren auf Silbenzählung, da die japanische Sprache Wortakzent und Reim nicht kennt. Beim Haiku ist das Angedeutete wichtiger als das klar Ausgesprochene bzw. Ausgedrückte.

Das Haiku ist streng nach folgendem Schema aufgebaut:

1. Zeile = fünf Silben
2. Zeile = sieben Silben
3. Zeile = fünf Silben

Haikus beziehen sich meist auf Gegenständliches in der Natur, binden dies in ein Geschehen ein und erfahren in der letzten Zeile häufig eine überraschende Wendung oder/und Verallgemeinerung. Die Festlegung auf die Silben stellt eine Schwierigkeit dar, die um einiges höher liegt als beim „Elfchen". Dies ist jedoch gleichzeitig der Anreiz für geübte Schreiber. Bei Schwierigkeiten, die sich auf den Inhalt beziehen, kann die strenge Vorgabe „Natur" auch durch eine andere Wahl ersetzt werden. Diese Kurzform zwingt zu genauer Beobachtung und zu präziser Wortwahl.

ANREGUNG Schreibe ein Haiku. Halte dich dabei streng an die Vorgaben.

Beispiel

Kaga no Chiyo
Die Pflaumenblüte

Einem, der ihn brach,
schenkt er dennoch seinen Duft –
Pflaumenblütenzweig!

Variante

ANREGUNG Schreibe einen Text, der aus siebzehn Silben besteht, die in drei Verszeilen angeordnet sind.

Beispiel

Wir haben uns eingenistet
und pochen
an unsere Worthaut

(Gabriele Schuth)

Motto

Schüler schreiben?
Worüber schreiben Schüler
und
warum schreiben Schüler?
Gibt's für Schüler überhaupt etwas zu schreiben
außer
über Schule
über Schüler
über Ärger
über Eltern
alle diese abgebrauchten
renovierungsbedürftigen Themen –...

(Sabine Hickel)

Kommentar

Ein Renga ist eine japanische Kettengedichtsform, die im Japan des 14. Jahrhunderts als Gesellschaftsspiel betrieben wurde. Diese Kettengedichte lassen sich von mehreren Personen schreiben, eine Vorgehensweise, die in Japan durchaus verbreitet ist.

Im Prinzip beruht das Renga wie das Haiku auf einer Silbenzählweise. Es besteht aus insgesamt sieben Zeilen, wobei die Silbenaufteilung wie folgt aussieht:

1. Zeile = sieben Silben
2. Zeile = sieben Silben
3. Zeile = fünf Silben
4. Zeile = sieben Silben
5. Zeile = fünf Silben
6. Zeile = sieben Silben
7. Zeile = sieben Silben

ANREGUNG

Bildet kleine Gruppen, in denen ihr ein Renga erstellt.

Zahlentexte

Motto

Zwei und zwei sind vier
vier und vier sind acht
acht und acht sind sechzehn
Wiederholen! sagt der Lehrer

(Jacques Prévert)

Kommentar

Zahlen spielen im Leben der Menschheit seit jeher eine bedeutsame Rolle (Zahlenmystik).
Die Menschen haben verstanden, dass Zahlen sprechen können, häufig mehr zum Kern einer Sache führen als die Wörter. Es ist aber auch deutlich, dass Wörter und Zahlen irgendwie zusammenhängen, vielleicht sogar eine interdependente Abhängigkeit vorhanden ist. Wörter sind Artikulationen in einer Welt, in der Zahlen und Werte das Leben bestimmen.
Der Zusammenhang der Begriffe „erzählen“ und „zählen“ ist somit gar nicht so überraschend. Er ist zudem in fast allen germanischen und romanischen Sprachen evident.

ANREGUNG

Schreiben Sie einen Text, in dem Zahlen eine entscheidende Rolle spielen, z.B.

- Texte, die in irgendeiner Form statistische Angaben aufgreifen
- einen Text, der die zehn Gebote auf neue Inhalte überträgt
- Texte, in denen Zahlensymbolik eine Rolle spielt und eventuell parodiert wird
- Kombinieren Sie Sprichwörter, die Zahlen aufnehmen, miteinander
- u.a.

Beispiel 1

Rechenexempel

	4 Popper
+	3 Heavies
+	2 Skins
+	2 Waverinnen
+	3 Türken
+	1 Punk
=	eine 10. Klasse
+	mittlere Reife
:	14 offene Lehrstellen ergibt nach und nach
4 x	unverändertes Styling
3 x	Gang zum Friseur sowie Verzicht auf Stretchhosen und Kutte an vier Wochentagen
2 x	Verlust der Glatze
2 x	farblich aufgefrischtes Outfit sowie Entfernung diverser Ohrringe und Nasenknöpfe
3 x	Verzicht auf das Freitagsgebet

Ergebnis: 14 Azubis
Rest: 1 Punk

Beispiel 2

Hans-Curt Flemming
Zehnkampf

100 m pferdetragen
kunstschmusen
50 m ringeln
100 m bärengang
lautschreien
200 m streicheln
100 m rumlungern
betthupfen
dauerduschen

Beispiel 3

Marc Selig
Matheaufgaben

> Das Einwohnermeldeamt einer Kleinstadt registriert im Laufe eines Monats 19 Geburten, 34 Todesfälle, 102 Zuwanderungen und 68 Abwanderungen. Am Monatsende hatte die Stadt 31 938 Einwohner.
> Wie viele waren es am Anfang des Monats?

Das Einwohnermeldeamt einer Kleinstadt registriert im Laufe eines Monats 19 Geburten, 34 Todesfälle, 102 Zuwanderungen, 68 Abwanderungen. Es gibt 20 Leute mit Fußpilz, 10 mit Haarausfall, 100 sitzen gerade auf der Toilette, 20 sind gerade beim Zahnarzt, 50 tragen eine Perücke, 20 Männer tragen karierte Unterhosen, 5 Neugeborene urinieren gerade in die Windel, 6 Leute erleiden einen Wasserrohrbruch, 562 tragen Romikaschuhe, 5 364 tragen eine Swatch-Uhr, 51 Leute fahren einen Manta, haben Goldkettchen um und haben einen Fuchsschwanz am Schlüssel, 54 leiden unter Warzen an den Füßen, 26 haben eine Affäre, 3 479 Leute schauten sich den Porno am 25. 12. 91 um 23.00 Uhr an. 54 haben defekte Autoradios, 11 hören DT 64, 516 Leute bohren gerade in der Nase. 5 675 rauchen Camel, 58 haben einen Schreianfall und 54 Mädchen schwänzen die Schule.

Auf wie viele Städte in Europa passt diese Statistik?

Motto

Der Dichter

In der Fantasie
Von einem Dichter
Sind viele Gesichter.
In all seinen Werken
Wird er sich verbergen.
Und in der Tiefe seiner Werke
Sind all die Särge,
In denen die Wirklichkeit
Begraben ist.

(Birguel Dagcilar)

Kommentar

(Arbeitsblatt 57; S. 123)

Bilder und Fotos bieten vielfältige Anregungen und Anlässe zum Schreiben. Beim Betrachten entwickeln sich dem jeweiligen subjektiven Empfinden gemäße Vorstellungen und Fantasien, Gedankengänge kommen in Gang. Diese individuelle Wahrnehmung lässt sich sowohl in Form von Sachtexten als auch in literarischen Texten sprachlich verarbeiten. Bei der Auswahl der Bildvorlagen ist zu beachten, dass die Auswahl der Bildsorten und Malstile den Ideenfluss bzw. die Assoziationsrichtung bei den Betrachtern enorm beeinflussen kann. Daher sollten vorwiegend Bilder Berücksichtigung finden, die kaum bekannt und thematisch offen sind bzw. Variationen des Themas zulassen.

Es geht nicht um eine Bildbeschreibung im klassischen Sinn, sondern um die fantasieanregende Funktion der Bildvorlage. Was löst das Bild/Foto beim Betrachter aus? Die Lehrperson sollte immer eine größere Anzahl von Bildvorlagen zur Verfügung stellen, die in sich sehr unterschiedlich sind, damit den Schülern eine entsprechende Angebotspalette vorliegt. Diese verhindert eine vorschnelle Weigerung, da eine einzelne Vorlage den Schülern nicht unbedingt einen Zugang ermöglicht. Bei der Auswahl der Fotos sollte auf Symbolgehalt und/oder ästhetischen Reiz geachtet werden. Gut geeignet sind daher auch Bildvorlagen, auf denen Widersprüchliches zu entdecken ist. Die jeweilige Vorlage sollte einen hohen Aufforderungscharakter besitzen oder provokativ wirken.

Arbeitsblatt 57 (ab 9. Jahrgangsstufe)

ANREGUNG

Nimm die folgende Abbildung als Ausgangsmaterial für das Schreiben eines Textes.

Mögliche Vorgehensweise

Hilfsfragen zum Erschließen der Bilder können wertvolles Grundlagenmaterial für die Texterstellung liefern, z.B.:

Was siehst du auf dem Foto?
Was empfindest du beim Betrachten des Fotos?
Woran erinnert dich das Motiv, wozu regt es dich an?

Beispiel

(zu Arbeitsblatt 57; S. 123)

Barbara Schalk
Der See

Nur raus hier, hatte sie gedacht. Hinaus aus der Stadt mit ihrem ohrenbetäubenden Lärm, den rastlos vor sich hinhastenden Menschen und der Luft, die man niemandem mehr zum Atmen anbieten kann (und doch muss). Und nun saß sie hier auf einem schon etwas mit Moos bewachsenden Baumstumpf, zog die Knie an sich heran und atmete erst einmal auf. Eine ganze Weile saß sie so da, das Kinn auf die Knie gestützt, nichts denkend, nur die Schönheit der Umgebung und die Atmosphäre in sich hineinsaugend (als wäre sie fast verhungert, wie ein ausgehungertes Tier).

Die Sonne schien schon recht warm an diesem Tag so zwischen Winter und Frühling, und an den Weiden waren schon die ersten Kätzchen zu sehen. Vögel gab es nur wenige zu hören, aber es war schon ein Genuss, hier und dort vereinzeltem Gezwitscher zu lauschen.
Der See lag da wie ein blauer Spiegel, (nichts kräuselte seine Oberfläche). Sie war fasziniert (von der Farbe, von den Farbschattierungen) des Wassers. Sie ließ ihre Augen gleichsam über diese Wasserspiegelfläche gleiten immer weiter in die Ferne, und das Blau des Wassers wandelte sich von einem tiefen Schwarz-Blau zu ihren Füßen bis zu einem blassen Weiß-Blau in der Ferne, wo sich schon die Hügelkette erhob.
Es war ein wenig dunstig und die Hügel erschienen mit einem leicht rosa-grauen Schimmer, der sie fast vor dem ebenso hellen Himmel verschwinden ließ. Die Bäume rechts und links des Sees waren noch kahl und das Gras noch braun, aber im Sonnenschein wirkten all diese Brauntöne warm und angenehm. Auch die Baumreihen an den Ufern spiegelten sich im See. Man hätte sich auf den Kopf stellen und alles einmal andersherum sehen können. Sie musste lachen bei der Vorstellung einen Kopfstand auf ihrem Baumstumpf zu machen. Ja, ihr war wieder zum Lachen zumute! Und es war ein anderes Lachen, als jenes über den neuesten Witz des Chefs. Denn es war ihr Herz, das da lachte. Sie war selbst fast verwundert, wie erlösend und erleichternd dieses Stückchen Natur auf sie wirkte. (Schülertext)

Beispiel

(zu Arbeitsblatt 58; S. 125)

Wilma Reiteleer
Erosion

Zukunftsvision, Utopie
und doch schon greifbar,
vorstellbar,
zumindest auf der Leinwand.

Noch
nur Farbe und Pinselstrich
aber im Grunde
schon Bild in meiner Seele,
Spiegel meiner Ängste.

Weite,
völlig leblose Fläche,
kahle, vereinzelt schneebedeckte Bergkette,
hohe, bedrohlich herannahende Wolkenwand,
tiefe, unüberschaubare Schlucht.

In der Schlucht
ein Autobahnkreuz
autoleer, menschenleer,
gesteinvoll,
zerstörte Brücke,
verschüttete Wege
– ausweglos –.

Arbeitsblatt 58 (ab 9. Jahrgangsstufe)

ANREGUNG

Nimm die folgende Abbildung als Ausgangsmaterial für das Schreiben eines Textes.

Mögliche Vorgehensweise

Hilfsfragen zum Erschließen der Bilder können wertvolles Grundlagenmaterial für die Texterstellung liefern, z.B.:

Was siehst du auf dem Foto?
Was empfindest du beim Betrachten des Fotos?
Woran erinnert dich das Motiv, wozu regt es dich an?

Alternative 1 Tarotspiel (ab 11. Jahrgangsstufe)

Nehmen Sie doch auch einmal Spielkarten als Ausgangsmaterial. Legen Sie die Karten aus und bitten Sie die Schüler sich eine oder auch zwei Karten auszuwählen, zu denen sie einen Text schreiben wollen. Die Vorgehensweise kann nach ähnlichen Prinzipien erfolgen, wie sie bereits oben erwähnt wurden. Sehr gut eignen sich Tarotkarten, da sie aufgrund ihres Bilderreichtums den Einstieg in das fiktionale Schreiben erleichtern.

Alternative 2 Das OH-Spiel (ab 11. Jahrgangsstufe)

Kommentar

Das OH-Spiel beschreibt sich mit folgender Formulierung: „Bilder und Worte für Assoziation und Kommunikation mit Fantasie und Herz".
OH sieht wie ein einfaches Spiel aus. Aber in Wirklichkeit ist es eine Schachtel voller Gedanken, Entdeckungen und neuer Ideen. Es ist vielseitig und lässt sich nicht einfach einer Kategorie zuordnen. Seine äußere Vieldeutigkeit entspricht auch seinem Inhalt.
OH ist eine neue Sprache, eine Sprache, die aus bekannten Bildern und Worten entspringt, welche aber in neuer Weise zueinander stehen. So werden wir, wie durch jede andere Neuigkeit, in unserer Kreativität herausgefordert. Je häufiger man es benutzt um so besser lernt man damit umzugehen. OH ist aber nicht nur ein ernstes Lern-Spiel. Es ist auch Spaß, Witz und Poesie. Es ist immer genau das, was wir daraus machen. OH ist nicht zum Wettbewerb gedacht, bei dem ein „Starker" von einem „Schwachen" profitiert. Es will unsere Sinne „kitzeln" und das Mitteilen darüber erleichtern.
Die Bedeutung der OH-Karten wandelt sich fortwährend, wie auch unser Leben sich ändert. OH ist wie ein Buch, zu dem man jedes Mal neue Seiten hinzufügt, wenn es aufgeschlagen wird.

Vier Einstiegsmöglichkeiten zum Kennenlernen der Karten bieten sich an.

Variante 1 OH-Geschichten

ANREGUNG

Sie sind die einfachste Art mit den Karten vertraut zu werden. Dabei werden zuerst nur die Bildkarten benutzt. Nach dem Mischen zieht der erste Spieler eine Karte, legt sie offen auf den Tisch und sagt einen Satz dazu. Beispiel: Bild mit dem Spaten an der Hauswand: „Die Gartenarbeit ruft". Nur einen Satz, nicht mehr. Der zweite Spieler zieht eine nächste Karte, legt sie offen daneben und sagt einen Satz, der sich natürlich auf das Bild bezieht, aber auch an den ersten Satz anschließt. Dann der Dritte, und so fort. Auf diese Weise entsteht eine Geschichte. Die zusammenhängenden Bildkarten werden von den Spielern durch einzelne Sätze in ein Bild gewoben, was nicht selten zu großem Gelächter führt. Der Fantasie ist keine Grenze gesetzt.
Weitere Tipps und Abänderungen: Nicht lange grübeln, sondern den ersten spontanen Einfall benutzen. Das Gleiche, aber nur mit den Wortkarten. Oder mit Wort und Bild gemeinsam, das Wort muss in dem Satz vorkommen, vielleicht nur der Sinn des Wortes oder auch das Gegenteil. Ichform und Präsens benutzen („nach der Gartenarbeit brauche ich eine Pause"). Der Geschichte eine Überschrift geben um ein bestimmtes Thema zu erarbeiten.

Variante 2 Lieben ist ...

ANREGUNG

Jeder kennt die kleinen Zeichnungen aus der Zeitung. Wir legen das Wort „Lieben“ offen hin und ziehen blind eine Bildkarte. Diese wird in das Wort hineingelegt und mit einem Satz beschrieben, der mit „Lieben ist“ beginnt. Das gleiche funktioniert auch mit „Abneigung“ und jedem anderen Wort. Diese Variante ist sehr einfach und vielseitig. Es entsteht eine Fülle an Assoziationen, die auch Gesprächsstoff oder Arbeitsmaterial für andere Ausdrucksformen wie Musik, Malerei, Theater bieten.

Variante 3 Mosaik

ANREGUNG

Eine blind gezogene Bildkarte wird auf ein weißes Blatt Papier gelegt. Wenn die Bildkarte nur ein Teil eines großen Gemäldes wäre, wie sähe der Rest aus?
Dies eignet sich auch für jüngere Kinder. Statt ein Gemälde mit Worten zu beschreiben, kann es mit Buntstiften angefertigt werden.

Variante 4 One-in-one

ANREGUNG

Jeder Spieler zieht eine Wort- und eine Bildkarte aus einer Auswahl von Karten. Die Karten sollen erst angeschaut werden, wenn der Spieler an der Reihe ist, da sonst die Spontaneität des Augenblicks verloren geht. Jeder Spieler interpretiert sein Set einzeln und ohne Unterbrechungen von Mitspielern. Eine solche Interpretation kann mündlich oder schriftlich erfolgen. Sie besteht aus folgenden Schritten:

- Beschreibe das Bild ausführlich und lass deiner Fantasie freien Lauf. Sag, was du darin siehst.
- Beschreibe das Wort in deiner subjektiven Auffassung. Hierbei gibt es keine „falschen“ Bedeutungen. Es ist erlaubt, das Wort durch seine gegenteilige Bedeutung zu ersetzen.
- Sprich über die Gefühle, die diese Bild-Wort-Kombination in dir hervorruft. Bleibe persönlich und subjektiv.
- Beziehe diese Kombination von Bild- und Wortkarte auf dein gegenwärtiges Leben. Benutze Präsens und die Ichform, vermeide Verallgemeinerungen, Abstraktionen und Geschichten aus der Vergangenheit.
- Teile mit, wenn du fertig bist.

Wenn ein Spieler seine Interpretation vorgetragen oder vorgelesen hat, können die Mitspieler Fragen stellen um ihr Verständnis der Ausführungen zu klären. Sie können auch über eigene Beobachtungen (Körpersprache, Tonfall, Stil) berichten, die ihnen aufgefallen sind. Hierbei ist es entscheidend, dass die Äußerungen der Mitspieler sich nicht auf das Set des Spielers beziehen oder versuchen es umzuinterpretieren. Auch wenn Nichtgesagtes wichtig erscheinen mag, so spielt es hier keine Rolle. Der Spieler sollte aber nicht ganz ohne Antwort und Unterstützung gelassen werden, da sonst das Teilen des Mitteilens nicht stattfindet.
Das Spiel hat seinen Namen, weil beim Aufdecken blind gezogener Karten unsere erste Reaktion oft Überraschung ist und sich dies häufig in der Äußerung „oh“ artikuliert.

Motto

Nur manchmal schiebt der Vorhang der Pupille
sich lautlos auf –. Dann geht ein Bild hinein,
geht durch der Glieder angespannte Stille –
und hört im Herzen auf zu sein.

(Rainer Maria Rilke)

Kommentar

(Arbeitsblätter 59–62; S.129, 131)

Aufgrund einer nach wie vor vorhandenen Überbetonung kognitiver Zielvorstellungen wird die Verbindung zwischen dem Sprach- und Literaturunterricht und den musischen Tätigkeiten viel zu wenig gesucht und geschaffen, obwohl inzwischen fast alle Lehrpläne dies fordern. Fächerübergreifendes Arbeiten ist nach wie vor eher die Ausnahme. Daher werden die Aussagevielfalt von Texten, das persönliche Empfinden, die subjektive Wertung und Ausdeutung kaum genutzt. Sinnaspekte, die sonst bei einem Text verborgen bleiben, entfalten möglicherweise in der zeichnerischen oder fotografischen Umsetzung Bedeutung, denn fast jeder Bearbeiter stellt in seiner Arbeit etwas anderes in den Vordergrund. Dies ist in der Regel abhängig von der momentanen Gefühlslage, von den Lebenserfahrungen des Einzelnen, von Vorlieben für Farben oder Gegenstände und Vorkenntnissen im Umgang mit dem Zeichenstift oder Fotoapparat. Somit werden nicht nur kreative Fähigkeiten gefördert, sondern zugleich eine wechselseitige Deutung von Text und Bild initiiert.
Die entstehenden Bilder und Fotos lenken den Blick zurück auf den Text. Was hat der andere in dem Text gesehen? Warum erschien mir dieses Detail so wichtig? Wählt der Zeichner bestimmte Farben oder zeichnet er schwarz-weiß? Korrespondieren die Farben mit der Stimmungslage des Textes? Gibt es Abweichungen von der Vorlage? Hat der Autor möglicherweise ein Bild vor Augen gehabt? Fragen über Fragen. Aber, eine Suche nach Antworten lohnt. Das Sprechen über die entstandenen Motive verrät eine Menge über die Mehrdeutigkeit von Texten und über den Zeichner oder Fotografen. Also muss der Malende auf der Hut sein, wenn er nicht zu viel von sich verraten will. Die entstandenen Fotos und Zeichnungen könnten ausgestellt werden. Warum sollten nicht im Forum auch einmal großflächige Plakate mit farblich gestalteten Gedichten oder anderen Texten gezeigt werden? Ein Rahmen mit Passepartout wäre natürlich das Ideale. Im kleinen Rahmen reicht es jedoch auch, wenn die Bilder ausgelegt werden. Eine weitere Möglichkeit besteht darin, eine Anthologie mit Texten und Bildern von der Klasse bzw. dem Kurs gestalten zu lassen.
Hervorragend geeignet für ein derartiges Verfahren sind sicherlich Texte, die metaphorisch angelegt sind und eine Vielzahl an Sprachbildern enthalten. Die Möglichkeiten des Gestaltens durch Bilder, Fotos u.a. sind in allen Jahrgangsstufen angebracht, müssen jedoch den jeweiligen Fähigkeiten und Interessen der Schülerinnen und Schüler angepasst werden. So kann die Umsetzung von Strichzeichnungen, Collagen, Comics über Graffiti bis hin zu Aquarellen und künstlerisch gestalteten Fotos gehen.
Die Verbindung mit dem Fach Kunst sollte im Rahmen des fächerübergreifenden Unterrichts in jedem Fall angestrebt werden, da hier einige Grundlagen für die effektive Gestaltung gelegt werden können.

Variante — Verbindungen

ANREGUNG

Eine Tapetenbahn oder Ähnliches (3 x 2 m) wird auf dem Boden ausgebreitet. Die Schüler schneiden dann aus Katalogen und Zeitschriften Bilder aus und legen oder kleben sie auf das Rechteck. Je mehr Fotos aufgelegt werden, um so dichter liegen sie beieinander bzw. müssen sogar übereinander gelegt werden. Dadurch entstehen beabsichtigte und unbeabsichtigte Verbindungen. Die Schüler werfen nun kleine Gegenstände (z.B. Mühlesteine) auf die Fotos. So finden sie ihren Ausgangspunkt, von welchem sie den zufälligen Verbindungen der Bilder untereinander bzw. der Fotos mit den Mühlesteinen folgend kurze Texte schreiben.

Arbeitsblatt 59 (ab 5. Jahrgangsstufe)

ANREGUNG

Lies dir das folgende Gedicht genau durch. Kannst du malen, was die Schmetterlinge träumen?

Wolfgang Borchert
Winter

Jetzt hat der rote Briefkasten
eine weiße Mütze auf,
schief und verwegen.
Mancher hat bei Glatteis
plötzlich gelegen,
der sonst so standhaft war.

Aber der Schnee hat leis
und wunderbar
geblinkt auf den Tannenbäumen.
Was wohl jetzt die Schmetterlinge träumen?

Arbeitsblatt 60 (ab 5. Jahrgangsstufe)

ANREGUNG

Dieses Gedicht ist sehr bildhaft geschrieben. Male, wie du dir das Geschehen vorstellst.

Heinz Erhardt
Löwenzahn

Löwenzahn ist schon seit jeher
als höchst kriegerisch verschrien,
denn er lässt bei gutem Winde
Fallschirmtruppen feindwärts ziehn.

Und ich sitz auf der Veranda
und verzehre meine Suppe
und entdecke in derselben
zwei Versprengte dieser Truppe.

Beispiel

(zu Arbeitsblatt 61; S. 131)

Beispiel

(zu Arbeitsblatt 62; S. 131)

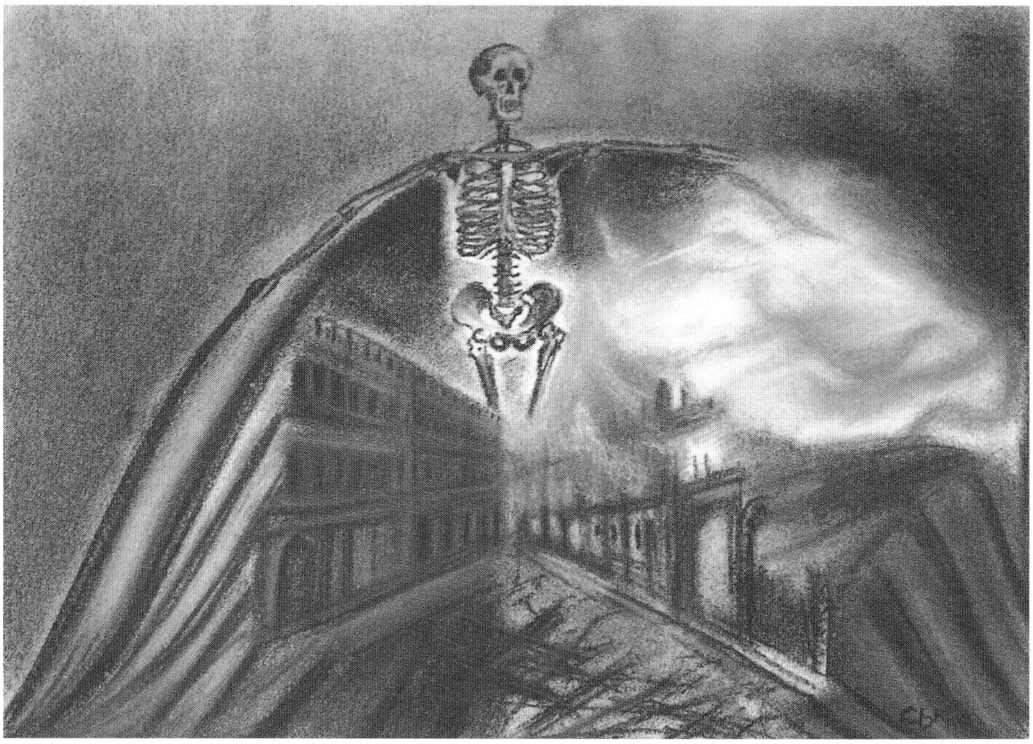

Arbeitsblatt 61 (ab 5. Jahrgangsstufe)

ANREGUNG

Schreibe und male das folgende Gedicht auf ein großes Blatt. Stelle dir vor, du solltest ein Plakat für eine Ausstellung über Regenschirme entwerfen.

Vera Ferra-Mikura
Regenschirme

Wenn die ersten Tropfen fallen
lustig auf das Pflaster knallen,
blühen sie wie Blumen auf.
Bunt gestreifte, bunt gefleckte,
bunt getupfte, bunt gescheckte
nehmen fröhlich ihren Lauf.

Seit die ersten Tropfen fielen,
schweben sie auf dünnen Stilen,
leuchtend, schimmernd, rund und glatt.
Bunt gestreifte, bunt gefleckte,
bunt getupfte, bunt gescheckte
Schirme blühen in der Stadt.

Arbeitsblatt 62 (ab 11. Jahrgangsstufe)

ANREGUNG

Setzen Sie das Gedicht von Georg Heym zeichnerisch oder fotografisch um. Nutzen Sie dabei die Gestaltungsmöglichkeiten voll aus. Sie können sich natürlich auch einen anderen Text suchen und diesen in genannter Weise bearbeiten.

Georg Heym
Der Krieg (Auszug)

Aufgestanden ist er, welcher lange schlief,
Aufgestanden unten aus Gewölben tief.
In der Dämmrung steht er, groß und unerkannt,
Und den Mond zerdrückt er in der schwarzen Hand.

In den Abendlärm der Städte fällt es weit,
Frost und Schatten einer fremden Dunkelheit,
Und der Märkte runder Wirbel stockt zu Eis.
Es wird still. Sie sehn sich um. Und keiner weiß.

In den Gassen fasst es ihre Schulter leicht.
Eine Frage. Keine Antwort. Ein Gesicht erbleicht.
In der Ferne wimmert ein Geläute dünn
Und die Bärte zittern um ihr spitzes Kinn.

Auf den Bergen hebt er schon zu tanzen an
Und er schreit: Ihr Krieger alle, auf und an.
Und es schallet, wenn das schwarze Haupt er schwenkt,
Drum von tausend Schädeln laute Kette hängt.

Motto

Schrift wird im Bildgedicht zum Bild dessen, wovon sie schreibt.
(Gundel Mattenklott)

Kommentar

(Arbeitsblätter 63 und 64; S. 133)

Bei den Formen der visuellen Poesie geht es um die Schrift, um die Zeichen und um die Anordnung dieser Elemente. Visuelle Poesie *muss* gesehen werden, damit sich ihre Qualität dem Betrachter erschließt. Worte und Buchstaben werden demnach als bildnerisches Material genutzt. Auch mit der typischen Lesart wird durchaus gespielt; nicht immer kann der Text, die Bildfolge von oben nach unten und von links nach rechts gelesen werden.
Manche Bilder erschließen sich nur im räumlichen Sehbild, dem Geflecht von Buchstaben, Wörtern und Symbolen. Insofern bewegt sich die visuelle Poesie an der Grenzlinie zwischen Literatur und Grafik (auch in der Werbung). Die Ursprünge der visuellen Poesie reichen in Deutschland bis in die Barockzeit zurück.
Im Text von Reng ist eine Mittelachsenanordnung zu erkennen. Die vorangestellten und nachgestellten Textzeilen korrespondieren deutlich miteinander und stellen die Widersprüchlichkeiten heraus.
Aufgrund der Anordnung der einzelnen Zeilen betont Bienek jeden einzelnen Vers. Darüber hinaus gewinnt der Leser den Eindruck zweier unterschiedlich weit geöffneter Fallschirme. Diese werden durch die isolierte Stellung des Wortes „schwebt" noch deutlicher gekennzeichnet.

Beispiel 1

Ronald Reng

Lachen
Unsterbliche Liebe
Blitzblanke Zähne strahlen
Schöne Frau isst Froschschenkel
Sonne scheint auf karibischer Insel
Anmutige Stöckelschuhe spazieren durch Tanzsäle
Verfolgungsjagd zwischen einem Porsche und einem Jaguar
Party-Small Talk über die neuesten Modeentwürfe aus Frankreich

WARUM GIBT DER SÜDAFRIKANISCHE JUNGE SEIN GANZES GELD FÜR'S KINO AUS???

Flüsternde Verbreitung der Steinigung eines Polizeispitzels
Bester Freund besitzt das einzige Fahrrad im Dorf
Stampfende Soldatenfüße hallen durch die Straße
Regen tropft durch undichtes Dach
Kleiner Bruder hat Hunger
Faule Zähne schmerzen
Verzweifelter Hass
Weinen

Beispiel 2

Horst Bienek
Wörter

Wörter
meine Fallschirme
mit euch
springe
ich
ab

Ich fürchte nicht die Tiefe
wer euch richtig
öffnet
schwebt

Arbeitsblatt 63 (ab 11. Jahrgangsstufe)

ANREGUNG

Viele Gedichte mit freier Verseinteilung lassen sich durch besondere Anordnung der Verszeilen in ihrer Sinnaussage verstärken, bzw. machen die Sinnaussage erst deutlich. Dieses Verfahren Zeilen einzurücken oder Begriffe isoliert in eine Zeile zu stellen steht häufig auch noch in Beziehung zu anderen Kunstgriffen, die in dem jeweiligen Text angewendet werden.

Schreiben Sie oder wählen Sie sich einen Gedichttext in freier Versanordnung und nutzen Sie bei der Bearbeitung der Texte folgende Möglichkeiten:

- Einrückungen von Wörtern (z.B. zur Visualisierung)
- Mittelachsenanordnung
- Anordnung in kurzen und langen Verszeilen
- Einteilung in Blöcke
- isolierte Wortstellung (z.B. zur Hervorhebung)

Diese Hilfsmittel werten einen Text auf, da sie dem Leser helfen, den Text in seiner Aussage leichter zu verstehen. Es ist also damit eine klare Sinnfunktion verbunden, die auch als visuelle Überlagerung bezeichnet wird.

Variante 1 Ideogramme/Typogramme

Kommentar

Die inhaltliche Aussage von Texten kann durch grafische Gestaltung des Textes illustriert und damit „verdoppelt" werden. Hier sind Bezüge zur Konkreten Poesie und zu den grafischen Mitteln der Werbung gegeben.

Arbeitsblatt 64 (ab 6. Jahrgangsstufe)

ANREGUNG

Du siehst hier zwei Beispiele für Ideogramme.

Beispiel 1

Brrremse

Beispiel 2

K

LA SS EN
ZI MM ER

Stelle weitere Ideogramme her; z.B. zu den Begriffen:

- Zittern
- Berg
- Tal
- Ballon
- Ohrwurm
- Trichter
- Loch
- Sinken
- u.a.

Variante 2 Serienbildung

ANREGUNG
(ab 11. Jahrgangsstufe)

Eine Serie von Buchstaben oder Symbolen wird genutzt um eine Aussage, die im Text bereits enthalten ist, noch zu verstärken. Probieren Sie dies Verfahren in der Gruppe. Suchen Sie geeignete Beispiele.

Beispiel 1

Elli-Marie Wreet
Weight Watchers

WWWWWWW
eeeeeeeeeeee
iiiiiiiiiiiiiiiiiiiiiiiiiiiiiiiii
ggggggggg
hhhhhhh
ttttttttttt
www
aaaaa
tttttttt
ccccc
hhhh
eee
rrrr
ss

Beispiel 2

Beat Scherrer
Liebesgeschichte

Variante 3 Rundgedicht/Spiralgedicht

ANREGUNG
(ab 8. Jahrgangsstufe)

Stelle geeignete Texte in Form eines Rund- oder Spiralgedichts dar; z.B. den Kreislauf des Lebens oder ähnliche Abläufe.

Beispiel 1

Anita Albus
Rundgedicht

Komm wir wolln in Garten gehn, und der Garten war rund. In dem Garten stand ein Baum, und der Baum war rund. Auf dem Baum da war ein Ast, und der Ast war rund. Auf dem Ast war ein Nest, und das Nest war rund. In dem Neste lag ein Ei, und das Ei war rund. In dem Ei da war ein Dotter, und der Dotter war rund. In dem Dotter da stand ein Tisch, und der Tisch war rund. Auf dem Tisch lag ein Buch, und das Buch war rund.

In dem Buch da stand geschrieben:
Du sollst Vater und Mutter lieben.

Beispiel 2

Spiralgedicht

Die Straßen sind lebensgefährlich geworden
Die Plätze sind von Autos verstellt
Die Wiesen sind von Zäunen umgeben
In den Anlagen stehen Wächter
Die Höfe sind abgesperrt,
die Treppenhäuser Ruheorte
Die Wohnung ist eng,
das Zimmer klein
Was bleibt noch
am Ende
für jemand
wie
DICH?

Buchstaben und Wörter gestalten

Motto

Jedes Individuum ist ein kreativer Mensch. Diese innere Kreativität erscheint oder wird ausgedrückt, wenn der Mensch die Freiheit hat, sein Potenzial zu nutzen. *(Clark E. Moustakas)*

Kommentar

Wörter können nicht nur als Ausgangspunkt für weitere schriftliche Arbeiten genutzt werden, sondern ebenso zu bildlichen Darstellungen anregen. Auf einfacher Ebene vorgegebene Arbeitsanregungen lassen sich auch hier wieder unterschiedlich weiterentwickeln oder auch nach eigenen Vorstellungen abwandeln. Besonders eignen sich Namen und Begriffe dann, wenn die Ausgestaltung mit dem Inhalt korrespondiert.

ANREGUNG
(ab 7. Jahrgangsstufe)

Gestalte einen Namen oder einen anderen dir wichtigen Begriff mit grafischen Mitteln.

Beispiel 1

Beispiel 2

Variante 1 Logo

Kommentar

Logos haben die Aufgabe eine Institution, eine Firma, eine Region oder anderes in einem markanten Wort-Bild-Symbol darzustellen. In den nachfolgend aufgeführten Beispielen wird dies deutlich. Das Logo der Deutschen Welthungerhilfe setzt sich aus dem Symbol Ähre/Weltkugel und dem Schriftzug DEUTSCHE WELTHUNGERHILFE zusammen. Die Ähre unterstreicht eines der wichtigen Ziele der Deutschen Welthungerhilfe, die Bekämpfung des Hungers. Die Weltkugel symbolisiert, dass diese Aufgabe weltweit angegangen wird. Die grüne Grundfarbe kann als Hoffnungsandeutung gesehen werden.
Die AOK zeigt, dass sie eine Gesundheitskasse für junge und alte Menschen ist. Sie lässt ihr Logo aus jungen und alten Menschen gestalten, die eine gewisse Lebensfreude und Beweglichkeit erkennen lassen.

Variante 2 Wortzeichen

Kommentar

Die Angaben in der Anregung auf S. 139 beziehen sich auf Spitzwegs Bild „Der arme Poet“.

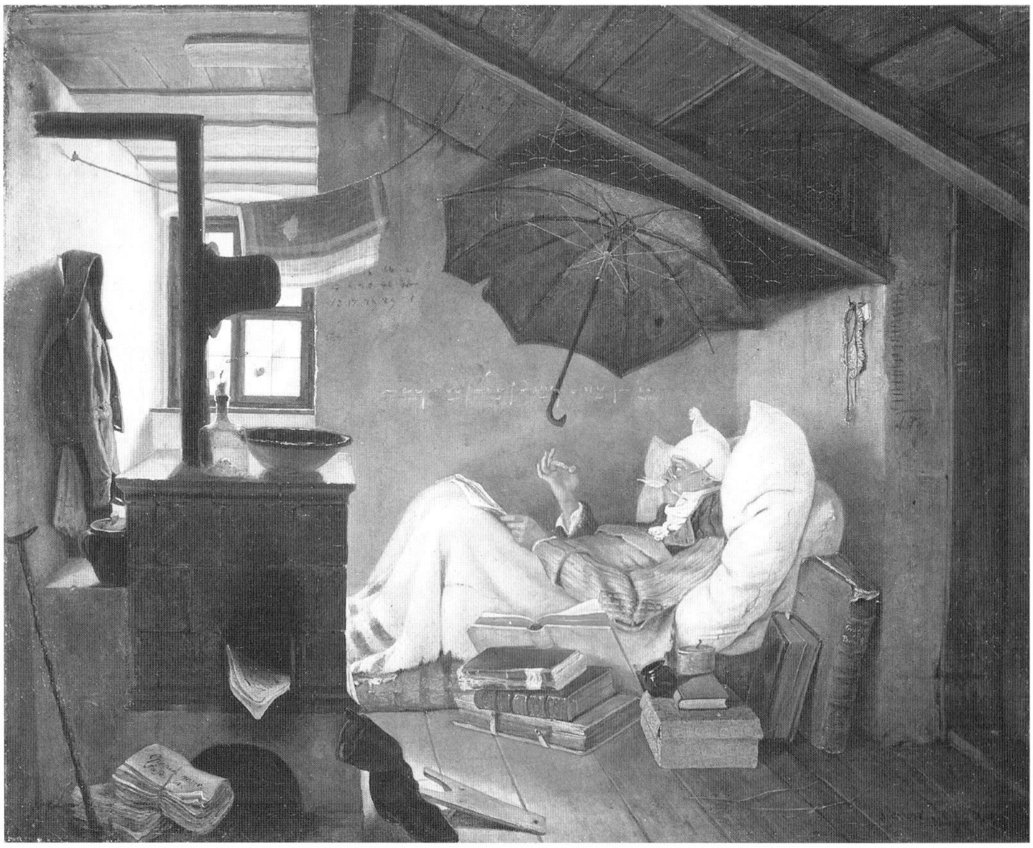

Carl Spitzweg, Der arme Poet (Ausschnitt), 1839

ANREGUNG
(ab 11. Jahrgangsstufe)

Gestalten Sie eigene Logos, z.B.
- für eine Musikgruppe
- für einen Sportverein
- für die Schule
- u.a.

Beispiel 1

DEUTSCHE WELTHUNGERHILFE
Den Hunger vertreiben. Nicht die Menschen.

Beispiel 2

ANREGUNG
(ab 11. Jahrgangsstufe)

Zeichnen (Malen) Sie ein Bild, das auf den im Folgenden abgedruckten Wortvorgaben basiert. Alle Vorgaben sollten möglichst im Bild umgesetzt werden. Zusätzlich können weitere Elemente in die Zeichnung eingebracht werden.

Vorgaben: Regenschirm; Schüssel; Zylinder; Wäscheleine; Bett; Bücher; Ofen; Fenster; Mann

Motto Ich weiß nicht, was soll es bedeuten…

(Heinrich Heine)

Kommentar

Ein Rebus ist ein Bilderrätsel, welches allein durch Illustrationen, Anordnung von Silben und verdeutlichtes Streichen von Buchstaben das Gemeinte verschlüsselt. Solche Bilderrätsel finden sich immer wieder auf den Unterhaltungsseiten von Tageszeitungen und Illustrierten. Der Schwierigkeitsgrad solcher Bilderrätsel variiert erheblich nach Alter und Vorwissen der jeweiligen Adressaten. Neben dem Spaß die verschlüsselten Botschaften zu erraten werden auch einige Einsichten in Bezug auf die Wortbildung vermittelt. Ganz nebenbei schult diese Sprachspielform das Abstraktionsvermögen.

ANREGUNG

(ab 11. Jahrgangsstufe, evtl. früher)

Entwickeln Sie ein Bilderrätsel, indem Sie selbst Strichzeichnungen erstellen. Nutzen Sie des Weiteren auch Zeichnungen, Fotos und andere Materialien aus Illustrierten und Zeitungen. Sie werden bei dieser Tätigkeit einige Einsichten über die Schwierigkeiten der Entwicklung und die Freuden bei der Lösung solcher Bilderrätsel erhalten. Einige Beispiele sollen das unterschiedliche Anspruchsniveau verdeutlichen.

Beispiel 1

Paul Maar
Bild-Sprach-Spiel

B-Eis-piel = Beispiel

Beispiel 2

Beispiel 3

Am Anfang schuf Gott Himmel und Erde.

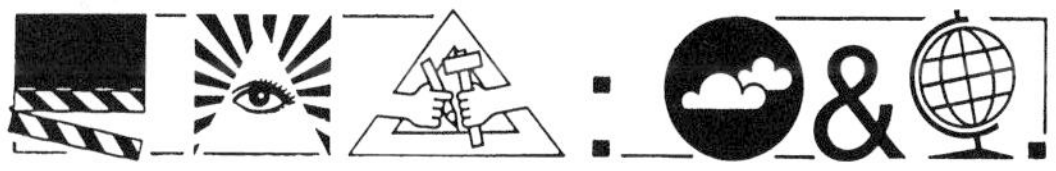

Und die Erde war wüst und leer,

und es war finster auf der Tiefe,

und der Geist Gottes schwebte auf dem Wasser.

Und Gott sprach: Es werde Licht!

Und es ward Licht.

Und Gott sah, dass das Licht gut war.

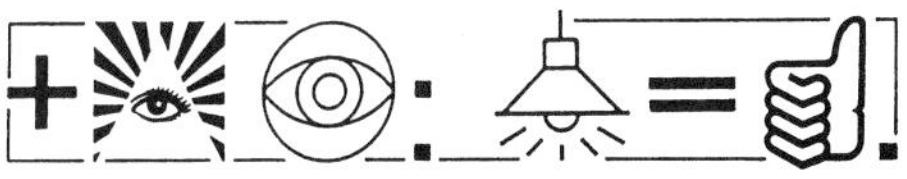

Da schied Gott das Licht von der Finsternis

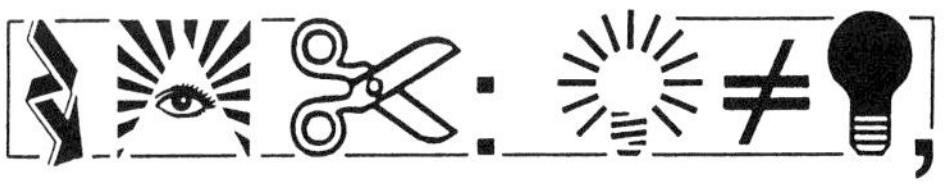

und nannte das Licht Tag

und die Finsternis Nacht.

Da ward aus Abend und Morgen der erste Tag.

Mind Maps / Telefonkarten entwerfen

Motto *Wir decken unsere Karten auf!*

(Werbespruch Deutsche Telekom)

Kommentar

Am Beispiel der beiden Aspekte „Mind Maps“ und „Telefonkarten“, die in der Überschrift genannt sind, kann exemplarisch aufgezeigt werden, wie eine Lernmethode auch gewinnbringend für produktionsorientiertes Arbeiten im Deutschunterricht eingesetzt werden kann.

Mind Maps (Denk-Landkarten) ersetzen lineare Denkweisen durch grafische Bilddarstellung methodisch strukturierter Schlüsselwörter oder anders gesagt sind sie ein strukturiertes und zeichnerisch umgesetztes Brainstorming. Beim Erstellen von Mind Maps sind folgende Schritte zu beachten:

- das Thema wird als Ellipse in die Blattmitte gezeichnet
- die Hauptgedanken werden dem Thema wie Äste hinzugefügt
- die weiter führenden Gedanken erscheinen als Zweige
- es sollten, wenn möglich, nur Nomen verwendet werden
- die Aussagen sollten frontal lesbar sein
- die Formulierungen werden in Blockschrift bzw. gut lesbar notiert
- durch Pfeile können Abhängigkeiten verdeutlicht werden
- als Mittel der Hervorhebung wird Farbe eingesetzt
- Symbole erhöhen die Übersichtlichkeit

Mind Maps werden besonders in der Frühphase von Projektentwicklungen eingesetzt. Weitere Einsatzfelder liegen in der Präsentation und bei der Vorbereitung von Besprechungen. Im Beispiel war der Ausgangsbegriff „Telefonkarten“. Neben den zahlreichen Aspekten, die in der Mind Map genannt sind, kamen Schüler auf die Idee eigene Entwürfe für Telefonkarten zu erstellen. Sie schauten sich zu diesem Zweck Karten aus der gesamten Welt an, um geeignete Anregungen zu erhalten (ein Verfahren, das nicht zwingend notwendig ist). Genannt wurden beispielsweise Kartenentwürfe für den persönlichen Gebrauch, für Feste, für Institutionen (Schule), für Firmen oder auch für soziale, politische und sportliche Zwecke.

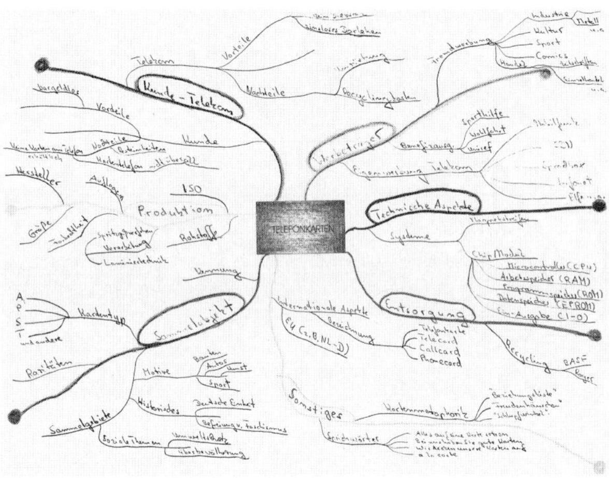

Im Rahmen des Deutschunterrichts scheuten sich die Deutschlehrer selbst lange Zeit, das Thema „Bild-Text-Kombinationen“ anzugehen. Zum Teil liegt dies sicherlich in der fehlenden eigenen Praxis begründet. Andererseits ist jedoch evident, dass viele Deutschlehrer gewaltige Ängste und Skepsis gegenüber technischen Entwicklungen und den daraus entstehenden Bild-Text-Kombinationen entwickelt haben. Dies stellt im Prinzip noch eine Steigerung (negativ gesehen!) der kulturpessimistischen Tradition dar, die Bild-Text-Kombinationen wie zum Beispiel Comics als ungeeignetes Thema für den Deutschunterricht ansah und zum Teil noch ansieht. Die Tatsache, dass Schüler Bildvorlagen im Deutschunterricht als sinnvolles und auch unterhaltsames Thema empfanden, wurde teilweise als Ausdruck mangelnden Lernwillens gedeutet; Bilder wie Text und Bild verbindende Ausdrucksweisen (z.B. Telefonkarten) gelten so leicht als Zeugnisse des sinkenden sprachlichen Niveaus, dem der Deutschunterricht gerade entgegenzuwirken habe. Praktisch mit bildgebundenen Ausdrucksweisen umzugehen und sie zu reflektieren hieße einem neuen Primitivismus Vorschub zu leisten, so die verbreitete Ansicht.

Nach meiner Auffassung lässt sich jedoch vor dem Hintergrund des sich rasant entwickelnden Medienwechsels die zunehmende Verschränkung von Bild und Text ebenso

als eine Erweiterung und Bereicherung der sprachhandlungsorientierten und damit auch der emotionalen und kognitiven Möglichkeiten deuten.
Wir sprechen sowohl von „bildhafter Sprache“ (Anspielung, Mehrdeutigkeit, Ironie, Metaphorik, Onomatopoesie u.a.) als auch von der „Sprache der Bilder“ (Symbolik, Topos, grafische Gestaltung u.a.). Solche Formulierungen suggerieren, dass beide Medien dasselbe aussagen könnten und deshalb ineinander übersetzbar seien. Dies ist jedoch eindeutig zurückzuweisen, denn: Sprache erstreckt sich in der Zeit. Was sie darstellt, muss sie in einer Abfolge darstellen. Ein Bild umschließt einen Raum zu einem bestimmten Zeitpunkt; was es darstellt, muss es daher in einem Nebeneinander darstellen.
Bild und Text sind nicht Abbild, sondern Rekonstruktion von Wirklichkeit durch das wahrnehmende Bewusstsein unter den Bedingungen des Mediums. Dies beinhaltet damit logischerweise auch die Chance bzw. Gefahr, aufgrund der Möglichkeiten des Mediums (z.B. der Telefonkarte) informiert bzw. manipuliert zu werden.
Sowenig also ein Bild oder auch ein Text die Wirklichkeit ganz zu erfassen vermögen, sondern immer nur Ausdrucksformen der Interpretationen eines Subjekts von dieser Wirklichkeit sind, sowenig ist es möglich ein gegebenes Bild in einen Text oder einen gegebenen Text in ein Bild umzuwandeln; sie können einander nie vollständig entsprechen. Sie bleiben Lesearten voneinander, denn auch bei der medialen Umsetzung handelt es sich immer um eine interpretative Beziehung. Sie ist von vornherein darauf gerichtet, einen bestimmten Aspekt hervorzuheben (z.B. Telekom-Eigenwerbung auf Telefonkarten).
Bilder und Texte wirken auf die Fantasietätigkeit des Lesers oder/und Betrachters ein. Sie können daher ebenso anregen wie formen oder einengen. Ihre jeweilige Wirkung verdanken sie weniger den speziellen Eigenschaften der Bilder und Texte selbst als vielmehr den Kontexten, in denen sie herangezogen werden.
Es ist nicht das Ziel des Deutschunterrichts dem jeweiligen Bild völlig gerecht zu werden, sondern die Verbindungslinien zwischen Bildersprache und Sprachbildern herauszustellen. Somit wird in der Regel bei der Verwendung von Bild-Text-Kombinationen den Bildern texterschließende Funktion zugewiesen (z.B. textergänzend). Dadurch werden wichtige Aspekte des Textes der Reflexion zugänglich gemacht, die dann auch zu einem Verständnis führen können, das über jenes der bildlichen Darstellung hinausreicht.
Die abgebildeten Karten stammen aus Australien (oben links), England (oben rechts), Deutschland (unten links). Die vierte Karte ist ein eigener Entwurf von Schülern der genannten Schule. Die Karten zeigen die Bandbreite von Landschafts- bzw. Naturmotiven, über politisch-soziale Themen bis hin zu Comics mit aufwendiger grafischer Gestaltung.

Anagramm / Versteckte Wörter

Motto

Lahme Spechte

Die Hölderlin, Mörike, Meyer,
Die Eich, Huchel und Kaschnitz
Klopfen jahrelang die Wörter ab
am selben Baum.

(Unbekannt)

Kommentar

Anagramme werden geschaffen, indem die Buchstaben des Wortes oder einer Wortgruppe in anderer Reihenfolge zusammengestellt werden, und zwar so, dass sich ein neuer Sinn ergibt.
Letterntausch bedeutet also nicht Austausch von Lettern, sondern nur deren Umstellung. Will man die Probe aufs Exempel machen, so wähle man ein längeres Wort – ohne solch ausgefallene Buchstaben wie x, y oder q, dafür mit reichlich e, s, t und n –, schneide die Buchstaben dieses Wortes einzeln aus oder entnehme sie dem Scrabble-Kasten und beginne nun mit dem Hin- und Herschieben. Hat man Glück, wird man sinnfündig. Im Mittelalter suchte man auf solche Weise das Geheimnis des Wortleibes aufzudecken, indem man feststellte, was in ihm steckte.
Das Verfahren unterliegt keiner Regel, doch müssen alle Buchstaben wieder enthalten sein. Erfinder des Anagramms ist wahrscheinlich Lykophron von Chalkis (3. Jahrh. v. Chr.). Die häufigste Verwendung findet das Anagramm zur Entwicklung von Pseudonymen (Verschleierung von Autorennamen). Bekannte Beispiele sind:

Christoffel von Grimmelhausen	=	German Schleifheim von Sulsfort
Hans-Magnus Enzensberger	=	Serenus M. Brezengang

Variante 1 — Wortarten (ab 5. Jahrgangsstufe)

Kommentar

Als eine geeignete Vorübung zum Erstellen von Anagrammen bietet es sich an ein Wort (möglichst mit einigen Vokalen) so umzuformen, dass andere Wörter daraus gebildet werden. Jeder staunt sicherlich über die Vielfalt der Möglichkeiten, die sich daraus ergeben.

ANREGUNG (ab 5. Jahrgangsstufe)

Suche Wörter, in denen sich wieder andere Wörter verstecken. Stelle sie deinen Mitschülerinnen und Mitschülern vor.

Beispiel

Franz Fühmann
Was alles in den Dingen steckt

Im Traum ein Raum
im Schmaus eine Maus
im Messer der Esser
in der Fahne der Ahne.

Im Gewicht ein Wicht
in der Katze der Atze
im Kaffee der Affe
im Schein der Hein
und der Heini in der Bescheinigung.

Im Dickicht ich
im Kerker er
im Sieger sie
in der Wirrnis wir.

Im Gestopften ein Topf
im Geflohenen ein Floh
im Gekochten der Koch
im Gebrauten die Braut.

Im Knie ein nie!
im Bauch ein au!
im Krach ein ach!
im Hohn ein oh!

Variante 1 Wortarten

ANREGUNG

Welche neuen Wörter kannst du mit den Buchstaben aus dem Wort „Wortarten" bilden? Welche Gruppe findet die meisten Wörter? (Alternative: das Wort „Klassenfahrt" als Ausgangspunkt)

Beispiel

Wortarten
Torte, Tenor, Wotan, Rotte, Ratte, Rowenta, Watte, Werra, Art, Ort, warten, wer?, nett, Rat, Tarot, wo?, Tat, war, Watt, Narr, Wert, waten, Torwart, tot, Wort, wen?, rot, Otter, Tor, Tante, Tran

Variante 2 Versteckte Begriffe

ANREGUNG

In den folgenden Wörtern sind Buchstaben vertauscht worden. Dadurch sind neue Wörter entstanden. Findet ihr die ursprünglichen Wörter heraus?

Beispiele

- Barfe (Farbe)
- Semser (Messer)
- Epalf (Apfel)
- Zemtü (Mütze)
- Reppet (Treppe)
- Laffentork (Kartoffel)
- Frauenoeti (Autoreifen)
- Keinpal (Pelikan)
- Filetbist (Bleistift)
- Pflaumes (Apfelmus)

Variante 3 Verstecktes Hobby

Beispiele

Else Büchner = Bücher lesen
Ester-Lene Pitpom = Trompete spielen

Findet weitere Beispiele und lasst eure Mitschülerinnen und Mitschüler rätseln.

Variante 4 Letterntausch

Kommentar

Anagramme sind eine hervorragende Möglichkeit um sich in einer bisher unbekannten Gruppe miteinander bekannt zu machen. Einige Schüler setzen sich zusammen und schreiben ihre Namen auf eine Folie, Blatt oder eine Wandzeitung. Jeder versucht nun für die anderen mindestens ein Anagramm zu finden, so dass eine Auswahl von drei oder vier Anagrammen entsteht. Der dem jeweiligen Teilnehmer am interessantesten erscheinende Vorschlag wird ausgewählt. Die Spielräume werden größer, wenn weitere Vornamen einbezogen werden.
Im Anschluss daran trifft sich die gesamte Gruppe und versucht die Anagramme der anderen Schüler anhand einer Liste zu entschlüsseln. Denkbar sind in diesem Zusammenhang Namensschildchen, die auf der Vorderseite das Namenanagramm und auf der Rückseite den wirklichen Namen enthalten. Wenn das Anagramm entschlüsselt ist, wird das Schild umgedreht.

Variante 5 Anagrammgedicht

Kommentar

Ein Wort oder sogar ein Satz wird in immer neuen Varianten zusammengestellt. Diese Variante stellt hohe Anforderungen, auch an schreibgewöhnte Teilnehmer, da das Wortmaterial stark eingeschränkt ist. Daher zwingt ein solches Anagramm zu einem intensiven poetischen Sprachgebrauch.
Der Leser begibt sich im Text von Mautz selbständig und vom Textarrangement gezwungen auf die Sinnsuche, wenn er beispielsweise den „Anrufbeantworter" Zeile für Zeile durchgeht:
Selbstverständlich „ortet" das Gerät, woher Mitteilungen kommen, und warum sollten diese nicht einmal nackte Beschuldigungen (bare Anwürfe) sein? Wort für Wort, Nachricht für Nachricht wird in der Tat gespeichert (angebaut). Auf „Rot" ist mancher schon „abgerannt", das heißt, beim ersten Signal des „Automatischen" hat er aufgelegt. Oft sehen wir ja geradezu rot, wenn wir schon wieder gegen ein technisches Medium anrennen, statt einen Menschen anzutreffen, und möchten Schimpfworte (Rabenworte) von uns geben. „Arena-Brot" mag eine Backfirma sein, die Werbung betreibt. „Wortanbeter" sind die Besitzer von Anrufbeantwortern, denn sie möchten kein Wörtchen missen, auch wenn sie nicht zu Hause sind. Wer „Bonn" ruft, mag lange auf „Rat" warten. Die antrabenden „Wortrufe" gelangen in den automatischen Stall. „Wotan narrt Berufe" und „wabert rot an Ufern" fällt nun doch aus dem Rahmen, hört sich aber gut wagnerianisch an. Es sei denn, „Wotan" ist der Name eines solchen Apparates, der auch „Barone" bis zum akustischen Zeichen warten lässt. Das „Urwort an Feen" hat sicher einen „Bart", wenn es der Telefonbesitzer endlich vernimmt. Kurt Mautz kommt immer wieder zu verblüffenden, tiefsinnigen oder närrischen Entdeckungen.
Das recht eingeschränkte Sprachmaterial zwingt zu einem intensiven poetischen Sprachgebrauch (Wortvarianten, Metaphern, Klangmuster) und stellt große Anforderungen an das Sprachvermögen des Bearbeiters. Daher sollte immer mit geeigneten Vorstufen zur Entwicklung von Anagrammen hingeführt werden.

ANREGUNG
(ab 8. Jahrgangsstufe)

Stelle die Buchstaben deines Vor- und Nachnamens so um, dass ein neuer Name entsteht. Bilde zuerst einen sinnvollen Vornamen (evtl. anderes Geschlecht) und dann erst den Nachnamen. Das vereinfacht das Vorgehen wesentlich.

Beispiele

Elli-Marie Wreet = Walter Leimeier
Wilma Reiteleer = Walter Leimeier

ANREGUNG
(ab 11. Jahrgangsstufe)

Nehmen Sie einen kurzen Satz und versuchen Sie – unter Verwendung aller Buchstaben – Zeile für Zeile neue Wörter und eventuell neue Sinnzusammenhänge herzustellen.

Beispiele

Unica Zürn
Tausend Zaubereien

Ei, zarte Suenden bau:
reizende Tauben aus
Zundertau. Eine Base
aus Reizdaunen bete
an. Zuende Staubeier
aus, in Zaubertee. Den
Zebus traue an deine
Busenzierde. Taue an
Eisabenden Azur. Tue
in den Zaubertausee
tausend Zaubereien.

Kurt Mautz
Anrufbeantworter

ortet baren Anwurf,
baut Wort ferner an.
Wer rennt ab auf Rot,
ruft Rabenworte an?
Wen ruft Arena - Brot?
Rufe Wortanbeter an.
Rufe Bonn, warte Rat.
Wortrufe traben an.
Wotan narrt Berufe,
wabert rot an Ufern,
ruft: Barone warten!
Urwort an Feen, Bart.

Motto

In der Schule und der Universität gerät die Literatur in die Hände von Mördern. *(Paul Valéry)*

Kommentar

Als Montage bezeichnet man einen Arbeitsvorgang, bei dem nach einem festgelegten Plan ein Werkstück als Ganzes aus vorgefertigten Einzelteilen hergestellt (montiert) wird. Dieser Begriff ist ebenso im Bereich der bildenden Kunst und der Literatur eingeführt. Ziele einer Montage im literarischen Bereich sind häufig die Perspektivierung oder Kontrastierung, die sowohl zum Nachdenken als auch zum Lachen anhalten können.
Sie ist für den schulischen Bereich sinnvoll, da sie keine besonderen Formulierungsfertigkeiten bei den Schülern voraussetzt und dennoch das Bewusstsein für unterschiedliche Ausdrucksmöglichkeiten schult. Zudem macht es Spaß Montagen zu entwickeln. Als Basismaterial sollten Texte gesucht werden, die in interessanter Weise kontrastieren, z.B. ein Gedicht, das die intakte Natur verklärt, und ein Umwelttext neuerer Zeit.
In der heutigen Zeit begegnen wir Texten in ungeheuren Mengen; seien es geschriebene Texte, Bildtexte oder auch auditive Texte. Wir „überlesen" sie, da wir die Fülle der Informationen nicht mehr in der uns zur Verfügung stehenden Zeit aufnehmen können. Besonders im Bereich der Werbung sind die Texte austauschbar. Es handelt sich um Textbruchstücke, die häufig wenig miteinander zu tun haben, uns aber dennoch nachhaltig beeinflussen. Die bewusste Kombination dieser Bruchstücke stellt auch eine Form von Montage dar. Ein immer wieder herangezogenes Beispiel ist sicherlich Ingeborg Bachmanns Gedicht „Reklame". Aber es gibt durchaus auch interessante neue Texte von jungen Autorinnen und Autoren.

ANREGUNG (ab 9. Jahrgangsstufe)

Suche dir einen Gedichttext aus dem Lesebuch. Schiebe einen nach deiner Ansicht passenden Text, den du selbst formulierst, dazwischen. Sinnvoll ist zum Beispiel ein Gegentext oder eine Ergänzung zu dem Gedicht.

Beispiel

Katrin Czajkowski **An Joseph von Eichendorff**
(erklärung, wie alles anders wurde)

MONDNACHT

ES WAR	ganz still als tschernobyl zerbrach
ALS HÄTT DER HIMMEL	nichts gewusst
DIE ERDE	nichts gespürt
STILL GEKÜSST	von einem verkrüppelnden mund
DASS SIE	aufbreche
IM BLÜTENSCHIMMER	ihres verstrahlten lebens
VON IHM	verlassen, dass sie
NUN TRÄUMEN MÜSST	von ihrem vergangenen leben.

(J. v. Eichendorff)

Variante 1 Montage aus Werbetexten und Produktnamen

ANREGUNG

Erstellen Sie eine Montage, in der Sie Werbetexte und Produktnamen nutzen. Versuchen Sie dem Text eine Aussage zu geben.

Beispiel

Schauma, der Konsument ist los!
Es ist kurz After Eight.
Meuterei auf dem Bounty.
Die Snickers sagen zum ersten
Male nicht Yes. Sie haben den
Mumm, den sie brauchen, um
gegen das warme Nestle ihres
Konsumentenlebens zu kämpfen.
Sie suchen eine neue
Quality Street, auf deren
Regenbogen sie West-wärts
Richtung Capri-Sonne fliegen
können. „Kampf dem Konsum",
fordern sie mit voller Hertie.
„Nieder mit der Quelle allen Übels."
Na denn, à votre Chantré!

Variante 2 Gegensatzpaar

Einige Schülerinnen und/oder Schüler einigen sich auf ein Gegensatzpaar (z.B. Trauer-Freude; lieben-hassen; Schreien-Schweigen; dick-dünn). Aus ausgelegten Zeitschriften und Illustrierten werden nun Schlagzeilen ausgeschnitten. Das gefundene Material wird dann, möglichst ohne grammatische Änderungen vorzunehmen, zu einem Gedicht zusammenmontiert und ausgehängt.

Variante 3 Sprechmontage

Suchen Sie zu einem Thema Texte möglichst unterschiedlicher Art (z.B. einen wissenschaftlichen Text, ein Gedicht, einen Werbetext, ein Lied) und lesen mit mehreren Schülern die einzelnen Texte teilweise versetzt, teilweise durcheinander. Verändern Sie dabei die Stimmlage, die Lautstärke und das Tempo. Heben Sie auf diese Weise immer wieder andere Aspekte in den Vordergrund.

Variante 4 Rundfunkreportagen

Kombinieren Sie selbst verfasste Reportagen zu unterschiedlichen Themen (z.B. Börsenbericht, Boxkampf, Landwirtschaftsbericht, Wetterbericht u.a.). Ziel dieser Montage soll ein fließendes Ineinandergreifen der verschiedenen Reportagen sein. Zur Verdeutlichung können sich die Schüler vorstellen, dass sie am Radio einen Sender suchen, dabei die Skala durchwandern und immer wieder für kurze Momente an einer Station hängen bleiben. Wenn die Montage noch einen Sinnzusammenhang herstellt bzw. humorvolle Übergänge schafft, ist das Ergebnis gelungen.

Variante 5 Montage zu Filmtiteln

Filmtitel lassen sich in besonderer Weise montieren, da sie häufig Fakten setzen, die aber wieder ausgeschmückt oder auch in Frage gestellt werden können.

Beispiel

Manfred Sestendrup
kinotitel und ihre ankündigungen

beim sex ist alles erlaubt
bis einschließlich mittwoch
ufos zerstören die erde
täglich 15 uhr 17 uhr 19 uhr 21 uhr
angst über der stadt
jetzt endlich auch in münster
flammendes inferno
sehenswert nochmals verlängert
kalter schweiß
neunte woche
stirb langsam
ein atemberaubender klassiker
das messer
eindringlich
der große frust
ohne altersbegrenzung
mein linker fuß
für alle die ihn noch nicht gesehen haben
sodbrennen
in aller munde

Motto ... wer sich schreibend verändert, ist ein Schriftsteller

(Unbekannt)

Kommentar

Den Schülern wird Ausgangsmaterial in Form von Lyrikanthologien gegeben. Die Aufgabe lautet, aus den vorhandenen Gedichten brauchbare Textzeilen herauszuschreiben und in neuer Form mit anderen Textzeilen zu kombinieren.
Insofern findet eine Zerstörung der althergebrachten Texte statt und damit auch ihre Neuentdeckung.

ANREGUNG

Kombinieren Sie Textzeilen aus Gedichten bekannter Autoren. Versuchen Sie dem neu gestalteten Text eine inhaltliche Aussage (es kann durchaus eine lustige Kombination entstehen) zu geben.

Beispiel

(entstanden im Rahmen einer Lehrerfortbildung)

(Auf der linken Seite befinden sich die Originalzeilen; auf der rechten Seite die Regieanweisungen)

Sommergesang

Geh aus mein Herz und suche Freud	auf der Couch
in dieser lieben Sommerzeit	
Die Glucke führt ihr Völklein aus	Legebatterie
Der Storch baut und bewohnt sein Haus	LBS / Auf diese Steine können Sie bauen
Das Schwälblein speist die Jungen	Schmatzgeräusche
Der schnelle Hirsch, das leichte Reh	
Ist froh und kommt aus seiner Höh	
Die Wiesen liegen hart dabei	
Und klingen ganz vom Lustgeschrei	
Der Schaf' und ihrer Hirten	
Der Weizen wächset mit Gewalt	Stickstoff, Kali, Blaukorn, Gülle
Darüber jauchzet jung und alt	Reaktionen: Krämpfe, Zusammenbrechen,
Ich selber kann und mag nicht ruhn:	
Des großen Gottes großes Tun	
Erweckt mir alle Sinnen:	
Ich singe mit, wenn alles singt	
Und lasse, was dem Höchsten klingt,	
Aus meinem Herzen rinnen.	

Variante

Zwei bekannte Gedichte sind die Anregung für einen eigenen zu erstellenden Text.

Beispiel

Eduard Mörike
Er ist's

Frühling lässt sein blaues Band
Wieder flattern durch die Lüfte;
Süße, wohl bekannte Düfte
Streifen ahnungsvoll das Land.
Veilchen träumen schon,
Wollen balde kommen.
– Horch, von fern ein leiser Harfenton!
Frühling, ja du bist's!
Dich hab ich vernommen!

Karl Krolow
Neues Wesen

Blau kommt auf
wie Mörikes leiser Harfenton.
Immer wieder
wird das so sein.
Die Leute streichen
ihre Häuser an.
Auf die verschiedenen Wände
scheint Sonne.
Jeder erwartet das.
Frühling, ja du bist's!
Man kann es nachlesen.
Grüne Hecke ist ein Zitat
aus einem unbekannten Dichter.

Die Leute streichen auch
ihre Familien an, die Autos,
die Boote.
Ihr neues Wesen
gefällt allgemein.

Jürgen Manfred
Frühling

Mörike und Krolow ziehen am
blauen Band.
Frühling kommt auf.
Von der Narzisse zirpen die
Spatzen. Gemeinsam
fällt die Nestsuche leichter.
Ich genieße die Streicheleinheiten der
zarten warmen Luft.
Mir wachsen Flügel, und ich glaube
plötzlich an die blaue
Blume.
Doch
atmosphärische Verstimmungen ziehen
von den Feldern her auf.
Liebespaare hoffen auf reinigenden
Mairegen.

Motto

Aus alt mach neu

(Sprichwort)

Kommentar

Eigentlich setzt das Cento (Flickgedicht) eine besondere Belesenheit der Leserschaft voraus. Es ist ein aus mehreren Textzeilen (Versen, Zitaten, Redewendungen) zusammengesetztes Gedicht. Mehrere andere, ursprünglich bekannte Texte werden dabei als Grundmaterial genutzt.
Besonders gelungen wirkt das Cento, wenn es Textteile zu einem Thema vereint und/oder durchaus witzige Bezüge herstellt.
Gestalten Sie ein Cento, indem Sie eine Gedichtsammlung zur Hand nehmen und diese nach geeignetem Material durchsuchen. Ob sich der von Ihnen gestaltete Text reimt oder nicht, ist zweitrangig, denn ein Reim ist nicht konstitutiver Bestandteil eines Gedichts. Häufig ist eine Stropheneinteilung oder ein Reim jedoch eine Hilfe.

Beispiel

Andreas Thalmayr
Teestunde

Ich brösle Toast, überschlage Kalorien,
spüle mit Tee nach, schmecke wie üblich genau.
Ein müder Exzentriker, der sich an die Teetasse klammert;
so blicke ich auf den Teebeutel,
vertrocknet im Aschenbecher.
Ich entdecke, dass der Tee kalt geworden ist.
Zwei Bände Rock'n Roll auf der Fensterbank,
eine Tasse kalten Tee.
Mein Tee ist kalt geworden, bitter,
so viel Tee, um über den Morgen zu kommen
in diesem Winter.
Ich kippe den Tee aus.

Motto

Keine Idee ist so verrückt, dass sie nicht mit einem scharfen, aber gleichzeitig ruhigen Auge erwogen werden sollte. *(Winston Churchill)*

Kommentar

Die literarische Collage ist eine Technik, die einen Text mit Anspielungen, Zitaten anderer Autoren und Formulierungen aus verschiedenen Sprachen versetzt um damit dem Thema weitere Möglichkeiten hinzuzufügen. Sie hat sich jedoch auch von dieser ursprünglichen Form weiterentwickelt. Das Hinzufügen anderer Materialien, z.B. von Stoffresten, Bildern, Blättern u.a., hat die Möglichkeiten der Collage erheblich erweitert.

Das Ziel der Anfertigung von Collagen für den Deutschunterricht liegt unter anderem auch in der Möglichkeit zur effektiven Partner- und Gruppenarbeit. Bei der Themenfindung ist es sinnvoll sich auf Themenbereiche zu beschränken, zu denen man entweder Informationen oder brauchbares Material besitzt. Als Ergänzung zur Collage lässt sich auch Musik einsetzen.

Beispiel

Motto Ich schreibe, um zu spüren, dass es mich gibt.

(Dorette Müller)

Kommentar

Das Cluster stellt eine Methode dar um weiteren Stoff zu einem Ausgangsbegriff zu entwickeln. Sie wurde in dieser Form von Gabriele Rico entwickelt und beschrieben. Ausgangspunkt ist ein Kernbegriff (in diesem Beispiel das Wort „ängstlich"), der auf eine leere Seite geschrieben und eingekreist wird. Das Stichwort „ängstlich" ist eher geeignet als der Begriff „Angst", da es dem Schreiber überlässt, wie weit er sich dem Thema nähern will. Das Abschweifen in theoretische Überlegungen ist nicht so leicht machbar wie bei „Angst". Außerdem würde bei diesem Begriff die Gefahr bestehen ein hochexplosives Gemisch zu zünden. Um diesen Begriff werden in freier Assoziation und ohne bewusst gelenkte Anstrengung weitere Einfälle – jeweils für sich eingekreist – notiert. Die eingekreisten Begriffe werden frei um den Mittelpunkt gruppiert. Jedes neue Wort bzw. jeder neue Einfall wird durch einen Strich mit dem vorherigen Kreis verbunden. Bei neuen Formulierungen kann der neue Kreis auch direkt mit dem Kernbegriff verbunden und in spontanen Einfällen weiterentwickelt werden. Das Cluster kann als Individual- oder als Gruppencluster erstellt werden. Clustern eignet sich für viele Schreibspiele als Einstiegsübung und lässt sich auch gut gegen Schreibblockaden einsetzen.

Mögliche Vorgehensweise:
- Erstellen Sie zunächst ein Cluster zu dem Begriff … (ca. 3 – 5 Minuten).
- Kernbegriff in die Mitte schreiben und dick einkreisen.
- Alle Assoziationen, also Vorstellungen und Ideen zum Kernbegriff aufschreiben.
- Lassen Sie das Cluster noch einmal auf sich wirken. Folgen Sie einer offensichtlichen oder auch nur verschwommenen Spur. Erstellen Sie einen Miniaturtext.
- Für Ihren Text gibt es keine formale Vorgabe. Sie können also eine beliebige Textsorte wählen. Ihr Text folgt einer eigenen Spur, die Sie aus dem Cluster gewonnen haben. Sie wählen aus dem Cluster aus, können es jedoch auch ergänzen.
  Das Cluster soll Ihre Schreibfantasie anregen; es ist kein einengendes Gedankenkorsett.
- Die Schreibzeit sollte bei ca. 10 – 15 Minuten liegen. Bitte vorher festlegen.
- Im Anschluss daran bitte die Texte kurz überarbeiten.
- In der sich anschließenden Leserunde wird der Text veröffentlicht und gegebenenfalls kurz besprochen.

Variante Widerspruchscluster

Jeder Schüler wählt aus gegensätzlichen Wortpaaren eines zum Kern eines Clusters und entwickelt dazu freie Assoziationsketten. Anschließend setzt er sich mit dem Schüler, der den Gegenbegriff bearbeitet hat, zusammen und erstellt mit diesem in gemeinsamer Arbeit ein Sinngefüge aus den beiden Clustern. Dazu soll ein kleiner Text geschrieben werden. Die Spannung, die sich durch den Widerspruch der Wörter ergibt, führt häufig zu Texten, in denen metaphorische und dialogische Schreibweisen dominieren.

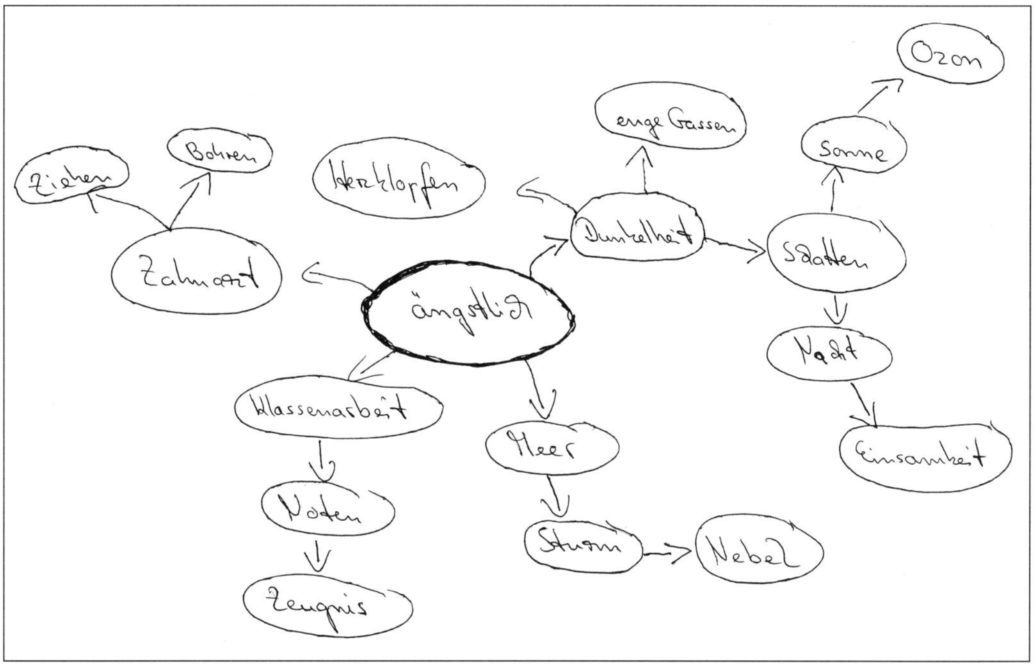

Beispiele zum Cluster „ängstlich“

Beispiel 1

Es war so, ich möchte es mir zwar nicht eingestehen, aber dennoch. Ein ganz normaler Tag, d.h. nicht ganz. Mein Schatten und ich verließen die geschäftige Straße, wir wollten uns etwas Ruhe gönnen. Später, sonniger Nachmittag. Wir wählten den Weg zum Walde. Sicherer Schritt. Einige streunende Hunde begegneten uns. Dann zwei eher abgerissene Gestalten, mit einem Lächeln, welches das Elend sämtlicher Flohmärkte der Welt spiegelte. Dann nichts. Wir waren wahrlich mutig. Es wurde dunkler, die Wege enger. Unser Herz ein wenig schneller. Nacht. Kein Schritt zu hören. Ausgenommen die unsrigen. Die unsrigen? Wo war mein Begleiter?

Beispiel 2

Gegen den Wind und
das tobende Meer
mit weit aufgerissenem Mund
Augen ohne Ziel.
Angst.
Wie soll es weitergehen?
Werde ich den Sturm überstehen?
Nebel umhüllt mich. Woher kommen die zerfetzten Silben?
Einen Weg finden. Ja?!
Durch den Nebel und gegen den Wind!?

Beispiel 3

Ich war allein und draußen wurde es allmählich dunkel. Ich fühlte mein Herz schlagen. Ich spürte meinen Zahn, dessen Wurzel vereitert war, und dachte daran, dass er am nächsten Morgen gezogen werden sollte. Nicht nur mein Herz klopfte, sondern auch unter dem Zahn fing es an zu pochen und meine Gedanken kreisten um das Bild des Zahnarztes, wie er mit der Zange vor mir stand und mich den Mund aufreißen ließ. Der Schmerz stach in meinem Mund und ich musste schlucken. Vielleicht würde er mir nicht nur einen Zahn ziehen, sondern es wäre nötig, noch mehr und länger zu operieren? Ich machte mich ganz verrückt und stellte mir vor, dass ich bald mit einem Gebiss herumlaufen müsste. Das war das Altern… Erst kommen die Zähne, dann die Haare, dann die Augen … Grässlich.

Motto Wenn alle Träume wahr wären, bliebe keine Nonne fromm.

(Sprichwort)

Kommentar

Jeder von uns hat Wunschvorstellungen, Fantasien, traumhafte Vorstellungen, die sich nicht immer im Leben realisieren lassen. Daher gelten Menschen, die viel träumen, gemeint sind die Tagträumer, eher als unrealistisch, spinnig und nicht dem Leben zugewandt.
Träume sind jedoch nicht nur Flucht aus der Realität, sondern auch ihre Verarbeitung, die Fantasie nicht die Abkehr von der Realität, sondern auch ihr Erzeuger. Warum also nicht bewusst träumen, Träume in Worte fassen, hervorheben aus der Besinnungslosigkeit der Tage und bewusst machen in den Gedanken anderer, um anzuregen zu neuem Gespräch in Zeiten allgemeiner Sprachlosigkeit?

ANREGUNGEN

Folgende Möglichkeiten haben sich als sinnvoll erwiesen:

- einen nächtlichen Traum mit all seinen Kuriositäten aufschreiben; (nicht jeder ist jedoch dazu bereit, da man einiges über sich verrät; daher: niemals zu dieser Aufgabe drängen)
- eine Fantasiereise durchführen; (entspannte Sitzhaltung, geschlossene Augen, die Lehrperson gibt vor, dass die Schüler in Gedanken den Klassenraum verlassen sollen und sich z.B. in die Natur begeben; dort verwandeln sie sich in ein Tier, eine Pflanze u.a.; sie stellen sich vor, was sie sehen, fühlen, sprechen; sie überlegen, wem sie begegnen und dabei erleben; danach verwandelt sich jeder wieder in seine eigene Person und kehrt in den Klassenraum zurück, wo er das Erlebte, Geträumte notiert)
- ein Traumprotokoll erstellen (ein möglichst großes Blatt wird der Länge nach zweimal geknickt, dadurch entstehen vier Längsspalten; in der ersten Spalte wird der Traum, egal ob Nacht- oder Tagtraum, in der Gegenwartsform notiert; dann werden im Anschluss daran die wichtigen Wörter, Namen, Situationen und Handlungen unterstrichen; in der zweiten Spalte wird notiert, was einem zu den unterstrichenen Begriffen einfällt; dann wieder unterstrichen, was daran auffällt, und in der dritten Zeile dazu ein Text geschrieben; in der vierten Spalte werden die Ergebnisse aus den drei ersten Spalten verarbeitet)
- einen Anfang vorgeben (‚In meinem Traum stieg ich in ein Raumschiff…‘; ‚Gestern träumte ich, Sven, dass ich ein Mädchen war und Svenja hieß…‘)
- einen einleitenden, sehr allgemein gehaltenen Satz vorgeben (‚Ich wünsche mir, dass…‘; ‚Ich träumte, dass…‘)

Beispiel 1

Kirsten Meyer
So viel Dämmerung

Die Nacht war längst Betrügerin
Als man noch fahl die Sterne sah
Es lachte stolz die Lügnerin
Noch als ihr eigner Mord geschah

Und über alle Himmel fließt
Ihr dünnes Blut jetzt immer schneller
Erst wenn die Nacht die Augen schließt
Dann wird es endlich zaghaft heller

Den Morgen, der im Fenster kauert
Vertont man leis mit Radio
Ein Alptraum, der im Denken lauert
Verschwindet still ins Nirgendwo

Die kalte Luft ist voll von Stimmen
Der Vögel. Und der laute Mensch ist stumm
So zärtlich kann ein Tag beginnen
Denn erst Motorenlärm bringt ihn dann um

Die Dämmerung ist so zerbrechlich
Und schon nach Augenblicken Tag
Dem Nachtschwärmer sind Tage schrecklich
Nun träume der, der träumen mag.

Beispiel 2

Patricia Hansmann
Nur ein Traum

Eines Nachts wachte ich auf und fühlte mich einsam, verlassen und schutzlos. Etwas Seltsames war passiert. Es schien, ein Stück von mir sei nicht mehr vorhanden. Langsam ging ich zum Fenster und blickte hinaus. Ich sah ein kleines Kind mit blonden Haaren, ein wenig schüchtern, aber es lächelte mir zu und winkte mir. Ich erschrak. Ich stand da – als kleines Kind. Ich stieg in einen Bus ein und fuhr weg. Entsetzt starrte ich in die Dunkelheit. Meine Kindheit war soeben in einem Bus weggefahren. Eine Weile stand ich regungslos am Fenster. Wenn meine Kindheit nicht mehr da ist, was bin ich denn jetzt? Bin ich etwa schon erwachsen? Ich muss mir wohl erst einmal einen Weg zum Erwachsensein suchen.
Ich ging hinaus und sah auf den Busfahrplan, doch ich konnte das Erwachsensein nicht finden. Mit dem Bus konnte man es nicht erreichen. Den Führerschein hatte ich noch nicht, und mit dem Fahrrad dauerte das wohl zu lange. Vielleicht musste man fliegen? Ich sah zum dunklen Himmel hinauf. Ein unheimliches, alles verschluckendes Dunkel. Ich hatte Angst vorm Fliegen.
Ich probiere meine eben gewachsenen Flügel aus und hebe vom Boden ab. Ich durchfliege das Dunkel, die Wolken, dann wird es heller. Ich sehe meinen Schulabschluss, meine Ausbildung, meinen Beruf, meine Heirat, Kinder, dazwischen immer Leid, Erfolg, Trauer und Glück. Doch plötzlich erschrecke ich. Aus weißem Marmor erhebt sich mein Grabstein. Groß, eckig, drohend und kalt wächst er aus der Erde. Mit weit aufgerissenen Augen starre ich ihn an und vergesse, meine Flügel zu schlagen. Ich verliere an Halt, Panik durchfließt meinen Körper. Und ich falle, stürze in die unendliche Tiefe, falle und falle …
… und wache auf. Kerzengerade sitze ich in meinem Bett. Alles nur ein Traum. Draußen dämmert es bereits. Was ein seltsamer Traum! Kindheit, die in einem Bus wegfährt. Blödsinn. War ja auch nur ein Traum. Die Sonne geht gerade auf. Der Himmel ist in ein zartes Rosa getaucht. Ich fühle mich seltsam, voll Tatendrang, Abenteuerlust und durstig nach Leben. Lächelnd stehe ich da, blicke zur Bushaltestelle und denke: „Blöder Traum, über Nacht wird man nicht erwachsen." Voller Elan ziehe ich mich um und schwebe mit meinen unsichtbaren Flügeln, die langsam zu wachsen beginnen, nach unten, um zu frühstücken.

Motto Es ist nicht jeder ein Schreiber, der an der Feder kaut.

(Sprichwort)

Kommentar

Die Form des Sonetts ist fast 800 Jahre alt. Der Name stammt aus der lateinischen Sprache (sonare = klingen). In der Literaturgeschichte lässt sich verfolgen, dass neben Zeiten sparsamen Sonettgebrauchs auch Phasen standen, die als ‚Sonettwut' bezeichnet werden können. Um Schülerinnen und Schüler in die Lage zu versetzen Sonette zu verfassen, müssen zunächst die wichtigen formalen Vorgaben erklärt werden. Rein formal besteht das Sonett aus zwei Quartetten und zwei Terzetten.
Die Schüler sollten zunächst in Gruppen arbeiten um die kommunikativen Momente zu fördern und gleichzeitig mehr Grundlagenmaterial (Ideen) zu entwickeln. Ein erster wichtiger Schritt ist die Anlage von Wortlisten (Wortsammlungen), wobei auf Reime geachtet werden muss, da Sonette zwingend auf der Einhaltung von Reimen beruhen. Im Anschluss daran sollte das Reimschema festgelegt werden. In einem weiteren Schritt können die Zeilenenden unter Beachtung der Reimwörter eingesetzt werden:

Beispiel (die fett gedruckten Wörter wurden für ein Sonett ausgewählt; s. S. 98)

Mauer, **Trauer,** Bauer, schlauer,
Wind, sind, Kind, Rind,
blind, **geschwind,** lind, beginnt,
sauer, Lauer, rauer, **Schauer,**

heben, neben, **Leben,** Regen,
beseelt, gewählt, gequält, gezählt,
erzählt, vermählt, **fehlt,** verwählt,
erleben, erregen, **geben,** Segen,

Moor, vor, **Ohr,** Amor,
Mohr, **bevor,** Tenor, davor,
Brille, schrille, Grille, **Wille,**

sage, Frage, nage, Waage,
zage, **Tage,** jage, Lage,
Pille, Destille, Rille, **Stille,**

In einem nächsten Schritt werden dann die Zeilen aufgefüllt, sodass Verse bzw. Sätze entstehen. Dabei können je nach Bedarf Zeilen untereinander getauscht, Wörter verändert, Zeilensprünge entwickelt und auch Zeilen völlig gestrichen und durch neue ersetzt werden. Als letzten Schritt sollte man das Sonett nochmals überarbeiten und vor allem auf die Metrik achten.

Beispiel 1

Bernd Josef Uhle
Sielachtsonett

(Für Bine V.)

Sie lacht so nett
mir dicke Luft
bis(s) in die Gruft
und nicht im Bett.

Sie wünscht mir Glück
und Jahre noch,
ich lebe doch
zu oft zurück.

Sie lacht so nett,
aus zwei mach' drei,
die Jahre fett

und nicht entzwei,
ach, dass ich hätt'
dies nie vorbei.

Beispiel 2

Ulla Hahn
Anständiges Sonett

(Schreib doch mal ein anständiges Sonett; St. H.)

Komm beiß dich fest ich halte nichts
vom Nippen. Dreimal am Anfang küss
mich wo's gut tut. Miss
mich von Mund zu Mund. Mal angesichts

der Augen mir Ringe um
und lass mich springen unter
der Hand in deine. Zeig mir wie's drunter
geht und drüber. Ich schreie ich bin stumm.

Bleib bei mir. Warte. Ich komm wieder
zu mir zu dir dann auch
»ganz wie ein Kehrreim schöner alter Lieder«.

Verreib die Sonnenkringel auf dem Bauch
mir ein und allemal. Die Lider halt mir offen.
Die Lippen auch.

ANREGUNG

Machen Sie sich zunächst mit der Form des Sonetts vertraut, indem Sie sich einige Sonette anschauen. Die Lehrerin/der Lehrer wird Ihnen sicherlich gerne einige vorlegen oder eine Gedichtsammlung zur Verfügung stellen, in der Sie Sonette finden können.

Motto Die Augen sind der Spiegel der Seele.

(Sprichwort)

Kommentar

Das Spiegelmotiv hat in der Literatur und Malerei eine lange Tradition. Auf mittelalterlichen Abbildungen, in denen der in die Kunst der astrologischen Symbolik besonders verliebten Renaissance und noch heute erinnert der obere Kreis an den Spiegel, den die Göttin Venus sehr häufig in ihrer Hand hält: Als Sinn der Welt erscheint den Venusmenschen angeblich die Ästhetik, die Schönheit in ihrem ganzen Lebensstil und in ihren Handlungen.

Redensarten

- Ein Spiegel ist besser als eine ganze Reihe von Ahnenbildern
- Auch ein neuer Spiegel glättet alte Runzeln nicht
- Der beste Spiegel ist ein alter Freund
- Was nutzt dem Blinden ein Spiegel?
- Jemandem den Spiegel vorhalten

ANREGUNG
(ab 11. Jahrgangsstufe)

Stellen Sie sich vor, Sie schauen in den Spiegel und machen eine Entdeckung, die Sie beunruhigt. Schreiben Sie Ihre Gedanken auf.

Beispiel 1

Franz Hohler
Ein erschreckender Anblick

Als Herr Direktor J., bevor er von zu Hause wegging, noch rasch in den Spiegel seines Korridors schaute, erschrak er.
Sein Anzug war zwar in Ordnung, auch die Krawatte saß, aber dort, wo sonst sein Gesicht war, sah er einen Wasserhahn.
Das muss eine Täuschung sein, dachte Herr J. und wollte sich ins rechte Ohr kneifen, aber stattdessen drehte er das heiße Wasser auf, das sich nun in einem vollen Strahl auf sein Hemd ergoss. Mit einem Aufschrei schloss er den Hahn wieder, und in dem Moment sah er, dass er sich wirklich getäuscht hatte – im Spiegel war sein normales Gesicht, und auch als er es mit den Händen abtastete, änderte sich nichts mehr, von einem Wasserhahn konnte keine Rede sein.
Beruhigt wandte sich Herr Direktor J. der Türe zu, da merkte er, dass er so nicht gehen konnte. Sein Anzug war durch und durch nass, und unter dem Hemd spürte er einen brennenden Schmerz, der langsam stärker wurde.

Beispiel 2

Jostein Gaarder
Sofies Welt (Auszug)

(...) Als sie wieder im Wohnzimmer war, trat Sofie vor den Spiegel über der Kommode. Das Glas war matt und uneben, deshalb war auch ihr Bild unscharf. Sofie fing an, sich selber Grimassen zu schneiden – wie sie das hin und wieder zu Hause im Badezimmer tat. Ihr Spiegelbild machte ihr alles nach, aber etwas anderes war ja auch nicht zu erwarten.
Plötzlich geschah etwas Seltsames. Plötzlich – für eine einzige kleine Sekunde – sah Sofie ganz deutlich, dass das Mädchen im Spiegel mit beiden Augen zwinkerte. Sofie fuhr erschrocken zurück. Wenn sie selber mit beiden Augen gezwinkert hatte – wie hätte sie da die andere zwinkern *sehen* können? Und wieder: Das Mädchen im Spiegel schien Sofie zuzuzwinken. Sie schien sagen zu wollen: Ich sehe dich, Sofie. Ich bin hier auf der anderen Seite.
Sofie spürte ihr Herz in ihrer Brust hämmern. Gleichzeitig hörte sie in der Ferne einen Hund bellen.
Das war sicher Hermes! Sie musste weg.
Jetzt bemerkte sie eine grüne Brieftasche auf der Kommode unter dem Messingspiegel. Sofie hob sie hoch und öffnete sie vorsichtig. Die Brieftasche enthielt einen Hunderter, einen Fünfziger und (...) einen Schülerausweis. Im Schülerausweis klebte das Bild eines blonden Mädchens. (...)

Kommentar

Der Text „Kein Foto heute“ (S. 163) stammt aus einem selbst verfassten Buch einer 8. Jahrgangsstufe. Ausgehend von der verrückten Geschichte „Ein erschreckender Anblick“ des Schweizer Autors Franz Hohler schrieben die Schülerinnen und Schüler jeweils zu zweit surrealistische Erzählungen. Im Vorwort erklärt der Deutschlehrer: „Wir haben über Forschungen der Psychologie gesprochen und über die Deutung von Träumen: dass nämlich der Mensch schlafend in einer geheimnisvollen Bildsprache mit sich selber spricht, die ebenfalls ein Stück seiner Wirklichkeit darstellt. Nicht nur Schriftsteller beschreiben solche Menschen, die zwischen einer gewohnten und einer ungewöhnlichen Wirklichkeitssicht hinüber- und herüberwechseln, auch die Maler entwerfen solche ‚surrealistischen‘ Menschenbilder, René Magritte zum Beispiel.“
Jede Schülerin und jeder Schüler beginnt für sich eine surrealistische Geschichte zu erzählen. Gemeinsamer Ausgangspunkt: Ein Mensch schaut in den Spiegel und entdeckt plötzlich eine schockierende Veränderung an sich…

René Magritte,
La Reproduction interdite

Zum Alternativtext

(s. S. 163)

Variante 1 Lebenssituation

ANREGUNG

Stellen Sie sich Achim in einer anderen Lebenssituation vor, zum Beispiel als Zuschauer bei einer Sportveranstaltung, beim Gang in die Disko u.a. Dadurch verschaffen Sie sich ein subjektiv gefärbtes, lebendiges Bild von Achim.

Variante 2 Spiegelbilddialog

ANREGUNG

Schreiben Sie auf, was Achim, bevor er den Spiegel zertrümmerte, zu seinem Spiegelbild gesagt haben könnte.

Variante 3 Außensicht

ANREGUNG

Versuchen Sie Achim aus der Sicht einer anderen Person zu beschreiben (Freunde, Mutter, Lehrer u.a.). Dies führt zu einer differenzierten Sichtweise. Da jeder Schüler eine andere Sichtweise wählen wird, können die einzelnen Texte Grundlage für eine fruchtbare Diskussion über Achims Probleme (und damit auch über die eigenen!?) sein.

Beispiel 3

Andrea Baeslack/Tobias Ständer

Kein Foto heute

Eines Morgens, als Frau M. aufstand und sich im Badezimmer die Zähne putzen wollte, sah sie das Schlimmste, was überhaupt denkbar war. Sie war von Beruf Fotomodell und durfte nicht einen einzigen Fleck im Gesicht haben. Doch was sie an diesem Morgen sah, war ein Streuselkuchen. Sie rannte geistesgegenwärtig zum Funktelefon, wählte die Nummer ihres Managers, sagte ihren heutigen Termin beim Fotogafen ab und gab die Windpocken als Grund an. Schnell legte sie auf und rannte ins Badezimmer zurück, um sich im Spiegel zu beglotzen. Nun bekam sie wirklich einen Schock, denn nun sah ihr Streuselkuchengesicht so aus, als hätte sich jemand ein Stück abgeschnitten. Sie sank ohnmächtig auf die Kacheln.
Stunden später wachte sie auf und tastete vorsichtig ihr Gesicht ab. Es war wie ein Wunder, ihr Gesicht hatte wieder seinen Normalzustand angenommen. Als sie sich umschaute, stieß sie einen spitzen Schrei aus: Der ganze Boden war mit angeknabberten Kuchenstücken und Streuseln bedeckt.

Alternativtext

Margret Steenfatt

Im Spiegel

„Du kannst nichts", sagten sie, „du machst nichts", „aus dir wird nichts". Nichts. Nichts. Nichts. Was war das für ein NICHTS, von dem sie redeten und vor dem sie offensichtlich Angst hatten, fragte sich Achim, unter Decken und Kissen vergraben.
Mit lautem Knall schlug die Tür hinter ihnen zu.
Achim schob sich halb aus dem Bett. Fünf nach eins. Wieder mal zu spät. Er starrte gegen die Zimmerdecke. – Weiß. Nichts, ein unbeschriebenes Blatt Papier, ein ungemaltes Bild, eine tonlose Melodie, ein ungesagtes Wort, ungelebtes Leben.
Eine halbe Körperdrehung nach rechts, ein Fingerdruck auf den Einschaltknopf seiner Anlage. Manchmal brachte Musik ihn hoch.
Er robbte zur Wand, zu dem großen Spiegel, der beim Fenster aufgestellt war, kniete sich davor und betrachtete sich: lang, knochig, graue Augen im blassen Gesicht, hellbraune Haare, glanzlos. „Dead Kennedys" sangen: „Weil sie dich verplant haben, kannst du nichts anderes tun als aussteigen und nachdenken."
Achim wandte sich ab, erhob sich, ging zum Fenster und schaute hinaus. Straßen, Häuser, Läden, Autos, Passanten, immer dasselbe. Zurück zum Spiegel, näher heran, so nahe, dass er glaubte, das Glas zwischen sich und seinem Spiegelbild durchdringen zu können. Er legte seine Handflächen gegen sein Gesicht im Spiegel, ließ seine Finger sanft über Wangen, Augen, Stirn und Schläfen kreisen, streichelte, fühlte nichts als Glätte und Kälte.
Ihm fiel ein, dass in dem Holzkasten, wo er seinen Kram aufbewahrte, noch Schminke herumliegen musste. Er fasste unters Bett, wühlte in den Sachen im Kasten herum und zog die Pappschachtel heraus, in der sich einige zerdrückte Tuben fanden. Von der schwarzen Farbe war noch ein Rest vorhanden. Achim baute sich vor dem Spiegel auf und malte zwei dicke Striche auf das Glas, genau dahin, wo sich seine Augenbrauen im Spiegel zeigten. Weiß besaß er reichlich. Er drückte eine Tube aus, fing die weiche ölige Masse in seinen Händen auf, verteilte sie auf dem Spiegel über Kinn, Wangen und Nase und begann, sie langsam und sorgfältig zu verstreichen. Dabei durfte er sich nicht bewegen, sonst verschob sich seine Malerei. Schwarz und Weiß sehen gut aus, dachte er, fehlt noch Blau. Achim grinste seinem Bild zu, holte sich das Blau aus dem Kasten und färbte noch die Spiegelstellen über Stirn und Augenlidern.
Eine Weile verharrte er vor dem bunten Gesicht, dann rückte er ein Stück zur Seite, und wie ein Spuk tauchte sein farbloses Gesicht im Spiegel wieder auf, daneben eine aufgemalte Spiegelmaske.
Er trat einen Schritt zurück, holte mit dem Arm weit aus und ließ seine Faust in die Spiegelscheibe krachen. Glasteile fielen herunter, Splitter verletzten ihn, seine Hand fing an zu bluten. Warm rann ihm das Blut über den Arm und tröpfelte zu Boden. Achim legte seinen Mund auf die Wunden und leckte das Blut ab. Dabei wurde sein Gesicht rotverschmiert.
Der Spiegel war kaputt. Achim suchte sein Zeug zusammen und kleidete sich an. Er wollte runtergehen und irgendwo seine Leute treffen.

Motto

Es staunt der Laie und der Fachmann wundert sich.

(Sprichwort)

Kommentar

Wer hat nicht schon einmal darüber nachgedacht, Menschen durch unerwartete Aussagen in Erstaunen zu versetzen? Eigentlich ist dies recht einfach, wie die Beispiele zeigen. Das Grundprinzip besteht darin, die Erwartungshaltung des Lesers zu enttäuschen; d.h. ihn auf eine falsche Spur zu locken und dann die Falle zu stellen, in die er hineintappt. Wenn es dabei noch gelingt eine Aussage in diesen im wahrsten Sinne „erstaunlichen“ Text zu bringen, ist dies schon etwas Besonderes.

Beispiele

Dass der allseits bekannte Bergsteiger Messner im letzten Bergdorf am Mount Everest in 4500 m Höhe Einwohner getroffen hat, die seit zwei Generationen keine Europäer mehr gesehen haben, finden wir überhaupt nicht interessant.
Wir haben im letzten Bergdorf in der Eifel Menschen getroffen, die seit 17 Generationen keinen Tibetaner mehr gesehen haben.

Wie erst gestern bekannt wurde, ist an seinem letzten Urlaubstage Herr F., Richter am Amtsgericht in P., von einer Schlange gebissen worden.
Das Gift war so stark, dass die Schlange binnen weniger Minuten qualvoll verendete.

Heinrich Wiesner
Tierfreunde

In der Parkanlage schlägt eine Mutter ihr Kind. Das weinende Kind stört. Alle blicken beleidigt hinüber.
Beim Rosenbeet schlägt ein Mann seinen laut heulenden Hund. Die Leute erheben sich von den Bänken, eilen hinzu, bilden einen Kreis und können sich vor Empörung nicht fassen.

Motto Wer in allen Farben spielt, ist in keiner echt.

(Sprichwort)

Kommentar

Die Idee, Farben als Ausgangspunkt zum kreativen Schreiben zu nehmen, kam von einer Schülerin. Auf meine Nachfrage, wie sie sich dies vorstelle, antwortete sie, dass man zunächst einmal Material sammeln könne, z.B. zur Farbsymbolik (weiß = Unschuld; grün = Hoffnung; schwarz = Tod, Farbe der Trauer u.a.), zu den liturgischen Farben, zu Redensarten und Sprichwörtern (eine graue Maus sein; sich schwarz ärgern; sein blaues Wunder erleben; rot sehen), politische Richtungen (Die Grünen; Graue Panther) u.a. Die Schüler sammelten fleißig, auch mit Hilfe entsprechender Literatur (Lexikon der Redensarten). Ein Schüler erinnerte sich an die Kurzgeschichte „Nachts schlafen die Ratten doch“ von Wolfgang Borchert; auch hier spielen Farben für die Deutung eine bedeutsame Rolle. Ich ergänzte dies mit dem Hinweis auf expressionistische Texte, die häufig mit Farbsymbolik spielen. So kam eine Fülle an Material zusammen, die manchen zum freien Schreiben anregte.

ANREGUNG Suchen Sie zu verschiedenen Farben die Farbsymbolik, vorhandene Redensarten, politische Richtungen und weiteres Material, das Ihnen einfällt.
Nutzen Sie das Material um einen Text zu schreiben.

Beispiel 1

Reinhard van Suntum
Hommage à Breton

Heut’ fühl ich mich so furchtbar grün.
Froschgequake, Efeuranken,
Moosbedeckte Straßenlampen.
Und dazwischen liegen wir.

Dalí schenkte mir sein Saxophon.
Es hat die Form von einem Frauenbein.
Eine rosa Welle schwappt in meinen Schuh.
Zwei Hühner streiten sich ums Ei.

Touristenmenü im Fegefeuer.
Das Jüngste Gericht im Ausverkauf.
Die Sexbombe explodiert im Kölner Dom.
Eine Straßenbahn bremst kurz vorm Bett.

Zwei italienische Frauen winken ganz nett.
Meinen sie dich oder winken sie mir?
Über den Rücken krabbelt ein Tier.
Obelisk trompetet der Elefant sein Solo.

Ein Nickerchen in deinem Schoß.
Ich stell’ nur noch den alten Mond an.
Schatten springen über ihren Schatten.
Der Glühwurm feiert mit dressierten Ratten.
Heut’ fühl ich mich so furchtbar grün.

Beispiel 2

Jan Off
Wart bloß nicht auf das blaue Wunder

Bevor die
Blaublütigen des Systems,
die uns ständig
das Blaue
vom Himmel versprechen,
dich noch
blauäugig
werden lassen,
schmeiß lieber die
Blaupause weg,
zieh den
Blaumann aus,
hau ab zu den blauen Bergen
und mach blau;
endgültig.
Sonst musst du
dich nachher
noch grün und blau
ärgern.

Motto Was gestern richtig war, kann morgen falsch sein.

(Sprichwort)

Kommentar

Sitten und Gebräuche wandeln sich im Laufe der Jahrhunderte und Jahrzehnte. Was Jugendliche in der heutigen Zeit für „normal" halten, war vor dreißig Jahren unvorstellbar. Was heute üblich ist, wird in wenigen Jahrzehnten nur noch lachhaft wirken. „Panta rhei" („alles fließt"), ein (fälschlich?) Heraklit zugeschriebener Grundsatz, nach dem das Sein als ewiges Werden, ewige Bewegung gedacht wird, beschreibt dies zutreffend.
Als Beispiel soll ein Auszug aus einem Benimmbuch des Jahres 1958 dienen.

ANREGUNG Fügen Sie Ihre Variante für heute und das Jahr 2030 hinzu.

Beispiel

Im Café und im Restaurant

Wenn du in Begleitung eines Herrn bist, so geht er voraus, sucht einen Tisch aus und fragt, ob du damit einverstanden bist. Dann hilft er dir aus dem Mantel, auch wenn der Kellner herbeieilt. Den Hut setzt er sofort beim Hereinkommen ab, du kannst ihn aufbehalten, auch am Tisch. Aber das ist kein Zwang. Wenn du sehr jung bist, setze die Kappe lieber ab. Schal und Handschuhe werden von innen ins Ärmelloch gesteckt. Du kannst deine Haare durch kurzes Berühren mit den Fingerspitzen ordnen, Kämmen inmitten der Tische wäre unhygienisch. Dann nimmst du Platz, deine Handtasche ist bei dir. Der Herr gibt der Dame den bequemeren Sitz, rückt ihr den Stuhl zurecht und setzt sich erst dann, und zwar an ihre linke Seite. Die gleichen Pflichten fallen dir zu, wenn du in Begleitung einer älteren Dame ein Restaurant besuchst.
Ist kein Tisch frei, so darf man das Lokal wieder verlassen. Möchte man sich aber an einen schon besetzten Tisch setzen, so wendet sich der Herr mit der Frage: „Verzeihen Sie, sind hier noch zwei Plätze frei?", an die dort Sitzenden.
Im Café fragt nun die Kellnerin nach den Wünschen. Im Restaurant bringt der Kellner die Speise- und Getränkekarte. Der Herr gibt die Speisekarte der Dame, während er die Getränkekarte studiert. Nur wenige Damen sind Weinkenner, auch sucht er wegen der Preise lieber selber aus. Er muss ja nachher bezahlen. Wenn du gefragt wirst, ob du diese oder jene Sorte lieber möchtest und du kennst dich gar nicht aus, dann gib es ruhig zu. Wähle nicht mit eifriger Miene etwas Bestimmtes, was du gar nicht kennst. Eine junge Dame trinkt lieber besser gar nichts Alkoholisches, es macht müde oder beschwipst, um so mehr, je weniger man es gewöhnt ist. Niemand nimmt es dir übel, wenn du um Apfelsaft bittest oder gar nichts trinken möchtest.
Du suchst auf der Speisekarte etwas aus und nennst es dem Herrn, er gibt die Bestellung an den Kellner weiter. Das Aussuchen von Kuchen an der Theke übernimmt die Dame. Du führst die Verhandlung mit dem Ober nicht selbst, doch wird er sich über ein Lächeln freuen. Wenn ein Gericht dir besonders lecker erschien, darfst du ihm das Kompliment für die Küche selbst sagen. Eine Kellnerin nennt man „Fräulein", den Kellner redet man „Herr Ober" an, ein geschickteres Wort haben wir in Deutschland nicht. Doch kann man die Anrede manchmal durch „bitte" umgehen. Wenn du den Kellner herrufen möchtest, gib ihm dies durch ein Zeichen oder leichtes Winken zu verstehen. Mit dem Messer ans Glas zu stoßen oder „hallo" zu rufen, ist ungehörig. Es stört die anderen Gäste. In Anwesenheit des Kellners streitet oder streichelt man sich nicht.
Während des Essens spricht man nur das Nötigste. Kaue erst aus, ehe du etwas sagst. Rede nur für den eigenen Tisch, unterhalte nicht die Nachbarn mit. Wenn der Herr vom Kellner ans Telefon gerufen wird, bittet er um Entschuldigung und geht. Mach dich in seiner Abwesenheit nicht an seinen Sachen zu schaffen. Überfalle ihn bei der

Rückkehr nicht mit Fragen, wer denn am Apparat war. Wenn es für dich war, wird er von selbst berichten. Wenn es etwas war, das dich nichts angeht, bringst du ihn in Verlegenheit um eine Ausrede.
Bei Kaffee, Tee, Kakao gießt die Dame dem Herrn ein. Beim Wein ist der Herr Mundschenk. Bei alkoholischen Getränken trinkt man sich zu, sonst nicht. Der Herr wartet beim Kaffee, bis die Dame den ersten Schluck nimmt, beim Essen ebenso.
Wenn du nicht recht Bescheid weißt, wie man Hummer oder Königinpastetchen verspeist, darfst du den Herrn um Rat fragen. Bist du allein, wirst du halt ein so apartes Mahl nicht bestellen. Wer nicht mehr mag, darf etwas auf dem Teller lassen. Schmeckt es dir gut, dann braucht kein Anstandshäppchen übrig zu bleiben. Die Papierserviette legst du zusammengeknüllt auf den Essteller. Der Ober nimmt Schüsseln und Teller weg, die Gläser lässt er stehen. Im Café wird der leere Kuchenteller fortgeräumt, die Tasse bleibt stehen. Es ist üblich nach dem Essen noch ein wenig beisammenzusitzen und zu plaudern. Das ist eine schöne Angewohnheit. Eine Mahlzeit ist kein Essenfassen, nach dem man eilig an die Arbeit zurückstürzt. Sie soll Ruhe und ein wenig Stil haben. Sie soll an Gott erinnern, der die Speisen gibt, damit wir leben. Darum beten wir vor und nach dem Essen.
Das Zahlen übernimmt der Herr. Der Ober nennt die Summe, in einem besseren Restaurant bringt er die Rechnung auf einem Teller, und der Herr legt das Geld unter die Rechnung. Die 10% sind bereits dabei, er braucht nicht noch mehr zu zahlen. Wohlhabende Leute runden nach oben ab. Eine junge Dame braucht das nicht. Es wirkt sogar geschmacklos und protzig, dicke Trinkgelder zu geben. Ein vornehmer Mensch gibt maßvoll. Nur wenn der Herr dich vorher eigens eingeladen hat, brauchst du ihm das Geld nicht wiederzugeben. Du wirst dann nicht vergessen, ihm danke zu sagen: herzlich, nicht überschwänglich. Wenn er dich nicht eingeladen hatte, begleiche später die Rechnung mit ihm. Biete es wenigstens an. Er wird dir insgeheim dankbar sein, vielleicht ist er gar nicht so gut bei Kasse, wie es den Anschein hat.
Du darfst ein Restaurant oder Café auch allein besuchen, das ist nicht ungehörig. Vermeide aber, spät abends dort zu sitzen. Ein Tanzlokal und eine Bar besucht ein junges Mädchen niemals allein.

(Aus einem Benimmbuch für junge Mädchen 1958)

168 Gehen/Stehen/Liegen

Motto Es ginge alles viel besser, wenn man mehr ginge.

(Johann Gottfried Seume)

Kommentar

Das Wort „gehen“ ist ein Schlüsselwort menschlicher Existenz. Wir Menschen sind gehende Wesen und die Wortfamilie/Wortfeld gehen/Gang hat uns fest im Griff. Wenn zwei Menschen eine Ehe eingehen, sind sie in der Regel vorher lange miteinander gegangen. Und sie werden – hoffentlich – nicht in der Ehe eingehen.

ANREGUNG

Suchen Sie mit Hilfe von Wörterbüchern, Zitatenlexika und anderen Quellen Begriffe und Redewendungen, die mit den Wortfeldern gehen, stehen, liegen, laufen, sitzen u.a. zu tun haben. Bilden Sie aus dem vorhandenen Material in Gruppenarbeit einen Text. Die Textsorte bleibt Ihnen völlig freigestellt.

Beispiel 1

Hans Lobentanzer
Der Gang des Tages

Es geht schon gut los: Der Wecker, der richtig geht, hämmert uns ein, dass unser Schlaf zu Ende zu gehen hat; die Sonne geht auf und man selbst aus dem Bett. Und nun geht alles seinen Gang. Man muss froh sein, wenn nichts danebengeht, weil so viel im Haus und auf der Straße vor sich geht. Wie geht's weiter? Nach dem Frühstück setzen wir uns in Gang, meist zur Garage; da geht es wild zu. Alle streben auf einmal mit ihren rollenden Blechkästen dem Ausgang zu. Aber das geht eben nicht! Im Auto sind die Gänge zu betätigen: Rückwärtsgang und 1. Gang. Das geht vielen zu langsam. Im Schneckengang dem Ausgang zuzustreben, das ist nicht angängig. Weiß Gott, was einem da alles entgehen kann, wenn man nicht rechtzeitig an Ort und Stelle ist! Jeder geht natürlich davon aus, dass der Wagen geht. (Hat er Rollfüße?) Tut er das nicht, fühlt sich der sitzende Geher von der Technik hintergangen.
Und nun hinein in den unbarmherzigen Gang der Dinge! Der Verkehrspolizist an der Kreuzung winkt:
Geh! Geh!
„Geh zu!" Es ist unglaublich, wie es in der Frühe zugeht. Der Ami in seinem überbreiten Schlitten schimpft vor sich hin: „Let's go!" Grün: Bis sich die Schlange in Gang setzt! Jeder lässt sich gehen, und der Umgang mit den anderen Unterwegsmenschen ist nicht eben fein; denn alle gehen in derselben Sache auf: Schnell den Raum überwinden! Eine Art Waffengang gegen alle anderen. Der Wehrloseste ist der Fußgänger; dabei verhält er sich menschen- und umweltfreundlich; er stößt weder Gift- noch (im allgemeinen) Stinkstoffe aus und behindert erst recht niemanden, wenn er abends, kurz vor Sonnenuntergang, im Wald oder im Grünen spazieren geht.
Sage mir, wie du mit deinen Kollegen umgehst…
Im Büro angekommen, stürzt sich Herr Meier umgehend auf den Einlauf, der am vergangenen Tag oder früher eingegangen ist. Es geht ohne weiteres so, dass man nicht alles auf einmal bearbeitet. Manchmal geht es ihm schnell von der Hand. Andere Bürokraten gehen vielleicht wie auf Eiern an bestimmte Vorgänge heran. Wenn sie mit einer Idee schwanger gehen, ist das, als gehe ihnen ein Licht auf. Ist der Gedankengang zu kraus, kann es schon vorkommen, dass der Chef mit einem, dessen Überlegungen fehlgegangen sind, gewaltig ins Gericht geht; denn es könnte ja sein, dass der Firma das Wasser bis zum Hals geht, weil der Geschäftsgang vorübergehend ins Stocken geraten ist. Der Rückgang der Abschlüsse und damit des Umsatzes ist schlimm; darüber lässt sich nicht bloß so im Gang vor den Zimmern reden, wenn man eine Zigarette dampft. Wer nicht spurt, der wird fristlos „gegangen". Das ist hart. Aber freigestellt ist nicht freigegangen. Dem armen Mann geht bald das Geld aus, und nichts mehr ist es mit einem Menü mit 5 Gängen.

Beispiel 2

Rosemarie Künzler-Behncke
Gehen

Wie geht's?
Es geht.
Das Geschäft geht doch gut.
Danach kannst du nicht gehen.
Geht es abwärts?
Es geht über meine Kräfte.
Lass dich nicht gehen.
Hier geht es ums Ganze.
Es geht um Kopf und Kragen.
Dann geh an die Arbeit!
Ich gehe auf Reisen.
Das geht zu weit!
Das geht dich nichts an.
Dann geh zum Kuckuck!
Das geht nicht.
Du gehst mir auf die Nerven!
Geh mir aus den Augen!
Wenn es geht.
Der Zug geht über Frankfurt.
Deine Stimme geht mir durch und durch.
Musik geht über alles.
Arbeit geht vor.
Die Uhr geht vor.
Der Teig geht.
Die Tür geht.
Es geht ein Wind.
Ich muss jetzt auch gehen.
Ach, geh!
Lass mich gehen!
Na, geh!

170 Interpretationslust

Motto Deutung ist Macht – nichts bedeuten macht nichts.

(Unbekannt)

Kommentar

Wir sind gewöhnt Analysen und Interpretationen von Schülerinnen und Schülern zu fordern, die werkimmanent, soziologisch, psychologisch und biografisch ausgerichtet sind. Wir fordern genaue Recherche, forschen im Wortmaterial, stöbern in Briefen der Autoren, durchleuchten ihr Leben und ihr Schaffenswerk. Eine sinnvolle und notwendige Erkenntnistätigkeit. Wie aber kann ein solches Vorgehen sich auswirken, wenn man (bewusst) zu ernsthaft an einen eher lustigen, lapidaren Text herangeht?

Beispiel 1

Manfred Sestendrup

1993 – das „Jahr des Gedichtes zur Interpretation"

Was sind das für Zeiten, wo ein Gespräch über Bücher zu einem Gespräch über Schauspieler verkommt? Was sind das für Zeiten, wo „das Buch zum Film" selbstverständlicher geworden ist als einfach nur „das Buch zum Lesen"? Was in der Verkehrung der Ursächlichkeit von Film und Buch längst akzeptiert wird, sollte in einer aufgeklärten Zeit (vielleicht ab 1993) allemal für die Wechselbeziehung Interpretation und Gedicht gelten. Was dem „Buch zum Film" recht ist, soll dem „Gedicht zur Interpretation" billig sein, und proklamiert wird hiermit das Jahr 1993 zum „Jahr des Gedichtes zur Interpretation".
Angemerkt sei an dieser Stelle ein zweites, weniger ehrenhaftes Bedürfnis des Verfassers, nämlich sich in folgender prototypischen „Primärinterpretation" vorbehaltlos des Vokabulars einer bestimmten Sorte von Interpretationskünstlern traditionellen Stils (vor 1993) zu bedienen. Gemeint sind hier die Überzeugungs-Interpreten, welche ein Gedicht mit unerbitterlicher Fachterminologie in die Enge treiben, ihm mit hermetischen Wortgespinsten die Luft abschnüren und es schließlich mit einzig wahren Deutungstreffern erledigen.
Dass in folgenden Ausführungen ein extremes Gefälle zwischen den aufgeblähten Gipfeln verbal-erotischer Deutungslust und den platten Niederungen megabanaler Nonsens-Verse herrschen wird, erschreckt hoffentlich nicht nur den Verfasser. Aber Vorsicht: die Interpretation ist ernst gemeint, so ernst, wie man sie nach 10-semestrigem Germanistikstudium und über 10-jähriger Deutschlehrertätigkeit nur meinen kann – und noch einmal Vorsicht: das Gedicht ist ebenfalls ernst gemeint, so ernst, wie man es nach 10-minütigem Aufenthalt auf einem Kinderspielplatz nur meinen kann.

gedicht auf eine mutter ein kind eine banane

tu in mund
tu in mund
tu in mund rein

halt se fest
halt se fest
richtig fest

nich mit spielen
nich
nich

kind
jetzt kann'se nich mehr essen

Dieses „gedicht auf eine mutter, ein kind, eine banane" ist unschwer der Geisteshaltung des mythologisch-lyrischen Realismus zuzuordnen. Bereits in der 1. Strophe dokumentiert der Autor die gestische Ausdrucksfähigkeit seines Gedichtes mittels eines Befehles zur Überbrückung der Entfernung von der Hand zum Mund: ‚tu in mund / tu in mund / tu in mund rein' (Verse 1 – 3). Im konkreten Fall ist dabei das Überwinden dieser Entfernung mittels einer Banane als der radikale Versuch einer aufgezwungenen Kindessättigung zu verstehen.
Die Klage der Mutter wird hier vergleichbar dem Klagegestus des an eine Felswand des Kaukasus geschmiedeten Prometheus.
Erinnern wir uns: Weil Prometheus den Menschen gegen den Willen des Zeus das Feuer brachte, ließ Zeus ihn an einen Felsen des Kaukasus schmieden, wo ihm ein Adler täglich die Brust aufhackte, um dessen Leber zu fressen, die jedoch täglich nachwuchs.
Wie der an den Felsen gefesselte Prometheus den Zeus um Hilfe anrief, ruft nun die in Sorge um Kind und Banane sich quälende Mutter ihr Kind an: ‚halt se fest / halt se fest / richtig fest' (Strophe 2, Verse 4 – 6). In diesem Gedicht hat sich der Autor bis an den Rand einer familiären Kommunikationssituation vorgewagt. Er wählt bewusst nicht eine Formulierung dudensprachlich exakten Flehens, die da lauten müsste: Liebes Kind, füh-

re bitte die bananöse Südfrucht zwecks Nahrungsaufnahme dem Munde zu' – nein, im Gegenteil – unschöpferisch verkürzt und zugleich tautologisch dreifach überhöht lässt der Autor die Mutter rufen: ‚tu in mund / tu in mund / tu in mund rein' (Str. 1, Verse 1 – 3). Diese Abweichungen von der uns geläufigen Dichtersprache wirken auf den Leser wie vermenschlichte Götterschreie auf der Streckbank zwischen Hochsprache und restringiertem Code. Und jeder, der sich nun seinen spontan ejakulierenden Deutungsergüssen überlässt, wird unschwer erahnen. Das Kind mag die Banane nicht.
Und stellen wir uns weiter der Dialektik des Autors, der auf kühnste Weise Widersprüchliches einfordert. Während die Mutter in Vers 3 noch von ihrem Kind hinsichtlich der Banane verlangte „tu in mund rein", fordert sie es unmittelbar danach auf (Verse 4 und 5): ‚halt se fest'. Soll etwa das Kind gleichzeitig a) die Banane verspeisen und b) dieselbe Banane ihrer Verdauungsbestimmung vorenthalten?
Hier dominieren rätselhafte Leerstellen, die ehrfürchtig erschaudern lassen.
Drum dringen wir tiefer, deuten wir weiter, erinnern wir uns: Im gleichen Maße wie Prometheus täglich die Leber verlor, verliert die Mutter zunehmend die Gewalt über ihre Worte. In Strophe 3 stammelt sie nur noch: ‚nich mit spielen / nich / nich'.
Spekulieren wir, was ihr Kind mit der Banane tut, sprich: deuten wir – halten wir uns in der faszinierenden Balance zwischen „Deutung ist Macht" und „Nichts bedeuten macht nichts".
Bedeutet dem Kind die gebogene, gelbe Leidensfrucht nichts, lässt es sie in den Schmutz fallen? In antiexakter Genauigkeit, in antipräziser Anschaulichkeit lässt der Autor dies offen. Hier entfaltet sich das gesamte Spektrum grandioser Deutungsvielfalt, und stellen wir uns der Herausforderung, deuten wir weiter. Was will uns der Autor mit der kühnen Schlussformulierung ‚jetzt kann'se nicht mehr essen' sagen?
Dieser Schlussvers, im reinsten Versmaß des Jambus gehalten, dreihebig, in weiblicher Kadenz endend, erinnert in seiner dezent kindlichen Phrasierung an vorpubertäre Genieschreie Goethes aus der Zeit vor 1760.
Die genau ins Zentrum des Verses komponierte Negation „nich" (vorher zählen wir drei Wortsilben, nachher zählen wir drei Wortsilben) eröffnet leidenschaftlich die Perspektive auf eine Literatur am Nullpunkt: hier kann alles neu beginnen, hier kann alles enden.
Apropos enden:
Johann Wolfgang Goethe beendete sein sicherlich nicht unbedeutenderes Prometheus-Gedicht mit folgenden, an Zeus gerichteten Worten – „Hier sitz' ich, forme Menschen / Nach meinem Bilde, / Ein Geschlecht, das mir gleich sei, / zu leiden, weinen, / Genießen und zu freuen sich, / Und dein nicht zu achten, / Wie ich". Lassen wir unseren mythologisch-lyrisch-realistischen Interpretationsversuch ausklingen mit folgender nonkongenialer Abwandlung von Goethes Versen:
Hier sitz' ich, forme Deutungen nach meinem Bilde, eine Parodie, die mir lieb sei, / damit die einen leiden und weinen / und die anderen sie genießen und sich daran erfreuen / und die Konventionen nicht achten / wie ich.
Dies waren Worte zu einem Gedicht, die, wären sie wichtig, im Gedicht drinstünden.

Dieser Text regte Schüler an weitere Variationen auf das „Bananenthema“ zu schreiben.

Beispiel

Tim Pawliska/Albert Schreiber

Geschmack am Fußball

Dieses Gedicht ist ein wahres Meisterwerk. Aufgrund seiner Vieldeutigkeit könnte man es auch das Gedicht der Gedichte nennen. Wir wollen hier einige der zahlreich möglichen Interpretationen zu Papier bringen.

Eine wahrhaft ernst zu nehmende Interpretationsmöglichkeit dieses Gedichts, dieses Meisterwerks, ermöglicht uns etwas ganz Alltägliches, nämlich der Sport. Ja, der Sport, in dem es um Kraft, Ausdauer, Intelligenz und Strategie geht. Dieses Meisterwerk lässt sich unschwer auf die Welt des Sports beziehen. Borussia Dortmund ist ein Verein, der sehr fair und erfolgreich die Bundesliga prägt. Dieser Verein hat als Maskottchen eine Banane. Es ist nahe liegend, dass viele begeisterte Fußballfans diesen Verein abgöttisch lieben.

So glaube ich, das die Mutter ebenfalls zu den Anhängern Borussias gehört und dass sie ihrem Kind mit der Darbietung der Banane ein Doppeltes nahe legen will: den Geschmack der Banane und den Geschmack am Fußball, und zwar an dem Verein Borussia Dortmund. Doch in dem Meisterwerk wird deutlich, dass die zuneigungsvolle Erziehungsmaßnahme völlig fehlschlägt.

In meinen Augen ist das kein Wunder und sehr leicht zu erklären: Das Kind begeistert sich zwar für Fußball, aber für den blau-weißen Fußball. Es ist ein Fan des Ruhrpott-Vereins 1. FC Schalke 04, welcher der größte Feind von Borussia Dortmund ist. Um dieses Feindbild – in Form der Banane – zu bekämpfen, zerquetscht das Kind die Banane und wirft sie auf den staubigen Boden. Wahrhaft einzigartig, wie der Verfasser diesen Kontrast ins Spiel brachte. Doch dies ist nur eine der möglichen Deutungen dieses Textes.

Eine Frage bleibt jedoch offen: Ist die Banane geschält oder noch versiegelt durch ihre graziöse Außenhülle? Diesen Punkt lässt der Dichter völlig offen, was ich für sehr intelligent und raffiniert halte. Dadurch können mehr Deutungsmöglichkeiten benutzt werden.

Survival of the fittest. Dieser Spruch zählt für jeden Menschen, der aus seinem Leben etwas machen will. Doch jeder muss Überleben vorher lernen, bevor man es kann. Wie die Jaguarmutter ihrem Kind ein Stück Antilope gibt, wie die Schlange eine Maus für ihre Kinder würgt, so gibt diese erfolgreiche Mutter ihrem Schützling eine Banane zum Überleben. Doch das Kind weigert sich und zerstört das ungewohnte Essmaterial. Wird es jemals in der Lage sein sich selbst zu ernähren? Wir hoffen es und wünschen der Mutter alles Glück dieser Welt (und viele viele Küsse).

Eine weitere Deutungsmöglichkeit bezieht sich auf die ehemalige DDR. Die Menschen dort mussten unter den härtesten Bedingungen leben. Sie froren im Winter, schwitzten im Sommer und kannten nicht einmal das labende Gefühl in eine Banane zu beißen. Was für grausame Bedingungen herrschten, wissen wir ja heute. Selbst so etwas erfasst das Meisterwerk. Ich glaube, dass die Mutter unter schwersten Bedingungen diese Banane errang und sie nun dem liebsten Geschöpf auf der ganzen Erde geben will. Doch durch Unkenntnis über den Wert dessen, was nun die Mutter dem Jüngsten gab, wirft jener es unbeachtet weg und fängt an zu weinen, da die Mutter nun sichtlich sauer ist.

Es gibt noch so viele Deutungsmöglichkeiten für dieses Gedicht, dass ich richtig Schuldgefühle bekomme, wenn ich jetzt versuchen werde, dem Banne des Gedichts endgültig zu entkommen. Es ist eine so große Herausforderung, für jeden in diesem Lande, das Gedicht so zu deuten, wie er es für richtig hält. Dann wird jeder von uns in diesen Bann gezogen, und er wird sich dann fragen: Warum ist mir dieses Gedicht nicht eher über den Weg gelaufen? Jeder, der dieses Gedicht liest, wird auf ewig eine positive Ausstrahlung besitzen.

Ich kann dazu nur sagen: Weiter so, Herr Sestendrup! Sie machen das Leben für manche Menschen enorm leichter. Warum? Weil jeder denkt, dass es zumindest einen Menschen gibt, der idiotischer ist als ich.

Szenisches Interpretieren

Motto Leben heißt nicht lernen, sondern anwenden.

(Legouve)

ANREGUNGEN

Spielen Sie den Text auf S. 175 mit verteilten Rollen. Achten Sie genau auf den Sprachgebrauch der verschiedenen Personen und versuchen Sie diesen im Tonfall nach Ihren Vorstellungen wiederzugeben. Unterstreichen Sie Ihre Sprechrolle, indem Sie auch die Möglichkeiten gestischen und mimischen Ausdrucks nutzen.

Formulieren Sie den Text um, sodass sich ein gelungenes Auskunfts- und Beratungsgespräch entwickelt.
Erstellen Sie ein Merkblatt „Hinweise zur Verständigung mit nicht deutschsprachigen Kunden", das die Bahn an ihre Mitarbeiter ausgibt.

Beispiel

Reinhardt Knoll
Deutschunterricht

Bahnhof: Informationsschalter

Ausländer. Grüß Gott, kannst du sagen, wann
1. Beamter. Guten Tag. Hier heißt das: Guten Tag. Grüß Gott sagt man nur in Süddeutschland. Wir sind aber nicht in Süddeutschland. Also: Guten Tag.
Ausländer. Ja guten Tag, kannst du sagen, wann
1. Beamter. Sie bitte!
Ausländer. Ja Sie bitte, kann sagen, wann
1. Beamter. Können Sie mir bitte sagen
Ausländer. Nein, kann nicht, Sie bitte mir sagen, wann die Zug
1. Beamter. Langsam, ganz langsam jetzt. Und noch einmal von vorn: Guten Tag, können Sie mir bitte sagen, wann der Zug, *der* nicht *die* Zug – so, und jetzt wiederholen Sie das am besten bis hierher.
Ausländer. Was? Wann der Zug? Sie bitte mir sagen, bitte!
1. Beamter. Hoffnungslos. So kommen Sie hier nie zurecht.
Ausländer. Bitte!
1. Beamter. Ich bin ja kein Unmensch. Also: Was für ein Zug?
Ausländer. Frankfurt
1. Beamter. Der Zug nach Frankfurt oder von Frankfurt, wann der Zug nach Frankfurt abfährt oder wann der Zug von Frankfurt ankommt, Abfahrt oder Ankunft, verstehen?
Ausländer. Abfahren
1. Beamter. Sehen Sie, es geht doch. Und sehen Sie jetzt die große Tafel da drüben, ja? Die, wo dick Abfahrt drauf, ja? Sehen Sie, da alles drauf stehen: Abfahrt nach Frankfurt und München und Istanbul, überallhin. Verstehen.
Ausländer. Nur Frankfurt, nix Hamburg.
1. Beamter. Oh Gott! Kann ein Mensch allein so dumm sein? Lesen, verstehen, dort drüben alles lesen, nix hier stundenlang fragen, verstehen?
Ausländer. Nix verstehen, du, bitte mir sagen, wann Zug nach Frankfurt, bitte sehr wichtig!
1. Beamter. Ich geb's auf. Karl, übernimm mal. Zug nach Frankfurt, Abfahrt. Sag's ihm. Ich kann nich mehr. Ich brauch ne Pause.

1. Beamter tritt ab. Karl, 2. Beamter, tritt auf.

Karl. Zug nach Frankfurt, Abfahrt, wer will das wissen?
Ausländer. Hier, ich, sehr eilig.
Karl. Moment, Moment, nur nich drängeln.

Längeres Blätterrascheln.

Is grad abgefahren
Ausländer. Was? Abgefahren? Ich stehe seit halbe Stunde und jetzt ist abgefahren?
Karl. Immer mit der Ruhe, in ner halben Stunde fährt wieder einer.
Ausländer. In halbe Stunde? Ja? Ganz sicher?
Karl. Ganz sicher. Alles klar dann?
Ausländer. In halbe Stunde?
Karl. In halbe Stunde.
Ausländer. Vielen Dank dann, sagt man so, ja? Vielen, vielen Dank!

Sich entfernend.

Auf Wiedersehen und vielen, vielen Dank.
Karl. Is schon gut, war nur meine Pflicht.

1. Beamter tritt wieder auf

1. Beamter. Hat er nachem Gleis gefragt?
Karl. Nee, hat er natürlich vergessen.
1. Beamter. Prima, wenn er zurückkommt, gib ihn zuerst wieder mir.
Karl. Deutschunterricht?
1. Beamter. Wie immer. Zuerst gibt's Deutschunterricht.

Motto Der Stil ist der Mensch selbst.

(G.L.L. Buffon)

Dieses Verfahren geht auf Raymond Queneau zurück, der es erstmals 1961 einer breiten Öffentlichkeit vorstellte.

Beispiel

Raymond Queneau
Stilübungen

Angaben

Im Autobus der Linie S, zur Hauptverkehrszeit. Ein Kerl von etwa sechsundzwanzig Jahren, weicher Hut mit Kordel anstelle des Bandes, zu langer Hals, als hätte man daran gezogen. Leute steigen aus. Der in Frage stehende Kerl ist über seinen Nachbarn erbost. Er wirft ihm vor, ihn jedesmal, wenn jemand vorbeikommt, anzurempeln. Weinerlicher Ton, der bösartig klingen soll. Als er einen leeren Platz sieht, stürzt er sich drauf. Zwei Stunden später sehe ich ihn an der Cour de Rome, vor der Gare Saint-Lazare, wieder. Er ist mit einem Kameraden zusammen, der zu ihm sagt: „ Du solltest dir noch einen Knopf an deinen Überzieher nähen lassen." Er zeigt ihm wo (am Ausschnitt) und warum.

Überraschungen

Wie waren wir auf dieser Autobusplattform zusammengedrückt! Und wie albern und lächerlich dieser Junge aussah! Und was macht er? Setzt er sichs doch auf einmal in den Kopf, mit einem gutmütigen Menschen zanken zu wollen, der – so behauptet er! dieser Geck! – ihn anstieß! Und darauf weiß er nichts Besseres zu tun, als rasch einen frei gelassenen Platz einzunehmen! Anstatt ihn einer Dame zu überlassen!
Zwei Stunden später, na, raten Sie mal, wem ich vor der Gare Saint-Lazare begegne? Demselben Süßholzraspler! Im Begriff, sich modische Ratschläge geben zu lassen! Von einem Kameraden! Nicht zu glauben!

Traum

Mir schien, als sei alles neblig und perlmuttern um mich her, ich nahm zahllose und undeutliche Wesen wahr, unter denen sich indes die Gestalt eines jungen Mannes abzeichnete, dessen zu langer Hals allein schon den zugleich feigen und widerspenstigen Charakter der Person anzuzeigen schien. Anstelle des Bandes trug er ein geflochtenes Seil um den Hut. Er stritt sich darauf mit einem Individuum herum, das ich allerdings nicht sah; dann stürzte er sich, wie von plötzlicher Angst gepackt, in den Schatten eines Ganges. Ein anderer Teil des Traum zeigt ihn mir in der grellen Sonne, vor der Gare Saint-Lazare wandelnd. Er ist in Begleitung eines Gefährten, der zu ihm sagt: „Du solltest dir noch einen Knopf an deinen Überzieher nähen lassen." Darüber wachte ich auf.

Variante – Der wahrhaftige Reporter

Die Schülerinnen und Schüler bekommen einen Unfallhergang oder ein anderes Geschehen aus der Sicht eines Augenzeugen mitgeteilt. Sie sollen dann im Stil verschiedener Zeitungen, Zeitschriften, Hörfunk- und Fernsehsender den Sachverhalt wiedergeben.

ANREGUNG

Suchen Sie einen kurzen Text aus einer Zeitschrift, einer Tageszeitung, einem Lesebuch oder sonstigen Quellen, den Sie für geeignet halten um stilistische Veränderungen daran auszuprobieren. Mögliche stilistische Veränderungen könnten sein:

- sondersprachliche Texte
- märchenhafte Texte
- feministische Texte
- Tagebuchaufzeichnungen
- Wahlkampfreden
- Werbetexte
- Geschäftsbriefe
- Privatbriefe
- kriminalistische Texte
- Horrortexte
- Leserbriefe
- u.a.

Motto

Das Blatt Papier schweigt weiß und leer – wie viele Wüsten kann ich füllen wie das Meer, an dessen Küsten sich das Strandgut sammelt – meine Bilder, die nur aufzuheben ich mich bücken müsste.

(Unbekannt)

Kommentar

(Arbeitsblatt 65; S. 179)

Wer anhand der Vorlage einen Paralleltext schreiben möchte, muss sich die Vorlage schon sehr genau ansehen um den Aufbau des Textes aufzunehmen. Der Schüler wird feststellen, dass die einzelnen Dinge, die Freude bereiten, nicht einfach aufgezählt, sondern auf besondere Weise geordnet sind: Geistiges steht neben Konkretem, Lebewesen neben Tätigkeiten. Dazwischen der Begriff der Dialektik.
Brecht baut mit seinem Text unter anderem auch eventuell vorhandene Erwartungen ab, die sich schnell bei Schülern festsetzen, wenn sie den Begriff „Gedicht" hören. Andererseits wird deutlich, dass das alltägliche Leben nicht nur Eintönigkeit und Zwang mit sich bringt. Diese Schreibanregung ist in besonderer Weise geeignet, Ängste, Zurückhaltung, Vorbehalte von Schülern gegenüber dem kreativen Schreiben abzubauen, da eine hohe Erfolgsquote erwartet werden kann. Sie machen zudem die Erfahrung, dass sich der Stoff in Form von Erinnerungen, Gedanken, Gefühlen und Beobachtungen einstellt, wenn man sich auf das eigene Alltagserleben einlässt.

Beispiel 1

(zu Arbeitsblatt 65; S. 179)

Elvira Sanders
Fernsehnachrichten (Schülertext)

Der letzte Blick auf den Monitor am Abend
Das verlorene junge Leben
Traurige Gesichter
Schnee, das alltägliche Grauen
Die Lageberichte
Hunde überall
Beiderseitige Stillhalteabkommen
Hoffen, Bangen
Gewehrsalven und Granateinschläge
Zerrissene Kleidung
Erleben
Plötzliche Stille
Sterben, Graben
Die letzte Reise
Gesänge
Die Taste drücken. Aus.

Beispiel 2

(zu Arbeitsblatt 65; S. 179)

Auf dem Weg zur Schule

Ein prüfender Blick durch die Wohnung
Der beinahe vergessene Autoschlüssel
Schwere Tasche
Garage, Szenenwechsel
Das Auto
Der Hund
Der Nachbar
Morgendliches Ritual
Blick auf die Uhr
Aufschließen, einsteigen
Losfahren
Überfüllte Straßen
Sprechübungen, Parkplatzsuche
Sich ärgern
Begrüßen
Fröhlich sein

Arbeitsblatt 65 (ab 11. Jahrgangsstufe, evtl. früher)

ANREGUNG

Schreiben Sie ein Parallelgedicht zu Brechts „Vergnügungen“.

Bertolt Brecht
Vergnügungen

Der erste Blick aus dem Fenster am Morgen
Das wiedergefundene alte Buch
Begeisterte Gesichter
Schnee, der Wechsel der Jahreszeiten
Die Zeitung
Der Hund
Die Dialektik
Duschen, Schwimmen
Alte Musik
Bequeme Schuhe
Begreifen
Neue Musik
Schreiben, Pflanzen
Reisen
Singen
Freundlich sein.

Arbeitsblatt 66 (ab 9. Jahrgangsstufe)

ANREGUNGEN

Welcher typische Aufbau ist im Gedicht von Adolf Berger erkennbar?
Setze die inhaltliche Aussage des Gedichts in Beziehung zu dem Titel. Was erkennst du?
Bewerte die abschließende Aussage des Textes.
Verfasse ein Parallelgedicht. Behalte die Form der Vorlage bei. Nimm jedoch andere inhaltliche Beispiele als Grundlage für die Erstellung deines Gedichts.

Beispiel

Der Vater sagt …
Die Mutter meint…
Der Lehrer äußert…
Alle wollen nur mein Bestes, denn…

Adolf Berger
Medienvielfalt

Die Zeitung schreibt,
dass wieder junge Leute
in den Tod gerast sind.
Aber das Frühstück
ist im Augenblick
wichtiger.

Das Radio meldet,
dass weiter aufgerüstet wird,
damit abgerüstet werden kann.
Aber das Kotelett
ist im Augenblick
wichtiger.

Der Fernseher zeigt,
wie Menschen sich
massenweise umbringen.
Aber das Bier
ist im Augenblick
wichtiger.

Die Flut der Ereignisse
verwischt die Gefühle
wie ein Scheibenwischer
den Dreck.

____

____

____

____

____

____

Arbeitsblatt 67 (ab 6. Jahrgangsstufe)

ANREGUNG

Schreibe ein Gedicht, bei dem gegenüber dem Beispiel von Erika Krause-Gebauer der Inhalt verändert ist. Die erste und die fünfte Zeile jeder Strophe sollen allerdings gleich lauten.

Beispiele

Ich träume mir ein Land…
Und Nachbarn gibt's…

oder

Ich wünsche mir ein Haus…
Und Menschen gibt's…

oder

Ich male mir ein Bild…

Erika Krause-Gebauer
Ich träume mir ein Land

Ich träume mir ein Land,
da wachsen tausend Bäume,
da gibt es Blumen, Wiesen, Sand
und keine engen Räume.
Und Nachbarn gibt's, die freundlich sind,
und alle haben Kinder,
genauso wild wie du und ich,
nicht mehr und auch nicht minder.

Ich träume mir ein Land,
da wachsen tausend Hecken,
da gibt es Felsen, Büsche, Strand
und kleine, dunkle Ecken.
Und Nachbarn gibt's, die lustig sind,
und alle feiern Feste,
genauso schön wie deins und meins, und keines ist das beste.

Ich träume mir ein Land,
da wachsen tausend Bilder,
da gibt es Rot und Grün am Rand
und viele bunte Schilder.
Und Nachbarn gibt's, die langsam sind,
und alles dauert lange,
genauso wie bei dir und mir,
und keinem wird dort bange.

Motto

Wir schreiben… um unser Leben zu vertiefen…
Wir schreiben, um unser Leben zweimal zu kosten:
im Augenblick und in der Rückschau… *(Anaïs Nin)*

Kommentar

(Arbeitsblatt 68; S. 183)

Das Eichendorff-Gedicht ‚Mondnacht' steht in der Tradition der Mondgedichte, denen die Vorstellung von der Natur als Schöpfung im Sinne des Christentums oder als Kosmos im Sinne der modernen Astronomie (Kepler, Newton) zugrunde liegt. Der Mond als Metapher für den Himmel im metaphysischen und kosmischen Sinn, das Mondlicht als Metapher für das reflektierte Sonnenlicht, der Kuss als Metapher für die liebende Vereinigung von Himmel und Erde, die Seele als der unsterbliche Teil des Menschen, der seine ewige Heimat findet im Himmel, die Musikalität der Sprache als Ausdruck der Harmonie und der Schönheit der Schöpfung, das Ineinander von Realis und Irrealis im syntaktischen Gefüge als Zeichen für das Ineinander von Traum und Wirklichkeit: all dies sind Kennzeichen romantischer Kunst Eichendorffs, die dem Gedicht seinen Reiz verleihen.
Ganz anders dagegen Kunerts Gedicht. Der Text ist als Gegengedicht zu Eichendorffs Gedicht konzipiert. Der Mond als nacktes Gestein mit eisiger Kälte ohne Atmosphäre, so wie ihn die amerikanischen Astronauten bei der ersten Landung auf dem Mond, die wir im Fernsehen (‚sich taumelnd bewegen') gesehen und erlebt haben, ein schauriger, abstoßender Trabant unserer Erde, grauenvolles Ziel menschlicher Eroberungslust. ‚Gleichnis ohne Erbarmen' für menschliches Bemühen, Forschen und Erobern, Ausdruck des tiefsten Pessimismus. Kunerts ‚Mondnacht' zeigt nichts von kosmischer, astronomischer Harmonie, nichts von menschlicher Sehnsucht nach Geborgenheit, nach Heimat, sondern ist Ausdruck des wahnwitzigen menschlichen Strebens ‚dorthin wo Leben unmöglich ist'.

Beispiel

(zu Arbeitsblatt 68; S. 183)

Günter Kunert
Mondnacht

Dieser leblose Klotz
Mond eisiger Nächte
der an bittere Märchen erinnert
an fremdes Gelebtsein
fern
wo die Menschen heulten
anstelle der Wölfe
über dem blassen Schnee
bis zum Schweigen darunter

Nur geborstenes Geröll
auf dem unsere Schatten
gelandet sind
und sich taumelnd bewegen
viel zu leicht
für die Last unserer Herkunft
auch dort sind wir hingelangt
wie immer dorthin
wo Leben unmöglich ist:
in Gleichnisse ohne Erbarmen

Arbeitsblatt 68 (ab 10. Jahrgangsstufe)

ANREGUNG

Schreibe zu dem folgenden Gedicht ein Gegengedicht, indem du eine realistische Sicht des Mondes aus heutiger Zeit formulierst.

Joseph v. Eichendorff
Mondnacht

Es war, als hätt' der Himmel
Die Erde still geküsst,
Dass sie im Blütenschimmer
Von ihm nun träumen müsst'.

Die Luft ging durch die Felder,
Die Ähren wogten sacht,
Es rauschten leis die Wälder,
So sternklar war die Nacht.

Und meine Seele spannte
Weit ihre Flügel aus,
Flog durch die stillen Lande,
Als flöge sie nach Haus.

Alternativtext

ANREGUNG

Schlage in der Bibel die Schöpfungsgeschichte (Genesis) nach (Altes Testament; 1. Buch Moses 1,1 – 2,4 a). Schreibe den Text um, indem du einen Gegentext verfasst, der allerdings die sieben Tage der Schöpfung wieder aufnimmt.

Kommentar

Der Text „Als Moses auf die Erde gebeamt wurde" wurde als Gegentext zur Genesis formuliert. Der Genesis-Text wird als erster Schöpfungsbericht bezeichnet. Er will keine naturwissenschaftlichen Erkenntnisse im modernen Sinne vermitteln, sondern den Menschen religiöse Wahrheiten verkünden. Gottes Tun wird dem Siebentageschema angepasst, mit dem Sabbat als Abschluss. Die damit verbundene Aussage lautet: Gott ist der Ursprung aller geschaffenen Dinge. Der Mensch ist sein Ebenbild, zur Herrschaft über die anderen Dinge und Lebewesen berufen. Der siebte Tag ist Gott und den Menschen heilig. Das in diesem Schöpfungsbericht vorausgesetzte Weltbild ist allen alten Völkern gemeinsam.
Der Verfasser dieses Gegentextes formuliert einen Vorspann, bevor er zu der von ihm formulierten Schöpfungsgeschichte kommt. Diese zeigt die technischen Errungenschaften, welche die Menschheit entwickelt hat. Diese Entwicklungen werden jedoch in ihren negativen Auswirkungen dargestellt.

Beispiele hierfür sind:
- elektrisches Licht verbraucht natürliche Ressourcen
- Kernkraftwerke hinterlassen radioaktives Material
- Abgase verschmutzen die Luft
- Seen und Flüsse sind vergiftet
- Düngemittel machen die Menschen krank
- Menschen betonieren die Natur u.a.

Einige Aussagen wirken eher flach und klischeehaft, dennoch ist der Text ein geeignetes Beispiel für einen Gegentext. Die Stärken des Textes liegen eindeutig in der gelungenen Adaption der Vorlage und der Kreativität des Autors, dem es gelingt eine Vorgeschichte zu entwickeln, die er auch innerhalb des Textes wieder sinnvoll einbindet.

Beispiel

Christian Pfistner
Als Moses aus Versehen auf die Erde gebeamt wurde

Bei der Umstellung des himmlischen Beförderungssystems auf Computer, mit dem Programm „Näher zu Dir, mein Gott", kam es zu einem Fehler.
Siebenhundertsiebenundsiebzigmilliardeneinhundertdreiundzwanzigmillionenvierhundertsechsundfünfzigtausendsiebenhundertachtundachtzig Beförderungen auf die nächsthöhere Wolke wurden erfolgreich abgeschlossen. Ausgerechnet bei der ranghöchsten Beförderung passierte das Malheur. Ein gewisser Herr Moses wurde aus Versehen statt auf die Wolke der höchsten Glückseligkeit auf die Erde „gebeamt".
Aufmerksam beobachtet er, was um ihn herum vorgeht. Er hat Grund, sich zu wundern, den Kopf ungläubig zu schütteln, ja sogar entsetzt zu sein; aber vieles versetzt ihn auch in freudiges Erstaunen. Nach erfolgreicher Behebung des Computerfehlers befindet er sich nun auf der vorgesehenen Wolke der höchsten Glückseligkeit. Von der Erschaffung der Erde in sieben Tagen und ihrem heutigen Zustand erzählt er seinen biblischen Brüdern, die bei ihm wohnen:
Am ersten Tag erschuf Gott das Licht und trennte es von der Finsternis. Die Menschen dort unten auf der Erde erfanden ein neues Licht, es macht die Nacht zum Tage und wird elektrisches Licht genannt. Man braucht nur auf einen Knopf zu drücken, und schon leuchtet es. Dafür verzehren sie den Vorrat an Kohle oder bauen Kernkraftwerke in die schöne Landschaft. Mit den Energieabfällen, giftigen Gasen und dem strahlenden Material wissen sie aber nichts anzufangen und pusten es in die sehr in Mitleidenschaft gezo-

gene Luft oder verstauen alles einfach in kilometertief gelegenen Bergwerkstollen. Die Menschen sind seit dem Bombenabwurf auf Hiroshima vom 6. August 1945 in der Lage, die Offenbarung des Johannes, sprich die Apokalypse, zu verwirklichen, bedenken aber nicht, dass es eine zweite Arche Noah nicht geben wird. Ja, sie sitzen auf einem Vulkan, ohne sich dessen bewusst zu werden, und reden dabei über die Obstbäume.
Am zweiten Tag schied Gott Wasser von Wasser. Es erhielt durch alle Zeiten alles Lebendige am Leben. Heute sind Flüsse, Seen und Meere verschmutzt und vergiftet. Das Wasser der Flüsse, mit dem wir Jesus tauften, führt Industrieabfälle mit sich. Man muss sogar befürchten, dass einem das Fleisch von den Knochen fällt, wenn man seine Füße darin kühlen möchte. Das einstmals gute Wasser wird über viele Tagesreisen transportiert, immer und immer wieder filtriert und dann mit chemischen Stoffen farblos, klar und geruchlos aufbereitet. In eigens dafür hergestellten Röhren kommt es aus den Wänden der Häuser. Auf die Äcker und Wiesen fällt Regen, den die Menschen selbst machen.
Am dritten Tag brachte das Land junges Grün hervor, alle Arten von Pflanzen, die Samen trugen, und Bäume, die auf die Erde Früchte brachten. Ihr müsstet diese Früchte sehen, riesengroß sind sie und prall voller Saft. Nichts verdorrt mehr, und kein Wurm bohrt sich in das saftige Fleisch. Dafür aber muss man auf den ausgelaugten Boden viel Düngemittel streuen und eine Unmenge von Gift gegen Ungeziefer versprühen; beides aber macht den Menschen krank.
Am vierten Tag erschuf Gott die Lichter, die am Himmelsgewölbe stehen; ein großes Licht, das über den Tag, und ein kleines Licht, das über die Nacht herrscht. Diese Lichter gibt es immer noch, aber sie stehen schon lange nicht mehr alleine am Himmelsgewölbe. Flugzeuge und Weltraumraketen fliegen jetzt um sie herum. Der Mensch ist sogar schon auf dem kleinen Licht, dem Mond, gelandet. Eine Rakete ist soeben in die Unendlichkeit aufgebrochen, und wenn wir nicht himmlisch aufpassen, entdecken sie vielleicht auch noch unsere Wolke der höchsten Glückseligkeit.
Am fünften Tag sprach Gott, das Wasser wimmle von lebendigen Wesen, und Vögel sollen über dem Land am Himmelsgewölbe dahinfliegen. Wenn man heute die Gewässer betrachtet, sieht man viele tote Fische an der Oberfläche treiben. Viele Fischarten drohen auszusterben, wenn der Mensch keine Rücksicht nimmt. Auch viele Vogelarten müssen ihre natürlichen Wohnräume verlassen, weil der Mensch, statt Naturparadiese zu schützen, lieber Betonplatten verlegt.
Am sechsten Tag erschuf Gott alle anderen Arten von Tieren, und als letztes schuf er den Menschen. Ihm übergab er seine ganze Schöpfung mit dem Auftrag, sich zu mehren und sich die Erde mit all ihren Tieren und Pflanzen zu unterwerfen. Dies scheint mir der Punkt zu sein, bei dem ihn die Menschen gründlich missverstanden haben. Statt dieses Geschenk zu hegen und zu pflegen, beuten die Menschen die Erde hemmungslos aus, vergiften die Luft, das Wasser und das Land, häufig nur des Profits wegen. Viele von ihnen leben im Überfluss, während der Nachbar verhungert. Auch haben sie kein Mitleid mehr mit ihrem Nächsten.Viele denken nicht mehr daran, dass die Güter der Erde für alle da sind.
Am siebten Tag, als er sein ganzes Werk vollbracht hatte, segnete der Herr den siebten Tag und erklärte ihn für heilig, denn an ihm ruhte Gott, nachdem er das ganze Werk der Schöpfung vollendet hatte. In großen Teilen der Welt hat man den siebten Tag, den heiligen Sonntag, schon lange abgeschafft, andere sind gerade dabei, es zu tun. Mir scheint, denen ist nichts und niemand mehr heilig. Deshalb glaube ich, dass die Menschen ihre Welt nicht mehr verstehen, und ich frage mich, die Folgen für die Umwelt und die Menschen bedenkend, wann die Menschen wohl zur Dankbarkeit, Einsicht und Zufriedenheit gelangen, um die Natur wieder in ihr Recht zu setzen, gemäß dem göttlichen Auftrag, der da lautet: „bebauet und bewahret sie."

Motto

Wir schreiben, um unser Leben zu transzendieren, um darüber hinauszugreifen,... um uns selbst zu lehren, mit anderen zu sprechen, um die Reise in das Labyrinth aufzuzeichnen,... um unsere Welt zu erweitern, wenn wir uns stranguliert fühlen, eingeengt und einsam... *(Anaïs Nin)*

Kommentar

(Arbeitsblätter 69 und 70; S. 187 und 189)

Die sprachliche Bearbeitung von Vorgängen in der Realität erfolgt immer aus einer bestimmten Perspektive. Dies kann verdeutlicht werden, indem ein Text durch Umschreiben aus einer anderen Perspektive „neu" geschrieben wird dadurch wird deutlich, dass Wirklichkeit von jeder Person anders gesehen und auch gedeutet wird. Daraus ergeben sich zudem Spielräume beim Schreiben, die von einer engen Anlehnung an den vorgegebenen Text bis zur Gestaltung eines völlig neuen Textes reichen. Die Art der gewählten Geschichte verändert die Schreibweise zum Teil bis in die Wortwahl hinein, denn es ist klar, dass die Formulierungen in einem Märchen anders lauten müssen als in einer Kriminalgeschichte oder Sciencefiction-Story. Zudem verändern sich die Handlungsorte und der Aufbau der jeweiligen Geschichte. Sprechen Sie in jedem Fall über die von den Schülerinnen und Schülern erstellten Texte.
Der Text „Beobachtungen und Gedanken des siebten Geißleins" wurde von einem Fünftklässler im Rahmen des Deutschunterrichts verfasst. Er zeigt deutlich, dass bereits Schülerinnen und Schüler dieses Alters in der Lage sind sich in andere Perspektiven zu versetzen. Allerdings müssen die Vorgaben dem Niveau der jeweiligen Jahrgangsstufe angepasst sein. Märchenmotive und Fabeln sind hier besonders geeignet.
In der Aufgabenstellung wurden „Beobachtungen" („die weiße Pfote", „das ist der große böse Wolf", „der Wolf hat sie gefunden") und „Gedanken" („Das müsste eigentlich unsere Mutter sein", „so hier bin ich vorerst in Sicherheit", „das Knarren würde er sofort bemerken") gefordert. Dies wird vom Schüler, sprachlich schon recht versiert, in vorbildlicher Weise geleistet. Im Übrigen wird die gewählte Perspektive an keiner Stelle im Text durchbrochen.
Der Schülertext „Kindergedanken" versetzt die Leserin/den Leser in die Perspektive eines Kindes. Er nimmt auf der einen Seite die Vorgaben des Wondratschek-Textes auf (z.B. Freitag, Sonnenbrille, Zeitung), andererseits werden neue Aspekte eingebracht (z.B. Schokoladeneis, Blumenkleid, Geheimnis). Zudem bringt der Verfasser am Ende ein wenig Humor in die Geschichte.
Dieser Text kann von den Lernenden leichter analysiert und auch kritisiert werden, da er nicht von einer Schülerin oder einem Schüler aus der Lerngruppe erstellt wurde. Kritisieren heißt jedoch auch hier, dass sowohl das Positive wie das Negative zur Sprache kommen sollte.
In Marvin Prantes Dialog „Kennen Sie eventuell die junge Dame?" gelingt es dem Autor die gewählte Perspektive durchzuhalten. Geschickt verpackt er das Interesse des jungen Mannes an der an einem der Tische sitzenden Dame in einem Dialog mit der Bedienung. Gleichzeitig entlarvt er das wohl unterschwellig vorhandene Interesse der Bedienung an seiner Person, indem er bemerkt, wie die Bedienung mit negativen Aussagen die Dame am Nebentisch in ein schlechtes Licht zu rücken versucht („ich glaube sie ist sehr schüchtern", „etwas hochnäsig", „mit ihrem provozierenden Gehabe", „den Kopf verdrehen"), um das Interesse des Mannes möglicherweise auf sich zu lenken. Gleichzeitig gelingt es ihm dadurch, kreativ zu arbeiten und eine neue Idee in die Handlung einzubringen.

Beispiel

(zu Arbeitsblatt 69; S. 187)

Jan Leimeier
Beobachtungen und Gedanken des siebten Geißleins (Schülertext)

Mmh, das müsste eigentlich unsere Mutter sein. Diese Stimme und die weiße Pfote, unverwechselbar. Die anderen machen ihr auch schon die Tür auf. Aber da, das ist ja gar nicht unsere Mutter, das ist der große böse Wolf. Oh mein Gott, die anderen verstecken sich schon vor ihm, jetzt muss ich mich aber auch sputen, am besten ich verstecke mich in der Standuhr. So, hier bin ich vorerst in Sicherheit. Am besten, ich öffne einen kleinen Spalt hier in der Uhr. Aber nein, das Knarren würde er sofort bemerken. Besser ist es, wenn ich durch dieses kleine Loch hier gucke. Oh nein, der Wolf hat sie gefunden und verschlingt sie jetzt. Und das Dumme ist, ich kann ihnen nicht einmal helfen, denn ich alleine bin zu schwach um gegen den Wolf zu kämpfen. Aber jetzt ist eh alles verloren, der Wolf geht ja schon wieder. Jetzt ist er weg. Alles verloren, alles vorbei. Nur ich lebe noch. Jetzt warte ich am besten auf Mutter, damit wir überlegen können, wie wir die anderen retten. Vielleicht gibt es ja doch noch einen Ausweg.

Arbeitsblatt 69 (ab 5. Jahrgangsstufe)

ANREGUNG

Versetze dich in die Situation des siebten Geißleins in dem Märchen „Der Wolf und die sieben Geißlein". Beschreibe die Beobachtungen und Gedanken des siebten Geißleins.

Beispiel 1

(zu Arbeitsblatt 70; S. 189)

Thorsten Kober

Kindergedanken (Schülertext)

Nun sitze ich hier in einem Café und langweile mich. Es ist Freitag, da geht Mama immer einkaufen und ich muss mitgehen, weil ja Ferien sind. Ich glaube, alle Kinder aus dem Kindergarten müssen jetzt mit ihren Müttern einkaufen gehen. Mama ist sauer auf mich. Ich bin letzte Woche fünf geworden und ich kann schon meinen Namen schreiben. Aber als ich vorhin meinen Namen mit dem Schokoladeneis an das große Fenster geschrieben habe, ist der Mann im blauen Anzug und dem Wischerding in der Hand ziemlich böse geworden. Mama hat mir eine Ohrfeige gegeben und der Mann sagte nur etwas von „frisch geputzt" oder so etwas. Jetzt sitze ich hier in dem Laden und beobachte die Frau neben mir am Tisch. Mama unterhält sich gerade mit einem Bekannten. Ich schaue die junge Frau neben mir die ganze Zeit an, aber sie sieht mich nicht. Sie kann mich gar nicht sehen. Sie hat ja eine Brille auf, durch die man nicht durchsehen kann. Als ich sie frage, warum sie nichts sehen will, antwortet sie nicht. Vielleicht kann sie auch nicht hören. Ihre Lippen sind überhaupt nicht so rot wie Mamas. Aber Mama malt sich ja auch immer an, bevor sie irgendwo hingeht, und ich darf dabei nie zuschauen. Warum blättert die Frau wohl in der Zeitung, wenn sie durch die Brille doch gar nichts sehen kann? Die Blumen auf ihrem Kleid sind schön, die habe ich schon einmal gesehen. Vergissmichnicht heißen sie, glaube ich. Jetzt schaut sie einmal durch das ganze Café, aber unauffällig. Als sie mich ansieht, lächle ich sie an. Aber sie sieht mich ja doch nicht. Sie hat bestimmt ein Geheimnis. Vielleicht darf sie gar nicht hier sein. Sie spielt so nervös an ihrer Tasche aus blauer Haut. Sie müsste bestimmt schon lange zu Hause sein. Ihr Kleid hat eine lange Schleife hinten dran. Ob ich wohl…, ach nein, lieber doch nicht. Ich sage Mama, dass ich Durst habe, aber ich bekomme nichts, weil sie noch immer böse auf mich ist. So teuer war das Eis nun auch nicht. Wie wohl die Augen der jungen Frau aussehen? Vielleicht grün oder blau, passend zu den Blumen. Vielleicht hat sie auch gar keine, und sie trägt die Brille, damit es keiner sieht. Ich warte einfach so lange, bis sie aufsteht und geht. Wenn sie rausgeht ohne über die Stühle zu fallen, dann hat sie doch welche.

Beispiel 2

(zu Arbeitsblatt 70; S. 189)

Marvin Prante

Kennen Sie eventuell die junge Dame? (Schülertext)

„Entschuldigen Sie… Entschuldigung." „Ja, mein Herr, womit kann ich Ihnen dienen? … Vielleicht noch einen Kaffee, oder…?" „Nein, nein. Sagen Sie, kennen Sie eventuell die junge Dame mit dem eleganten, kurzen Rock?" „Meinen Sie die Dame mit der Zigarette oder…" „Nein, die, welche gerade in ihrer Handtasche sucht." „Ach ja, ich kenne sie zwar nicht mit Namen, aber sie kommt fast täglich hierher, so um die Mittagszeit. Sind Sie an ihr interessiert?" „Nicht so laut, bitte, ich möchte nicht, dass sie von unserem Gespräch etwas mitbekommt. Aber erzählen Sie mir doch etwas mehr!" „Ich hoffe, das ist Ihnen ein gutes Trinkgeld wert?!" „Aber natürlich." „Also mir ist aufgefallen, dass sie immer einen Kaffee trinkt, freitags ab und zu schon mal einen Cognac dazu. Offensichtlich gut gekleidet; ich denke, sie arbeitet als Sekretärin oder so. Sie blättert häufig in Modejournalen oder liest Zeitung. Meistens sitzt sie allein am Tisch. Sie weist jeden ab, der sich zu ihr setzen will. Na ja, ich glaube, sie ist sehr schüchtern. Als sie sich eben hinsetzte, schlug sie sofort die Beine übereinander und setzte ihre Sonnenbrille auf. Vielleicht sogar etwas hochnäsig, so wie sie da sitzt und sich gibt, mit ihrem provozierenden Gehabe." „Wieso provozierendes Gehabe, wie meinen Sie das, etwa negativ?" „Natürlich nicht, aber es ist doch eindeutig, dass sie Männern wie Ihnen mit ihren kleinen versteckten Gesten den Kopf verdrehen will." „Gesten?" „Ja, sehen Sie jetzt zum Beispiel, sie streicht sich mit den Händen über ihre langen Beine und, da sehen Sie, jetzt fährt sie sich mit ihrer Zunge über die Lippen, angeblich um den Kaffeerand von der Oberlippe zu verwischen, aber ich sage Ihnen, alles Absicht." „Könnte es vielleicht sein, dass Sie eifersüchtig auf die Dame sind?" „Um Gottes Willen, nein, ich habe sie nicht schlecht machen wollen, wirklich nicht. Aber wenn Sie noch ein Gespräch beginnen wollen, dann müssen Sie sich beeilen, denn sie hat es immer sehr eilig." „Petra, was quasselst du denn da stundenlang. Ich habe dich zum Bedienen der Gäste eingestellt und nicht als Animierdame." „Entschuldigen Sie mich jetzt, die Pflicht ruft, und… äh… viel Glück. Ich komme ja schon."

Arbeitsblatt 70 (ab 10. Jahrgangsstufe)

ANREGUNG

Verändere den vorliegenden Text, indem du dich in die Perspektive einer anderen Person versetzt. Überlege des Weiteren, welche Art von Geschichte du schreiben möchtest, z.B. eine Kriminalgeschichte, einen Bericht, ein Märchen oder etwas anderes.

Wolf Wondratschek
Mittagspause

Sie sitzt im Straßencafé. Sie schlägt sofort die Beine übereinander. Sie hat wenig Zeit. Sie blättert in einem Modejournal. Die Eltern wissen, dass sie schön ist. Sie sehen es nicht gern.
Zum Beispiel. Sie hat Freunde. Trotzdem sagt sie nicht, das ist mein bester Freund, wenn sie zu Hause einen Freund vorstellt.
Zum Beispiel. Die Männer lachen und schauen herüber und stellen sich ihr Gesicht ohne Sonnenbrille vor.
Das Straßencafé ist überfüllt. Sie weiß genau, was sie will. Auch am Nebentisch sitzt ein Mädchen mit Beinen.
Sie hasst Lippenstift. Sie bestellt einen Kaffee. Manchmal denkt sie an Filme und denkt an Liebesfilme. Alles muss schnell gehen.
Freitags reicht die Zeit, um einen Cognac zum Kaffee zu bestellen. Aber freitags regnet es oft. Mit einer Sonnenbrille ist es einfacher, nicht rot zu werden. Mit Zigaretten wäre es noch einfacher. Sie bedauert, dass sie keine Lungenzüge kann.
Die Mittagspause ist ein Spielzeug. Wenn sie nicht angesprochen wird, stellt sie sich vor, wie es wäre, wenn sie ein Mann ansprechen würde. Sie würde lachen. Sie würde eine ausweichende Antwort geben. Vielleicht würde sie sagen, dass der Stuhl neben ihr besetzt sei. Gestern wurde sie angesprochen. Gestern war der Stuhl frei. Gestern war sie froh, dass alles sehr schnell geht. Beim Abendessen sprechen die Eltern davon, dass sie auch einmal jung waren. Vater sagt, er meine es nur gut. Mutter sagt sogar, sie habe eigentlich Angst. Sie antwortet, die Mittagspause ist ungefährlich.
Sie hat mittlerweile gelernt, sich zu entscheiden. Sie ist ein Mädchen wie andere Mädchen. Sie beantwortet eine Frage mit einer Frage. Obwohl sie regelmäßig im Straßencafé sitzt, ist die Mittagspause anstrengender als Briefeschreiben. Sie wird von allen Seiten beobachtet. Sie spürt sofort, dass sie Hände hat.
Der Rock ist nicht zu übersehen. Hauptsache, sie ist pünktlich. Im Straßencafé gibt es keine Betrunkenen. Sie spielt mit der Handtasche. Sie kauft jetzt keine Zeitung.
Es ist schön, dass in jeder Mittagspause eine Katastrophe passieren könnte. Sie könnte sich sehr verspäten. Sie könnte sich sehr verlieben. Wenn keine Bedienung kommt, geht sie hinein und bezahlt den Kaffee an der Theke. An der Schreibmaschine hat sie viel Zeit, an Katastrophen zu denken. Katastrophe ist ihr Lieblingswort. Ohne das Lieblingswort wäre die Mittagspause langweilig.

Kommentar

Der Schülertext versetzt die Leserin/den Leser in die Perspektive eines Holzwurms, eine zugegebenermaßen eher ungewöhnliche Perspektive. Der Verfasser verleiht dem Holzwurm die Fähigkeit seine Situation gedanklich zu reflektieren und in die Zukunft zu schauen. Der Text enthält einen deutlich umweltkritischen Unterton. Geschrieben in der Ich-Perspektive gelingt es somit, persönliche Betroffenheit und Erleichterung auf Seiten des Holzwurms zu veranschaulichen.

Beispiel

(zu Arbeitsblatt 71; S. 191)

Roland Manske
Sicht eines Holzwurms (Schülertext)

Endlich – die erbarmungslose Vernichtung unserer Art ist vorbei. Alles ist wieder so wie früher. Ich kann wieder tief durchatmen, denn der Gestank der Stadt wird durch den Geruch der wachsenden Bäume überwältigt. Und unsere Zukunft? Keine Wohnungsnot, kein Platzmangel, kein Hungern und kein Elend. Ja – unsere Zukunft ist gesichert. Ich kann mein Weib wieder lieben wie früher und freue mich schon darauf, im Sommer unsere Kinder spielen zu sehen, ohne mit der Angst zu leben, sie könnten von der Chemie getötet werden. Ich werde meine Arbeit als Tunnelbauer zurückerhalten und viel Geld verdienen. Das brauche ich auch, bei diesem überwältigenden Angebot von Nahrung. Und alles ohne Imprägnierung. Nur leider gibt es einen Nachteil, aber der war auch schon früher da; die Vögel kehren zurück.

Arbeitsblatt 71 (ab 9. Jahrgangsstufe)

ANREGUNG

Verändere den vorliegenden Text, indem du dich in die Perspektive eines anderen Lebewesens oder eines Baumes versetzt.
Überlege des Weiteren, welche Art von Geschichte du schreiben möchtest, z.B. eine Kriminalgeschichte, einen Bericht, ein Märchen oder etwas anderes.

Wolfgang Bächler
Stadtbesetzung

Schwarze Wälder belagern die Stadt, haben sie lautlos umzingelt. Längst haben sie Vorposten an die Einfallstraßen gestellt, Spähtrupps, Vorhuten, Fünfte Kolonnen bis in den Stadtkern geschickt. Jetzt dringen sie nachts in die Vororte ein, schlagen sie Breschen in Villenviertel, stoßen an die Ufer des Flusses, die Böschungen der Kanäle vor und säumen alle Gewässer ein.
Pappelkolonnen sperren die Straßen ab, gliedern die Alleebäume ein, schließen zu dichteren Reihen auf, marschieren im Gleichschritt weiter. Tannen und Eschen befreien Gefangene in den Gärten und Parks, Friedhöfen und Hinterhöfen. Eichen und Buchen besetzen die Kreuzungen, Knotenpunkte, die großen Plätze, verbrüdern, verschwistern sich mit den Ulmen, Linden, Kastanienbäumen, sprengen die Ketten parkender Autos, drängen die Baumaschinen, Bauzäune, Grundmauern, Gerüste, Geländer zurück, schlagen Wurzeln in Gruben und Gräben.
Fichten umstellen die Amtsgebäude, das Rathaus, den Rundfunk, den Bahnhof, die Polizeiinspektionen, Gericht, Gefängnis, das Arbeits- und das Finanzamt. Die Pappelfront hat die Kaserne erreicht, verteilt sich um die Gebäude. Ahornbäume füllen die Lücken, schreiten durchs Tor in den Hof. Machtlos klettern die Wachen mit ihren Gewehren die Äste hinauf in die Kronen, sehen vor lauter Bäumen die Stadt nicht mehr.
Geräuschlos, kampflos, ohne Verluste haben die Wälder die Stadt besetzt, erobern sie Heimatboden zurück, besiegen sie Steine, Stahl und Beton, verdrängen Verdrängte ihre Verdränger.

Arbeitsblatt 72 (ab 11. Jahrgangsstufe)

ANREGUNG

Versetzen Sie sich in die Situation des Mannes. Beschreiben Sie, was ihm durch den Kopf geht, bevor er sich selbst tötet.

Jürg Amann
Nachtasyl

Weil auf dem Afrikaner, der also offenbar illegal in unser Land einreisen will, nach seiner Landung in Zürich-Kloten bei der Personenkontrolle keine Papiere gefunden werden und er sich auch nicht verständlich machen kann, warum er zum Beispiel in unser Land hereinkommen will, in einer unserem Zollpersonal von Ferne bekannten Sprache, wird er, bis zur Abklärung des Falles bei der zuständigen höheren Stelle, vorübergehend in eine Abstellkammer des Flughafengebäudes eingeschlossen. Es ist alles da, was er braucht: Bett, Eimer, Warm- und Kaltwasser. Aber weil man ihm ja nichts Näheres, seine Umstände Betreffendes erklären kann, insbesondere nicht das Vorübergehende an ihnen, das offenbar auch gar nicht für wünschenswert hält, jedenfalls keinen Dolmetscher beizieht, der mit ihm sprechen könnte, und er also nicht wissen kann, was das alles bedeutet, hängt er sich über Nacht auf. So dass sich sein Fall also von selber erledigt.

Variante 1 Prominenten-Dialog

ANREGUNG

Es können sich durchaus sinnvolle Dialoge ergeben, wenn interessante Persönlichkeiten des öffentlichen Lebens aufeinander treffen. Aber worüber könnten sie sprechen? Über das Wetter, über die politische Großwetterlage, über das letzte Sportereignis oder...?
Lassen Sie ihren Vorstellungen freien Lauf; je weniger Sie sich an die üblichen Vorstellungen halten, je interessanter dürfte der Text ausfallen. Sie könnten ein lockeres Plaudergespräch führen lassen oder ein provokantes Interview führen. Stellen Sie sich vor, was Alice Schwarzer den Papst fragen würde oder Steffi Graf mit Steven Spielberg zu besprechen hätte.

Alternative

Jeder Teilnehmer schreibt auf Karteikarten zwei bekannte Personen oder Figuren auf. Alle Karten werden in einem Topf gesammelt und anschließend neu verteilt. Aus einem weiteren Topf wird die jeweilige Dialogform hinzugelost. Beispiele für mögliche Dialogformen sind: Verhör, Streitgespräch, Interview, Unterhaltung in einer Kneipe, Liebesgeflüster beim Tanz, Einstellungsgespräch u.v.m. Diese Dialoge können auch hervorragend zu zweit geschrieben werden. Diese Schreibanregung fordert vom Schreibenden ein hohes Maß an Einfühlungsvermögen in die jeweilige Situation und Person. Neben biografischen Bezügen muss auch der historische und stilistische Zusammenhang immer mit bedacht werden.

Variante 2 Prominenten-Geschichte

ANREGUNG

Wer lieber Geschichten schreibt, kann prominente Personen in anderer Weise in Verbindung bringen, z.B. durch zufällige Begegnungen an selbst zu wählenden Orten, und dann beschreiben, was sich anbahnt, ereignet oder auch nicht ereignet.
Die Geschichten können auch in Verbindung mit oder unter Comicfiguren (Dagobert Duck, Lucky Luke, Batman u.a.) stattfinden. Daraus ergeben sich interessante Möglichkeiten aus der Wirklichkeit auszubrechen und Traumwelten zu gestalten.

Variante 3 Gegenstände erzählen

ANREGUNG

Die Vorstellung, Gegenstände, Materialien u.ä. „lebendig" werden zu lassen oder Gegenstände miteinander in Verbindung treten zu lassen, eröffnet neue Perspektiven. Warum sollte sich nicht ein Tennisball über die gefühllose, unsensible Behandlung durch das Tennisracket beschweren? Was könnte einem Turnschuh bei einem Marathonlauf an Fuß und Straße nicht gefallen? Warum liebt das T-Shirt gerade das Parfum von xy? Vielleicht gelingt es Ihnen einen Gegenstand zum Erzählen zu bewegen.
Der Text „Geschichte einer Tasse" von Andreas Sträter ist lediglich ein Beispiel, das nach dieser Vorgabe entstanden ist. Auch dieses kann natürlich wieder als Ausgangspunkt für eine Schreibaufgabe genommen werden.
Die eher zufällige Begegnung von Gegenständen ist ein klassisches Beispiel für das von Surrealisten entdeckte Phänomen, dass die Annäherung von zwei scheinbar wesensfremden Elementen auf einem ihnen wesensfremden Plan (z.B. ein Rasenmäher und eine Ananas treffen sich im Operationssaal) die stärksten poetischen Zündungen provoziert (Max Ernst). Als Grundlagenmaterial dienen drei Lostöpfe mit entsprechenden Gegenständen und Ortsangaben, sodass zufällige Kombinationen entstehen.

Beispiel

Andreas Sträter
Geschichte einer Tasse (Schülertext)

Meine Geschichte begann irgendwo in einer stinkenden dunklen Halle, irgendwo in einer grauen leblosen Stadt. Damals war ich noch Teil einer breiigen Masse, die bereit zur Verarbeitung in einer Ecke stand. Man sprach davon, dass wir in eine große Maschine gesperrt werden sollten, die heiß und kräftig war. Mein Traum war es, Teil eines wunderschönen Teeservice zu werden. Teller wäre schon gut, noch besser wäre natürlich Tasse, die Krönung wäre Teekanne. Wie sich aber später herausstellte, war mein Dasein dazu bestimmt, eine normale Kaffeetasse zu sein.
Ich akzeptierte meine Form und hoffte, irgendwann einmal eine nette Untertasse kennen zu lernen, um mit ihr eine Familie zu gründen.

Als ich der großen Maschine entkommen konnte, wurde ich von einem Mann in eine Kiste gelegt und es wurde dunkel um mich herum, als sich der Deckel schloss. Eine ganze Zeit lang passierte gar nichts. Mal ruckelte es ein wenig, aber sonst konnte ich meine Situation nicht deuten. Plötzlich, nach Tagen der Ungewissheit, öffnete sich die Kiste und eine Frau mit weichen, zarten Händen nahm mich hoch, wischte mit einem Tuch den Staub von mir und stellte mich in ein Regal.
Von hier konnte ich alles überblicken. Ich befand mich in einem großen Raum mit vielen Menschen, die an Tischen saßen und sich unterhielten. Einige von ihnen saßen aber auch allein und lasen in irgendwelchen Zeitungen oder beobachteten einfach nur die anderen Leute. Fast alle hielten einen meiner Kollegen in der Hand. Sie tranken aus ihnen eine komisch braune, dampfende Flüssigkeit.
Plötzlich wurde ich aus dem Regal genommen. Dieselbe Frau, die mich eben noch so liebevoll aus der Kiste hob, füllte mich nun mit dieser ekelig braunen Flüssigkeit und verkuppelte mich einfach so mit irgendeiner Untertasse. Beim näheren Hinsehen war es eine bildhübsche Untertasse und es war Liebe auf den ersten Blick. Während die Frau uns durch den Raum balancierte, hatte ich Gelegenheit der Untertasse meine Liebe zu gestehen. Gerade wollte sie antworten und ich war so nervös, dass mir fast der Henkel abfiel, da stolperte diese blöde Kellnerin über die Füße einer Frau im Minirock. Ich konnte meinen Inhalt nicht halten und bekleckerte die Untertasse mit der braunen Brühe. Völlig entrüstet erklärte sie mir darauf ihre Abneigung.
Nur mein Freund, der Zuckertopf, konnte mich durch gutes Zureden davon abhalten, mich später aus dem Regal zu stürzen.
So stehe ich also auch heute noch in dem Regal und verrichte Tag für Tag meine Arbeit. Die Untertasse hat mir nie verziehen und ist inzwischen mit einer eingebildeten Teetasse verheiratet. Außer einigen „one-night-stands“ hatte ich nie wieder ein Verhältnis zu jemand.

Variante 4 Fantasiereise

Auf eine Wandzeitung werden z.B. die Wörter „Sportschuh“, „Papierkorb“ und „Autoreifen“ geschrieben. Die Schüler schließen die Augen bzw. schauen auf die Wandzeitung. Um Assoziationen zu erhalten gibt die Lehrperson einige Sätze als Gedankenanstoß vor.

- Wir unternehmen jetzt eine Fantasiereise. Wir stellen uns vor ein Autoreifen zu sein.
- Ich schaue mich als Autoreifen an. Wie sehe ich aus?
- Wie fühle ich mich als Autoreifen?
- Was ist meine Aufgabe? Gefällt sie mir?
- Nun lösen wir uns von unserem Autoreifen-Dasein. Ein Kind mit Sportschuhen läuft vorbei. Wir werden ein Sportschuh.
- Ich fühle mich als Sportschuh (usw.; ebenso als Papierkorb)
- Nun stelle ich mir wieder vor Sportschuh zu sein. Ich unterhalte mich mit dem Autoreifen. Was sage ich ihm?
- Jetzt mischt sich auch noch der Papierkorb ein. Was sagt er zum Autoreifen und zum Sportschuh?
- Nun ist die Fantasiereise zu Ende.

ANREGUNG

Schreiben Sie einen Text, in welchem Sie die Gedanken und/oder Gespräche zwischen den Beteiligten einbinden. Es muss nicht alles verwendet werden, was als Gedankengang vorhanden war.

Literaturhinweise

Texte, die ein Geschehen aus verschiedenen Perspektiven beschreiben, sind beispielsweise:
Wilder, Thornton: Die Brücke von St. Louis Rey
Marquez, Gabriel Garcia: Chronik eines angekündigten Todes

Parodien schreiben

Motto Erfahrung ist immer eine Parodie auf die Idee.

(Sprichwort)

Kommentar

Der Begriff „Parodie“ stammt aus der griechischen Sprache und könnte mit dem Wort „Gegengesang“ übersetzt werden. Heutzutage wird unter einer Parodie ein Text verstanden, der in spielerischer, kritischer und/oder sogar spöttischer Weise einen bereits bekannten und vorliegenden Text nachahmt (das Parodieren von Personen, wie z.B. bekannten Sportlern oder Politikern, sei hier einmal ausgenommen).
Objekt der Parodie ist in den neuzeitlichen Formen jedoch nicht nur das parodierte literarische Werk selbst, sondern häufig ein kritikwürdiges Problem innerhalb der Gesellschaft.
Kennzeichnend für jede Art von Parodie ist die Beibehaltung der äußeren Form (z.B. der Gedichtstruktur) unter gleichzeitiger Veränderung der inhaltlichen Aussage. Die Parodie kann sich in verschiedenen Textsorten zeigen, sogar als sprachlich-bildliche Mischform.

Möglichkeiten für parodierende Veränderungen und parodistische Effekte sind:
- die Vorlage im Sinne einer Aktualisierung verändern und dabei Personen oder gesellschaftliche Umstände kritisieren
- die Vorlage insgesamt verulken
- einzelne Elemente ins Gegenteil verdrehen (zum Beispiel das Aussehen der Personen, ihre Eigenschaften und anderes)
- Überschriften bekannter Werke verändern
- Werbeslogans verändern
- Bilder aus Zeitungen und Zeitschriften mit bekannten Personen des öffentlichen Lebens verfremden, indem man sie mit komisch wirkenden Sprechblasen aus anderen Zusammenhängen versieht

ANREGUNG

Parodiere doch einmal Filmtitel, Musiktitel, Wetterregeln, Redensarten oder Werbesprüche. Verändere ihren Inhalt nur so weit, dass das Original noch erkennbar ist.

Beispiele

„Der mit dem Wolf tanzt“ (Filmtitel)

„Der mit dem Volt tanzt“ (Parodie)
(Publikumsliebling Kevin Rohkostner zeigt in diesem spannungsgeladenen Indianerfilm, dass man nicht zu sehr unter Strom stehen sollte, wenn man noch ein Bein vors andere setzen will – sonst kriegt man leicht eine gewischt).

„Ein unmoralisches Angebot“ (Filmtitel)

„Ein physikalisches Angebot“ (Parodie)
(Robert Renntfort bietet Roger und Remmi-Demmi Moore eine Million Volt an, wenn er ihnen nur für eine Nacht die Lampen ausknipsen darf. Zu spät geht den beiden ein Licht auf).

„Is' wat, Doc?“ (Filmtitel)

„Is' Watt, Doc?“ (Parodie)
(Barbara Treibsand in einer frühen Glanzrolle als stromlinienförmige Rächerin der Unterbelichteten in den Straßen von San Franzbranntwein).

„Autos zum Leben... von Renault“ (Werbeslogan)

„Autos zum Sterben, freun sich die Erben, sind schon froh“ (Parodie)

Variante

ANREGUNG

Auch Märchen eignen sich in besonderer Weise zum Parodieren. Suche dir ein kurzes Märchen deiner Wahl und schreibe es um, sodass eine komische, lustige oder sogar völlig unerwartete Wendung in die Märchenhandlung hineinkommt.

Beispiel
(zu Arbeitsblatt 73; S. 197)

Parodie zu „Frühlings Ankunft“

Dieter Höss
Touristen-Lied

Alle Nachbarn sind schon da,
unsre Nachbarn alle.
Ob in Nizza, ob in Cannes,
ob in Rom, ob in Meran,
sitzen Schmitz’ von nebenan
schon mit lautem Singen.

(...)

Arbeitsblatt 73 (ab 8. Jahrgangsstufe)

ANREGUNG

Schreibe eine Parodie zum folgenden Text. Verändere dabei den Inhalt, aber behalte den formalen Aufbau weitgehend bei.

August Heinrich Hoffmann von Fallersleben
Frühlings Ankunft

Alle Vögel sind schon da,
Alle Vögel, alle!
Welch ein Singen, Musiziern,
Pfeifen, Zwitschern, Tiriliern!
Frühling will nun einmarschiern,
Kommt mit Sang und Schalle.

(…)

Arbeitsblatt 74 (ab 9. Jahrgangsstufe)

ANREGUNG

Schreibe eine Parodie zum folgenden Text. Verändere dabei den Inhalt, aber behalte den formalen Aufbau weitgehend bei.

Hermann Hesse
Im Nebel

Seltsam, im Nebel zu wandern!
Einsam ist jeder Busch und Stein,
Kein Baum sieht den andern,
jeder ist allein.

Voll von Freunden war mir die Welt,
Als noch mein Leben licht war;
Nun, da der Nebel fällt,
Ist keiner mehr sichtbar.

Wahrlich keiner ist weise,
Der nicht das Dunkel kennt,
Das unentrinnbar und leise
Von allen ihn trennt.

Seltsam, im Nebel zu wandern!
Leben ist Einsamsein.
Kein Mensch kennt den andern,
jeder ist allein.

Beispiel

(zu Arbeitsblatt 75; S. 199)

Thorsten Winning

Prominent gesprochen (Schülertext)

Wär ich Reinhold Messner ich kletterte
in einer steilen Wand
und wär ich Erich Honecker ich flüchtete
in ein anderes Land.

Wär ich Steffi Graf ich gäbe
mein Geld für eine neue Nase aus
und wär ich Hannelore Kohl ich hielte
es mit Helmut nicht mehr aus.

Wär ich Prinz Charles mir stünden
meine Ohren nicht so ab
und wär ich Heino ich nähme
meine Brille mit ins Grab.

Kommentar

(Arbeitsblatt 76; S. 199)

Der Text „TV-Kleinhirn" (s.u.) weist Gemeinsamkeiten mit dem Original auf. Zum einen ist er gekennzeichnet durch die identische Strophenform und den gleichen Reim. Dies sind die unabdingbaren Voraussetzungen für einen Parodietext, der in der äußeren Form dem Original entsprechen muss. Die Gemeinsamkeiten erstrecken sich ebenso auf die Wortwahl („Blick", „Vorübergehen", „müd", „tausend", „keine Welt" „weiche", „allerkleinste", „nur manchmal") und sogar auf die Pause, die durch den Gedankenstrich verdeutlicht wird. Zudem ist dem lyrischen Sprecher deutlich, dass er in einer Abhängigkeit von diesem Medium steht, also in gewisser Hinsicht auch „gefangen" ist. Die Monotonie der Vorlage ist ebenso deutlich auch in dieser Parodie zu spüren. Gravierende Unterschiede werden deutlich, da der erklärende Zusatz nicht vorhanden ist. Im Mittelpunkt steht nicht das Tier, sondern ein Mensch, der allerdings auch „betäubt" ist.

Beispiel

(zu Arbeitsblatt 76; S. 199)

Michael Benke

TV-Kleinhirn

Mein Blick ist vom Vorübergehn an Schirmen
so müd geworden, dass er nichts mehr hält.
Mir ist, als ob sich tausend Schirme türmen
und hinter tausend Schirmen keine Welt.

Der weiche Sound verwirrend vieler Klänge,
der flott in allerkleinste Ohren geht,
ist das Programm für eine breite Menge,
in der betäubt der große Bruder steht.

Nur manchmal fällt mir auf den Monitoren
ein bisschen auf. Dann prägt ein Bild sich ein,
dringt in der Augen angespannte Poren
und hört im Kleinhirn auf zu sein.

Arbeitsblatt 75 (ab 11. Jahrgangsstufe)

ANREGUNG

Verfassen Sie eine Parodie zum folgenden Text. Behalten Sie die äußere Form exakt bei, verändern Sie aber die inhaltliche Aussage. Falls Sie Spaß daran finden, suchen Sie sich selbst einen geeigneten Text zum Parodieren.

Ulla Hahn
Bildlich gesprochen

Wär ich ein Baum ich wüchse
dir in die hohle Hand
und wärst du das Meer ich baute
dir weiße Burgen aus Sand.

Wärst du eine Blume ich grübe
dich mit allen Wurzeln aus
wär ich ein Feuer ich legte
in sanfte Asche dein Haus.

Wär ich eine Nixe ich saugte
dich auf den Grund hinab
und wärst du ein Stern ich knallte
dich vom Himmel ab

Arbeitsblatt 76 (ab 11. Jahrgangsstufe)

ANREGUNG

Verfassen Sie eine Parodie zum folgenden Text. Behalten Sie die äußere Form exakt bei, verändern Sie aber die inhaltliche Aussage. Falls Sie Spaß daran finden, suchen Sie sich selbst einen geeigneten Text zum Parodieren.

Rainer Maria Rilke
Der Panther

(Im Jardin des Plantes, Paris)

Sein Blick ist vom Vorübergehn der Stäbe
so müd geworden, dass er nichts mehr hält.
Ihm ist, als ob es tausend Stäbe gäbe
und hinter tausend Stäben keine Welt.

Der weiche Gang geschmeidig starker Schritte,
der sich im allerkleinsten Kreise dreht,
ist wie ein Tanz von Kraft um eine Mitte,
in der betäubt ein großer Wille steht.

Nur manchmal schiebt der Vorhang der Pupille
sich lautlos auf. – Dann geht ein Bild hinein,
geht durch der Glieder angespannte Stille –
und hört im Herzen auf zu sein.

Beispiel
(zu Arbeitsblatt 77; S. 201)

Ralph Baumann
Noch eine Parodie mit Küsschen

Wenn irgendein abgearbeiteter, des Lernens müder Schüler in der Schule vom heimtückisch grinsenden Lehrer monatelang ohne Unterbrechung zum Schwitzen und Stöhnen gebracht würde, an der Tafel stehend, denkend und innerlich fluchend sich die schweißnassen Hände abwischend, und wenn dieses grausige Spiel unter dem Schimpfen des Lehrers und dem Lächeln mancher Mitschüler sich in die immerfort weiter sich öffnende graue Zukunft fortsetzte, begleitet vom vergehenden und neu anschwellenden Stöhnen des Lehrers, das wie ein Dampfhammer wirkt, und von den unbarmherzigen Erwartungen der Eltern – vielleicht eilte dann eine mitleidige, hübsche Schulsprecherin durch das Schulhaus, stürzte zur Tür herein, ginge zum Pult des Lehrers und riefe das Halt! durch die Posaunen der immer sich anpassenden Oberstufenklasse.
Da es aber nicht so ist, ein Schüler, sportlich und elegant, an die Tafel geht, die zuvor vom Lehrer aufgeklappt; der Lehrer, hingebungsvoll seine Augen suchend, die Frage vorliest; den Schüler vorsorglich zu beruhigen versucht, als wäre er sein eigener Sohn; sich nicht entschließen kann, ihm einen Fehler anzurechnen; die lachenden Mitschüler in Tierhaltung darniederhaltend, schließlich in größter Selbstüberwindung und schweren Herzens die Antwort als doch noch zum Teil richtig abhakt, die nächste Frage vorliest und den jungen Burschen dabei zittern sieht; die an die Tafel geschriebene Antwort mit leichter Hand korrigiert; vor der allerletzten Frage die Klasse mit erhobenen Händen beschwört, sie möge schweigen, denn jetzt komme der große Salto mortale der Wissenschaft, schließlich den Schüler zu sich ruft, um ihn, seine Backen küssend und keine Huldigung der Mitschüler für genügend erachtend, über seine schwachen Leistungen hinwegzutrösten, während der Schüler selbst mit ausgebreiteten Armen und zurückgelehntem Kopf auf seinen Platz zurückwankt – da dies so ist, legt der argwöhnisch ins Klassenzimmer gestürmte Direktor das Gesicht auf das Katheder und, beim Pausengong wie in einen schweren Traum versinkend, weint er, ohne es zu wissen.

Arbeitsblatt 77 (ab 11. Jahrgangsstufe)

ANREGUNG

Verfassen Sie eine Parodie zum folgenden Text. Behalten Sie die äußere Form exakt bei, verändern Sie aber die inhaltliche Aussage. Falls Sie Spaß daran finden, suchen Sie sich selbst einen geeigneten Text zum Parodieren.

Franz Kafka
Auf der Galerie

Wenn irgendeine hinfällige, lungensüchtige Kunstreiterin in der Manege auf schwankendem Pferd vor einem unermüdlichen Publikum vom peitschenschwingenden erbarmungslosen Chef monatelang ohne Unterbrechung im Kreise rundum getrieben würde, auf dem Pferde schwirrend, Küsse werfend, in der Taille sich wiegend, und wenn dieses Spiel unter dem nichtaussetzenden Brausen des Orchesters und der Ventilatoren in die immerfort weiter sich öffnende graue Zukunft sich fortsetzte, begleitet vom vergehenden und neu anschwellenden Beifallsklatschen der Hände, die eigentlich Dampfhämmer sind – vielleicht eilte dann ein junger Galeriebesucher die lange Treppe durch alle Ränge hinab, stürzte in die Manege, riefe das Halt! durch die Fanfaren des immer sich anpassenden Orchesters.
Da es aber nicht so ist; eine schöne Dame, weiß und rot, hereinfliegt, zwischen den Vorhängen, welche die stolzen Livrierten vor ihr öffnen; der Direktor, hingebungsvoll ihre Augen suchend, in Tierhaltung ihr entgegenatmet; vorsorglich sie auf den Apfelschimmel hebt, als wäre sie seine über alles geliebte Enkelin, die sich auf gefährliche Fahrt begibt; sich nicht entschließen kann, das Peitschenzeichen zu geben; schließlich in Selbstüberwindung es knallend gibt; neben dem Pferde mit offenem Munde einherläuft; die Sprünge der Reiterin scharfen Blickes verfolgt; ihre Kunstfertigkeit kaum begreifen kann; mit englischen Ausrufen zu warnen versucht; die reifenhaltenden Reitknechte wütend zu peinlichster Achtsamkeit ermahnt; vor dem großen Salto mortale das Orchester mit aufgehobenen Händen beschwört, es möge schweigen; schließlich die Kleine vom zitternden Pferde hebt, auf beide Backen küsst und keine Huldigung des Publikums für genügend erachtet; während sie selbst, von ihm gestützt, hoch auf den Fußspitzen, vom Staub umweht, mit ausgebreiteten Armen, zurückgelehntem Köpfchen ihr Glück mit dem ganzen Zirkus teilen will – da dies so ist, legt der Galeriebesucher das Gesicht auf die Brüstung und, im Schlussmarsch wie in einem schweren Traum versinkend, weint er, ohne es zu wissen.

Motto Der ist glücklich genug, der keine Zeit hat unglücklich zu sein.

(Sprichwort)

Kommentar

(Arbeitsblatt 78; S. 203)

In dem Buch „Der Papalagi" (Reden des Südseehäuptlings Tuiavii aus Tiavea) beschreibt ein (fiktiver) Südseeindianer die westliche Zivilisation, die er als Reisender kennenlernte, für seine Stammesgenossen. Er benennt dabei die Gegenstände und Handlungen, die für uns selbstverständlich sind, in bildhafter Weise, da er nur auf diese Art seinem Volk vermitteln kann, was in der westlichen Zivilisation vorgeht.
Die vom Südseehäuptling gewählte Sprache verfremdet das für uns Alltägliche und zwingt uns dazu, das eigentlich Selbstverständliche so zu betrachten, als hätten wir es noch nie gesehen. Die Erarbeitung der sprachlichen Mittel und ihre Intention schafft die Grundlage für Texte, die von Schülern selbst geschrieben werden. Die bildhaften Beschreibungen unserer zivilisatorischen Gegebenheiten sollten von den Schülerinnen und Schülern in Gruppen erstellt werden.

ANREGUNG

Stelle dir vor, du würdest innerhalb weniger Sekunden in eine andere Zeit oder eine andere Umgebung, die dir völlig unbekannt ist, versetzt. Du erlebst in jener Zeit und den entsprechenden Orten, was im alltäglichen Leben vor sich geht. Schreibe auf

- über welche Sorgen und Nöte sich die Menschen unterhalten
- wie der Tagesablauf der Menschen aussieht
- welche Arbeit und welche Freizeitbeschäftigungen ausgeführt werden
- wovon die Menschen träumen und welche Wünsche sie haben
- u.a.

Arbeitsblatt 78 (ab 8. Jahrgangsstufe)

ANREGUNG

In dem Buch „Der Papalagi“ (Reden des Südseehäuptlings Tuiavii aus Tiavea) beschreibt ein Südseeindianer die westliche Zivilisation, die er als Reisender kennen lernte, für seine Stammesgenossen. Er benennt dabei Gegenstände und Handlungen, die für uns selbstverständlich sind, in bildhafter Weise, da er nur auf diese Art seinem Volk vermitteln kann, was in der westlichen Zivilisation vorgeht.

Schreibe einen Text in der Sprache des Südseehäuptlings. Ein Textbeispiel aus dem Buch findest du auf der nächsten Seite abgedruckt.

Mögliche Themen könnten sein:
- eine Fahrt mit dem Auto
- der Unterricht in der Schule
- eine Flugreise
- der Aufenthalt in einem Tenniscenter
- der Einkauf in einem Supermarkt
- das Spielen am Computer
- ein Kinobesuch
- der Besuch einer Musikveranstaltung
- u.a.

Beispiel
(zu Arbeitsblatt 78; S. 203)

Sven Reuter
Der Häuptling im Kaufhaus (eine neue Papalagi-Geschichte)

Wie ich euch bereits berichtete, hat der Papalagi viele Dinge, die selbst der Dümmste unseres Stammes als nutzlos erkennt. Doch der Papalagi meint in seiner Verrücktheit, sie seien lebenswichtig für ihn.
Es gibt besondere Truhen, in denen er sein schweres Papier und rundes Metall gegen Dinge tauscht. Diese Truhen nennt der Papalagi ‚Kaufhäuser'. Dort leben Stämme, die den anderen Papalagis die Möglichkeit geben, ihr rundes Metall und schweres Papier gegen Dinge einzutauschen. Meistens kann man Mitglieder dieser Stämme an ihren Lendentüchern oder an einem Papier, auf dem auch ihr Name steht und das sie sich an die Brust heften, von den normalen Papalagis unterscheiden. Es gibt viele solcher Kaufhausstämme, deren Namen über den breiten Eingängen der Steintruhen, durch die Papalagis wie ein wilder Bach strömen, stehen. Sie tragen Namen wie Horten, Aldi, Karstadt oder Wertkauf. Da sie den anderen Papalagis die Dinge verkaufen, die diese für lebenswichtig halten, müssen diese Stämme sehr mächtig sein.
Wenn man ein solches Kaufhaus betritt, befindet man sich in einem riesigen Raum, in dem viele unserer Hütten Platz hätten. Dort sieht man viele Papalagis, die zwischen Platten und Ästen, auf denen viele Dinge liegen, hin- und herlaufen. Manchmal glaubt man, zwischen diesen Papalagis, die wie Ameisen in dieser Truhe herumlaufen, zerdrückt zu werden. Von der Decke strahlt ein Licht, so hell wie der Tag, wodurch es in den Kaufhäusern nie Nacht wird. Ich vermute, dass die Papalagis dort eine Sonne gefangen halten.
In diesen Kaufhäusern kann der Papalagi alles kaufen, was sein krankes Herz begehrt: Lendentücher in den verschiedensten Farben, schreiende Kisten und andere magische Dinge, mehr Bücher, als ein Mensch in seinem Leben lesen kann, und vieles mehr.
Besonders fielen mir die Zeitmesser des Papalagi auf. Er scheint diese als Talisman zu verwenden, der ihm helfen soll, mehr Zeit zwischen Sonnenauf- und -untergang zu bekommen, als möglich ist. Obwohl das unmöglich ist, sind dem Papalagi diese Zeitmesser, die aussehen wie Muscheln mit zwei kleinen Ästen in der Mitte, viel seines schweren Papiers wert.
Aber die Truhe ist noch größer, als sie zu Anfang scheint.
Betritt man einen wandernden Pfad, der nach oben führt, oder einen magischen Raum, kommt man in einen neuen Raum, der genauso groß ist wie der erste und über diesem liegt. Von diesen riesigen Räumen gibt es vier und mehr in einem Kaufhaus.
Doch die magischen Räume, von denen ich erzählte, sind reine Zauberei! Man betritt sie und drückt auf ein kleines, leuchtendes Stück der Wand. Dann schließt sich der Eingang. Während man noch fürchtet, wie ein Tier in die Falle gegangen zu sein, wackelt der Raum ein wenig, und kurz danach öffnet sich der Eingang wieder. Erschrocken, aber froh über die wiedergewonnene Freiheit stellt man fest, dass man nicht in dem Raum ausgestiegen ist, in dem man eingestiegen ist!
In all diesen Räumen werden Dinge angeboten, manchmal sogar wichtige Dinge wie Essen. Für alles muss der Papalagi bezahlen, überall sitzen Mitglieder des Kaufhaus-Stammes und verlangen Geld.
Sie sitzen hinter einem Ungeheuer aus Metall. Wenn sie auf eine Stelle dieses Ungeheuers drücken, öffnet es schreiend sein Maul, worauf ihm rundes Metall und schweres Papier hineingesteckt werden. Dieses Geld frisst es jedoch nicht, denn es würde wohl dafür bestraft werden, sondern behält es im Maul, bis es wieder herausgenommen wird.
Eine Ehrensache das Papalagis ist es, für alles zu bezahlen, was er nimmt. Tut er dies nicht, verstößt er gegen die Sitten des Kaufhausstammes. Um solche Verstöße bestrafen zu können, benutzen die Papalagis magische Augen, die von der Decke hängen und alles sehen. Hat ein solches Auge einen Frevler entdeckt, kommt ein Kaufhaus-Papalagi, der versucht, wie alle anderen auszusehen, und bringt ihn weg, um ihn zu bestrafen.
Aber mein Kopf wird mir schon schwer von den vielen sinnlosen Dingen, dem Gedränge, der Magie und dem Lärm.
Ich verlasse jetzt diesen Ort des Wahnsinns, und ich kann euch nur warnen, Stammesbrüder und -schwestern, vor diesen Kaufhäusern. Nie soll der mächtige Stamm der Wertkaufs auf unserer Insel ein Kaufhaus errichten, denn alles, was es dort zu kaufen gibt, ist für unseren Kopf nichts als schwere Steine!

Der Papalagi (Originaltextauszug)

Erich Scheurmann **Vom runden Metall und schweren Papier**

Ohne Geld bist du in Europa ein Mann ohne Kopf, ein Mann ohne Glieder. Ein Nichts. Du musst Geld haben. Du brauchst das Geld wie das Essen, Trinken und Schlafen. Je mehr Geld du hast, desto besser ist dein Leben. Wenn du Geld hast, kannst du Tabak dafür haben, Ringe oder schöne Lendentücher. Du kannst so viel Tabak, Ringe oder Lendentücher haben, als du Geld hast. Hast du viel Geld, kannst du viel haben. Jeder möchte viel haben. Darum will auch jeder viel Geld haben. Und jeder mehr als der andere. Darum die Gier danach und das Wachsein der Augen auf Geld zu jeder Stunde. Wirf ein rundes Metall in den Sand, die Kinder stürzen darüber, kämpfen darum, und wer es greift und hat, ist der Sieger, ist glücklich. – Man wirft aber selten Geld in den Sand.

Sprich einem Europäer vom Gott der Liebe – er verzieht sein Gesicht und lächelt. Lächelt über die Einfalt deines Denkens. Reich ihm aber ein blankes, rundes Stück Metall oder ein großes, schweres Papier – alsogleich leuchten seine Augen, und viel Speichel tritt auf seine Lippen. Geld ist seine Liebe, Geld ist seine Gottheit. Sie alle die Weißen denken daran, auch wenn sie schlafen. Es gibt viele, deren Hände sind krumm geworden und gleichen in ihrer Haltung den Beinen der großen Waldameise vom vielen Greifen nach dem Metall und Papier. Es gibt viele, deren Augen sind blind geworden vom Zählen ihres Geldes. Es gibt viele, die haben ihre Freude hingegeben um Geld, ihr Lachen, ihre Ehre, ihr Gewissen, ihr Glück, ja Weib und Kind. Fast alle geben ihre Gesundheit dafür hin. Um das runde Metall und das schwere Papier. Sie schleppen es in ihren Lendentüchern zwischen zusammengefalteten harten Häuten.

Sie legen es nachts unter ihre Schlafrolle, damit es ihnen niemand nehme. Sie denken täglich, stündlich, sie denken in allen Augenblicken daran. Alle, alle! [...] Nicht alle, welche viel Geld haben, arbeiten auch viel. (Ja, alle möchten viel Geld haben, ohne zu arbeiten.) Und das kommt so: Wenn ein Weißer so viel Geld verdient, dass er sein Essen hat, seine Hütte und Matte und darüber hinaus noch etwas mehr, lässt er sofort für das Geld, was er mehr hat, seinen Bruder arbeiten. Für sich. [...] Ist er ein Bootsbauer, so muss ihm der andere helfen, Boote zu bauen. Von dem Gelde, das dieser durch das Helfen macht und daher eigentlich ganz haben sollte, nimmt er ihm einen Teil ab, den größten, und sobald er nur kann, lässt er zwei Brüder für sich arbeiten, dann drei, immer mehr müssen für ihn Boote bauen, schließlich hundert und noch mehr. Bis er gar nichts mehr tut als auf der Matte liegen, europäische Kava trinken und Rauchrollen verbrennen, die fertigen Boote abgeben und sich das Metall und Papier bringen lassen, das andere für ihn erarbeiten. – Dann sagen die Menschen: Er ist reich. Sie beneiden ihn und geben ihm viele Schmeicheleien und klingende Wohlreden. Denn das Gewicht eines Mannes in der weißen Welt ist nicht sein Adel oder sein Mut oder der Glanz seiner Sinne, sondern die Menge seines Geldes, wieviel er davon an jedem Tage machen kann, wieviel er in seiner dicken eisernen Truhe, die kein Erdbeben zerstören kann, verschlossen hält.

Es gibt viele Weiße, die häufen das Geld auf, welches andere für sie gemacht haben, bringen es an einen Ort, der gut behütet ist, bringen immer mehr dahin, bis sie eines Tages auch keine Arbeiter mehr für sich brauchen, denn nun arbeitet das Geld selbst für sie. Wie dies möglich ist ohne eine wilde Zauberei, habe ich nie ganz erfahren, aber es ist in Wahrheit so, dass das Geld immer mehr wird, wie Blätter an einem Baum, und dass der Mann reicher wird, selbst wenn er schläft. Wenn nun einer viel Geld hat, viel mehr als die meisten Menschen, so viel, dass hundert, ja tausend Menschen sich ihre Arbeit damit leicht machen könnten – er gibt ihnen nichts: Er legt seine Hände um das runde Metall und setzt sich auf das schwere Papier mit Gier und Wollust in seinen Augen. Und wenn du ihn fragst: „Was willst du mit deinem vielen Geld machen? Du kannst hier auf Erden doch nicht viel mehr als dich kleiden, deinen Hunger und Durst stillen?" – so weiß er dir nichts zu antworten, oder er sagt: „Ich will noch mehr Geld machen. Immer mehr. Und noch mehr." Und du erkennst bald, dass das Geld ihn krank gemacht hat, dass alle seine Sinne vom Geld besessen sind.

Er ist krank und besessen, weil er seine Seele an das runde Metall und schwere Papier hängt und nie genug haben und nicht aufhören kann, möglichst vieles an sich zu reißen. Er kann nicht so denken: Ich will ohne Beschwerde und Unrecht aus der Welt gehen, wie ich hineingekommen bin; denn der große Geist hat mich auch ohne das runde Metall und schwere Papier auf die Erde geschickt. Daran denken die wenigsten. Die meisten bleiben in ihrer Krankheit, werden nie mehr gesund im Herzen und freuen sich der Macht, die ihnen das viele Geld gibt. Sie schwellen auf in Hochmut wie faule Früchte im Tropenregen. Sie lassen mit Wollust viele ihrer Brüder in roher Arbeit, damit sie selber fett von Leib werden und gut gedeihen. Sie tun dies, ohne dass ihr Gewissen krankt. Sie freuen sich ihrer schönen, bleichen Finger, die nun nie mehr schmutzig werden. (...)

Der Papalagi sagt: Es können nicht alle Menschen gleich viel Geld haben und alle gleichzeitig in der Sonne sitzen. Aus dieser Lehre nimmt er sich das Recht, grausam zu sein, um des Geldes willen. Sein Herz ist hart und sein Blut kalt, ja er heuchelt, er lügt, er ist immer unehrlich und gefährlich, wenn seine Hand nach dem Gelde greift. Wie oft erschlägt ein Papalagi den anderen um des Geldes willen. Oder er tötet ihn mit dem Gift seiner Worte, er betäubt ihn damit, um ihn auszurauben. Daher traut auch selten einer dem anderen, denn alle wissen von ihrer großen Schwäche. Nie weißt du daher auch, ob ein Mann, der viel Geld hat, gut im Herzen ist; denn er kann wohl sehr schlecht sein. Wir wissen nie, wie und woher einer seine Schätze genommen hat.

Märchen oder was?

Motto

Wie man sie euch erzählte immer,
War die Geschichte nicht,
Nein schlimmer,
Viel grauslicher, als ihr sie kennt,
Und was man halt so Märchen nennt.

(Unbekannt)

Kommentar

Die europäischen Volksmärchen sind durch bedeutsame Gemeinsamkeiten gekennzeichnet. Dazu zählen zum Beispiel:

- bestimmte Handlungsträger (Figuren)
- ein festgelegter Bestand an Requisiten
- ein klarer Handlungsablauf (z.B. die Notlage eines Helden; der heroische Kampf; der Sieg des Guten über das Böse;)
- der typische Märchenstil

Es gibt drei gängige Methoden um Märchen umzugestalten:

- die Form der Travestie (Beibehaltung des Inhalts; Veränderung des märchenhaften Sprachstils)
- die Form der Parodie (Veränderung des Inhalts; Beibehaltung des märchenhaften Sprachstils)
- Veränderung des Inhalts und des Sprachstils unter Beibehaltung bestimmter Märchenorte und typischer Märchenfiguren

Die Königin sagt die Bundesligaergebnisse richtig voraus und verschafft dem Diener einen hohen Totogewinn. Der tapfere Ritter kämpft mit dem Drachen um die schöne Prinzessin zu befreien und wird von diesem gefressen. Das kleine Mädchen hat drei Wünsche frei und kauft sich dreimal einen Mohrenkopf, und Hänsel und Gretel zeigen kannibalische Züge und fressen die Hexe.
Seltsame Vorstellungen. Irgendwie hat das schon mit Märchenfiguren zu tun, aber warum handeln diese so seltsam und erfüllen nicht die üblichen Märchenklischees? In dieser Schreibanregung sollen bewusst Märchen verfremdet, Erwartetes ins Gegenteil verkehrt werden.

Beispiel 1

Andrea Behrens
Rotkäppchen und der böse Wolf (Schülertext)

Es war einmal ein kleines süßes Mädchen, das mit seinen Eltern in einem kleinen Haus wohnte. Nebenan wohnten die sieben Zwerge und auf der anderen Seite Dornröschen mit ihrem Prinzen. Eines Tages sagte die Mutter zu dem Mädchen, das Rotkäppchen genannt wurde, weil es immer eine rote Kappe trug: „Du musst die Großmutter mal wieder besuchen und ihr etwas Geld, eine Flasche Wein und einen Kuchen bringen. Achte aber darauf, dass du das Geld nicht wieder am Imbiss an der Ecke ausgibst."
Und weil Rotkäppchen ein artiges Mädchen war, ging sie sofort los.
Als Rotkäppchen schon ein gutes Stück gegangen war, kam sie in den großen Wald, dort wollte sie der Großmutter ein paar Blumen pflücken. Leider verlief sich das Rotkäppchen, aber es hatte Glück, denn es fand eine Spur aus Kieselsteinen. Sofort folgte es der Spur. Nach einer Stunde stand es vor einer kleinen Hütte, die aus Lebkuchen gebaut worden war. Da dachte sich das Rotkäppchen: Oh, Scheiße, ich glaub', ich bin im falschen Märchen. Das hier ist doch die Knusperhütte von Hänsel und Gretel.

Und schon sah Rotkäppchen eine alte, hässliche Frau, die mit Rollschuhen angefahren kam. Freundlich fragte die alte, hässliche Frau: „Na, bist du Gretel?" „Nö", antwortete Rotkäppchen. „Ja, aus welchem Märchen bist du denn?" „Na, ich bin doch das Rotkäppchen." „Ach so, na dann verschwinde!" Also ging das Rotkäppchen weiter.
Nach einiger Zeit stieß es auf die Bremer Stadtmusikanten: „Hey, wo wollt ihr denn hin?"

„Wir? Wir wollen ein paar Räuber erschrecken.“ „Könnt ihr mir vorher noch sagen, wie ich zu meiner Großmutter komme?“ „Aber sicher doch, Rotkäppchen, du musst da hinten links abbiegen und dann immer geradeaus gehen.“ „Alles klar, tschüss.“
Und – wie gesagt – Rotkäppchen kam eine Stunde später bei ihrer Großmutter an. Die Großmutter stand ganz aufgeregt vor dem Haus und rief: „So ein Mist, jetzt ist der Scheiß-Wolf doch nicht gekommen, entweder er hat das Drehbuch nicht gelesen, oder er treibt sich wieder bei den sieben Geißlein rum.“
„Ich glaube, wir müssen das Märchen auf morgen verschieben.“

Beispiel 2

Ilse Aichinger
Der Wolf und die sieben jungen Geißlein

Ich bin der Wolf. Ich kam auf der alten Fährte. Ich traf ein paar Kinder am Dorfeingang. Sie riefen: „Der Bösewicht, der Bösewicht!“ Als ich lachte, erschraken sie und rannten davon. Ich kam auf der alten Fährte.
Ich wusste nicht, dass quer durch die alten Fährten die Dörfer gehen. Und die Geißlein. Ich bin das dritte Geißlein, ich war schwach bei der Geburt. Meine Mutter hat mich länger gesäugt als die andern. Ich lag immer beim Ofen. Im Ofen verbarg ich mich auch. Und im Ofen fand mich der Wolf. Das ist nicht weit hergeholt und ist doch weit her. Weshalb hätte er sonst gezögert, ehe er mich verschlang?

Ich bin das fünfte Geißlein, ich ging in den Schrank. Ich war das klügste Geißlein, aber diesmal war ich zu klug. Ich wusste, wie unser Schrank auf spanisch heißt. Dass, was als Versteck erdacht ist, kein Versteck sein kann, wusste ich nicht.
Ich bin das erste Geißlein, der Liebling meiner Mutter, ich ging unter den Tisch. Aber das Tischtuch hing nicht weit genug herunter, um mich zu verbergen. Reicht gerade die Liebe für die Lieblinge am wenigsten aus?
Ich bin der Müller. Ich dachte wohl, der Wolf will einen betrügen. Aber ich dachte auch, der Wolf tut mir Leid. Was tut ein Müller, wenn ihm der Wolf Leid tut? Er macht ihm weiße Pfoten. Weniger kann er nicht.
Ich bin das zweite Geißlein, ich bin unwichtig. Auf eins kommt zwei und auf zwei kommt drei, das weiß man. Ich lachte, als der Wolf kam. Ich sprang gleich ins Bett, da war ich leicht zu finden. Auf eins kann auch drei kommen, dachte ich. Jetzt erfahren sie es.
Ich bin der Krämer im Dorf, ich verkaufe alles. Kreide ist noch lange nicht das Ausgefallenste. Und Kreide an Wölfe auch nicht. Da gibt es ganz andere Sachen.
Ich bin das sechste Geißlein, ich fand nur mehr Platz unter der Waschschüssel. Da lernte ich meine geschwinden Geschwister kennen. Ich bin jetzt zornig genug. Und zornig genug zu sein war immer mein Wunsch. Immer.
Ich bin der Brunnen. Keine Falle für Wölfe. Ich werde leicht verwechselt.
Ich bin das vierte Geißlein. Die vierten erfinden, meistens. Bei uns war es auch nicht anders. Ich langweilte mich und erfand die Geschichte mit dem Wolf. Als er kam, lief ich in die Küche um sie zu Ende zu erfinden. Dort verschlang er mich.
Ich bin die Mutter von den sieben. Ich bin älter als sie, aber nicht viel älter. Ich bin in meinem Jammer und in meinem Glück. Mehr schreiben sie mir nicht zu.
Ich bin das siebente Geißlein. Ich steckte im Uhrenkasten. Als mich meine Mutter fand, war sie schwarz vom Suchen. Wie der Wolf.
Ich bin der erste Wackerstein. Ich kam nicht zur Welt. Die sechs anderen auch nicht.

Variante 1 Computer-Märchen

Kommentar

Märchen bieten aufgrund ihrer begrenzten Zahl an Figuren, Handlungsorten und Märchenmotiven gute Möglichkeiten mit Hilfe von Computerprogrammen neu zusammengesetzt zu werden. Diese Erkenntnis kann man sich zunutze machen um ein Schema zu erstellen, das zur Herstellung von Märchen geeignet ist.

Variante 2 Märchenmixtur

Jeder Schüler schreibt einen Märchentitel auf einen Zettel, der sich aus zwei Märchen zusammensetzt, z.B.:
- Rotkäppchen heiratet den bösen Wolf
- Hänsel und Gretel treffen den Froschkönig
- Frau Holle heiratet Schneewittchen
- …

Eine Gruppe von 5 Schülern darf dann 5 verschiedene Titel ziehen und für die Schreibaufgabe einen aussuchen (es sollten nicht die eigenen Märchentitel sein). Das entsprechende Märchen soll dann geschrieben oder auch als Sketsch gespielt werden (es ist dann allerdings notwendig verschiedene Räume für die Proben zur Verfügung zu stellen).

Arbeitsblatt 79 (ab 8. Jahrgangsstufe)

ANREGUNGEN

Wie viele verschiedene Möglichkeiten zur Erstellung eines Märchens lassen sich theoretisch mit dem folgenden Schema herstellen?

Schreibe in Einzel- oder Gruppenarbeit auf der Basis der Vorgaben ein Märchen. Schmücke das vorgegebene Gerüst durch geeignete Formulierungen aus und trage das Märchen vor.

Beispielschema

Ein Drache	raubt	Tochter	des Königs	Ein junger schöner Mann	wird beauftragt	durch den König	zu retten	die Tochter
Ein Zauberer	macht zum Vampir	Schwester	des Fürsten	fremder Prinz	traut sich zu	für den Fürsten	wiederzufinden	die Schwester
Ein Orkan	versenkt in Schlaf	Braut	des Priesters	Bruder	hilft	für den Priester	zu befreien	die Braut
Ein Teufel	liebt heimlich		des Bauern	Sohn		für den Bauern		
Ein Adler	wirbt um die		der Königin	Fremder		für die Königin		

Motto Wenn man der Lüge glauben soll, muss man sie mit Wahrheit flicken.
(Sprichwort)

Kommentar

(Arbeitsblatt 80; S. 211)

Die Spannung dieser Schreibaufgabe ergibt sich aus dem Erraten. Ist meine Lösung richtig oder ist sie falsch? Dem entspricht auf der Seite des Schreibenden das Verdecken. Auf welche Art muss ich frei Erfundenes formulieren, damit es glaubwürdig wirkt und was kann ich machen, damit Wahres völlig erfunden erscheint?
Um den Ratenden und Suchenden eine Möglichkeit zur Lösung zu geben, darf bei den wahren Geschichten nichts hinzugedichtet werden. Der Leser/Hörer darf nur über die Stoffauswahl (Das kann der nicht erlebt haben!) und über die Darstellungsweise (z.B. anekdotenhaft oder märchenhaft) auf den Holzweg geführt werden.
Natürlich kann die erfundene Geschichte etwas Wahres enthalten. Einfache Stilmittel um den Wahrheitsgehalt zu erhöhen sind:
- exakte Orts- und Zeitangaben
- Sachlichkeit in der Sprache
- Anknüpfen an Alltagserfahrungen.

Nach dem ersten Vorlesen sollte man eine Probeabstimmung durchführen um den spontanen Eindruck festzuhalten. Nach ausführlicher Diskussion über das Für und Wider wird dann nochmals abgestimmt um Veränderungen bei den Ansichten (Meinungswandel) zu erkennen.
Wenn deutlich erkennbare Schwächen in der Formulierung für das Erkennen einer Lügengeschichte ausschlaggebend waren, können die Geschichten auch überarbeitet und einer anderen Gruppe erneut vorgestellt werden.
Die Zustimmung für diese Schreibaufgabe hängt stark von der Überzeugungskraft der jeweiligen Lehrperson ab. Die Schreibaufgabe erfordert in jedem Fall viel Zeit, weil zwei brauchbare Texte geschrieben werden müssen.

Arbeitsblatt 80 (ab 6. Jahrgangsstufe)

ANREGUNG

Schreibt zwei Geschichten (Erlebnisse), die im Kern durchaus wahr sein können. Eine der Geschichten muss wahr sein, die andere frei erfunden. Lest die Geschichten in der Gruppe (in der Klasse) vor und lasst eure Mitschüler raten, welche der beiden Geschichten wahr und welche frei erfunden ist.

Motto Es ist schwer keine Satire zu schreiben.

(Juvenal)

Kommentar

Das Ziel des Satirikers ist das Aufdecken von Missständen oder von menschlichem Fehlverhalten. Dies geschieht aufgrund von Kritik, Abwertung und Bloßstellung.

Satirische Mittel:

- das Gegenteil des Gesagten ist gemeint (ironische Darstellung)
- eine Person oder ein Sachverhalt wird in verspottender Weise nachgeahmt (Karikatur, Parodie)
- Gewohntes wird gegensätzlich oder von einem ungewohnten Standpunkt aus betrachtet (Komik)
- Situationen werden stark übertrieben oder verzerrt dargestellt (Groteske)
- Fantasie und Wirklichkeit werden vertauscht (Scheinlogik)
- es wird mit Wortspielen gearbeitet

Beispiel

Heinz Erhardt
Versuch einer Conférence

Meine Damen und Herren!

Ich heiße nicht nur Fritz Dämlich, sondern Sie auch herzlich willkommen!
Nachdem ich mich hier auf der Bühne versammelt habe, habe ich zunächst ein kleines Bedürfnis: ich möchte nämlich etwas fallen lassen – und zwar die Bemerkung, dass es leichter ist, den Mund zu halten, als eine Rede! Aber es wandelt mich die Lust an, Ihnen recht herzlich dafür zu danken, dass Sie sich hier teils nieder-, teils herabgelassen haben um das gelassen an sich vorüberziehen zu lassen, was wir hier oben vom Stapel zu lassen die niedrige Stirn haben! Gewiss, wir könnten es auch lassen – aber lassen wir das! Lassen Sie uns lieber den Abend genießen, Genossen – nein – genossen wir doch selten einen so schönen!
Sie haben's gut! Sie können sich hersetzen und sich von Ihren Sorgen absetzen – aber wir hier oben müssen uns einsetzen, damit wir uns durchsetzen und Sie nicht entsetzen!!!...
Eigentlich wollte ich heute hier persönlich erscheinen, nun kam ich aber selbst. Ich sagte mir, dass tagtäglich überall in der Welt soviel Unnützes hergestellt wird, da könnte ich mich auch einmal herstellen! Nun müssen Sie sich aber vorstellen: ich komme direkt von der Riviera! Man spricht immer vom „teuren Vaterland" – aber, das können Sie mir glauben, da ist es noch viel teurer!
Das Meer dort ist allerdings herrlich! Es reicht genau bis zum Ufer! Das Dumme ist nur: dicke Rohre reichen ins Meer hinein. Sie sind dazu da, die Abwässer der umliegenden Hotels abzuleiten. Wenn man nun am nächsten Morgen baden geht, trifft man immer alte Bekannte...
Nun ja, deshalb heißt die Gegend dort auch „Kot d'Azur".

ANREGUNG

(ab 11. Jahrgangsstufe)

Schreiben Sie ein Gedicht, einen kurzen Erzähltext, eine Sportreportage, einen Bericht um, indem Sie satirische Mittel einsetzen.
Zum Schreiben von Satiren bieten sich viele Themen an, die durchaus kritikbedürftig sind, zum Beispiel:
- Umweltprobleme
- Leben im Dorf oder in der Stadt
- Schule und Unterricht
- Freizeit und Arbeit
- Beziehung der Geschlechter
- Gesetze und Verordnungen
- u.a.

Variante 1 Tagesablauf

ANREGUNG

Schreiben Sie in satirischer Form einen fiktiven Tagesablauf.

Variante 2 Satirische Grundregeln

ANREGUNG

Formulieren Sie Grundregeln für einen selbstbewussten Konsumenten.

Variante 3 Freier Text

ANREGUNG

Nutzen Sie die Möglichkeiten der Satire für einen Text Ihrer Wahl.

Motto

Es schreiben bereits so viele, dass alles Wiederholung zu sein scheint.
Ich schreibe keine 10. Wiederaufbereitung, ich schreibe nicht.

(Sabine Hickel)

Kommentar

Über sich selbst zu schreiben ist eine der schwierigsten und brisantesten Tätigkeiten. Man möchte sich den anderen öffnen und dennoch möglichst wenig von sich preisgeben. Es handelt sich also um einen Drahtseilakt. So etwas betreiben in der Regel nur Könner oder Wagemutige.
Andererseits eröffnet der Rückzug auf lyrische Metaphern die Chance Verborgenes zu transportieren. Nicht immer ist die Verfasserin/der Verfasser jedoch bereit, darüber in der Gruppe diskutieren zu lassen.

Variante 1 Ich und die anderen

ANREGUNG

Der Lehrer stellt einige Schachfiguren auf und erklärt, mit welcher Figur Sie sich identifizieren sollen (kann auch freigestellt werden). Ihre Aufgabe besteht nun darin, in einem kurzen Erzähltext oder einem vier- bis achtzeiligen Gedicht Ihre Gefühle und Gedanken zum Thema „Ich und die anderen" zu formulieren. Beispiele sind:
- 5 weiße Offiziere stehen im Kreis um einen Bauern
- 5 schwarze Bauern stehen zusammen, einer steht etwas abseits
- 5 schwarze Bauern stehen im Kreis, in der Mitte befindet sich die schwarze Dame
- 5 schwarze Bauern stehen im Kreis, in der Mitte befindet sich die weiße Dame
- …

Variante 2 Fiktives oder reales Selbstporträt

ANREGUNG

Sie schreiben über sich selbst (evtl. auch unter einem Pseudonym). Beispiele sind:
- Selbstinterview
- Ein Querschnitt durch meine Gedanken und Gefühle
- Die liebsten Dinge meines Lebens
- Was ich mag / Was ich hasse
- …

Variante 3 Spiegelbild

ANREGUNG

Sie setzen sich vor den Spiegel und schreiben ein Gedicht oder einen Erzähltext.

Variante 4 Ich-Collage

ANREGUNG

Schreiben Sie aus den Schnipseln von Tageszeitungen, Illustrierten und Werbeblättern eine Selbstdarstellung. Stellen Sie das Ausgangswort „ich" deutlich erkennbar in Ihrer Collage dar. Nutzen Sie die Möglichkeiten der Collage (s. S. 153) aus.

Variante 5 Tageszeitung neu

ANREGUNG

Die Schülerinnen und Schüler nehmen in Gruppen jeweils eine Tageszeitung zur Hand und schneiden zu einem von ihnen selbst vorgegebenen Thema einen neuen Text zusammen, der mit Fotos und selbst hinzugefügten Zeichnungen collagiert wird.

Arbeitsblatt 81 (ab 11. Jahrgangsstufe)

ANREGUNG

Die folgende Schreibaufgabe setzt Ihr Einverständnis voraus über Ihr Leben Auskünfte zu geben. Tragen Sie in dem Koordinatensystem Ihre Lebenskurve ein. Auf der X-Achse sollten Sie bei den entsprechenden Lebensjahren, bei der Y-Achse bei den Höhe- und Tiefpunkten Ihre Eintragungen machen. Diese Punkte (mindestens 10 Eintragungen) sollten dann in Form einer Lebenskurve miteinander verbunden werden. Die bemerkenswerten Ereignisse werden im Koordinatensystem mit kurzen Überschriften versehen. Die Verzeichnisse der Überschriften gehen dann reihum. Kreuzen Sie dann auf jeder Liste (jedoch nicht auf der eigenen) die Überschrift an, zu der Sie mehr erfahren möchten. Der jeweilige Autor ist dann beauftragt ein Kapitel zu der Überschrift zu schreiben, welche die meisten Stimmen erhalten hat.

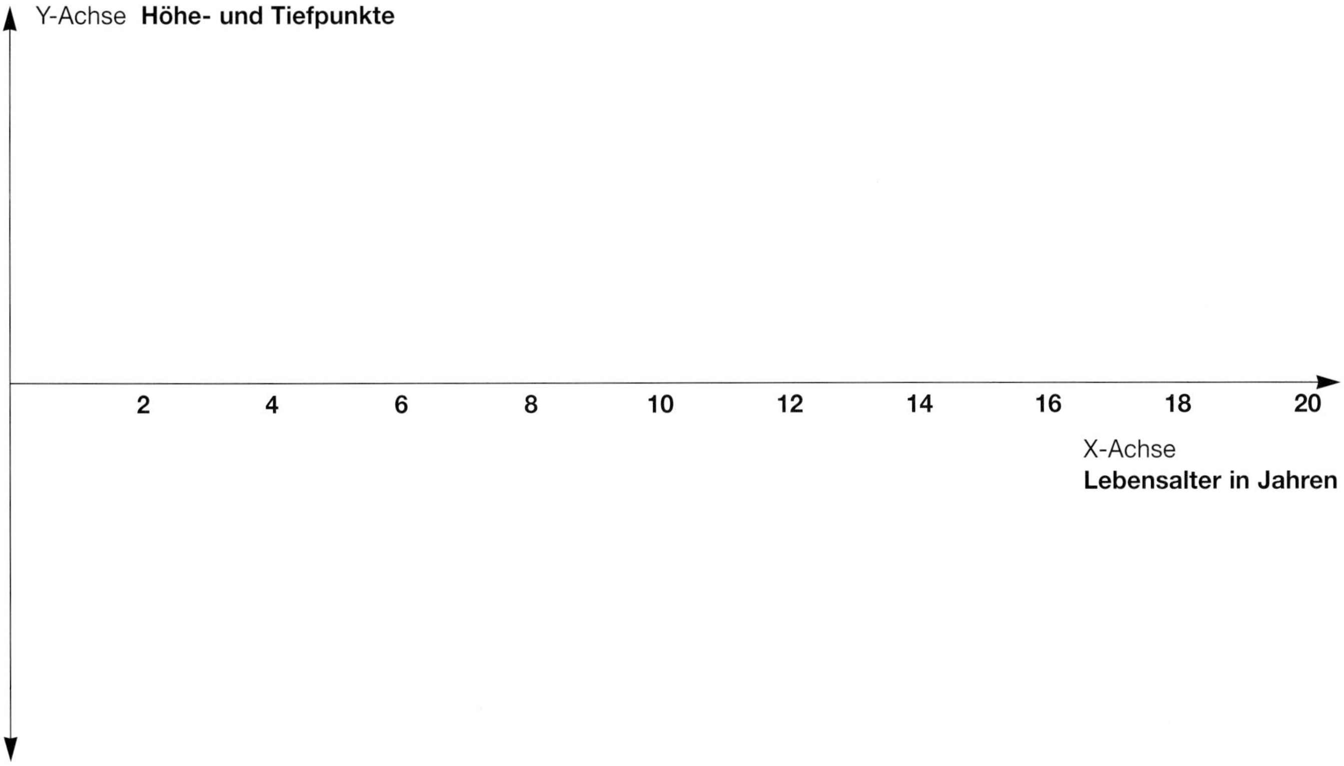

Kapitel	1	2	3	4	5	6	7	8	9	10
Überschrift										
Stimmen										

Der verlorene Sohn/Die verlorene Tochter

Motto Wer Töchter hat, der kriegt wohl Söhne.

(Sprichwort)

Kommentar

(Arbeitsblatt 82; S. 217 und S. 219)

Diese Anregung bietet die Gelegenheit verschiedene bereits dargestellte Schreibanregungen wieder aufzugreifen. Die Schülerinnen und Schüler könnten zunächst in Ruhe die Radierung betrachten und die Eindrücke auf sich wirken lassen.
Was sehe ich?
Was empfinde ich?
Wozu regt mich die Abbildung an?
Erst im Anschluss daran werden stichwortartig die einzelnen Bildelemente genannt und notiert. In Verbindung mit dem Titel des Bildes stellen die Schüler wahrscheinlich Bezüge zur Bibel her; möglicherweise kennt der eine oder andere das Gleichnis und kann es nacherzählen. Bereits hier ergeben sich Verbindungsmöglichkeiten zum Fach Religionslehre (fächerübergreifendes Arbeiten). Das Bild verleitet zur subjektiven Auseinandersetzung und zum Transfer auf andere Problemgruppen der Gesellschaft (unbedingt Aktualitätsbezug herstellen).
Um das „Gleichnis vom verlorenen Sohn" richtig einordnen zu können ist es notwendig einige Hinweise zu den juristischen und rituellen Details zu geben, damit Missverständnisse vermieden werden.

Folgende Regelungen hatten Gültigkeit, wenn ein Sohn bereits zu Lebzeiten seines Vaters das ihm zustehende Erbteil erhalten wollte:
- er bekommt nur das Besitzrecht (der Vater darf zum Beispiel den betreffenden Acker nicht verkaufen);
- er erhält nicht das Verfügungsrecht (verkauft der Sohn den betreffenden Acker, so kann der Käufer erst nach dem Tod des Vater von ihm Besitz ergreifen). Die Nutznießung verbleibt dem Vater bis zu seinem Tod. Der jüngere Sohn fordert das Besitz- und das Verfügungsrecht. Er will sich von seinem Vater lösen und eine selbständige Existenz aufbauen.

Schweine sind unreine Tiere. Was es in der Welt gibt, beurteilen die Juden danach, ob es rein oder unrein ist. Rein oder unrein meint mehr als sauber bzw. schmutzig. Rein ist, was Gott gefällt, was Gott gehört.

Nach der Abfindung hat der jüngere Sohn keinen Anspruch mehr auf Nahrung oder Kleidung. Beides will er sich verdienen.

Der Vater läuft dem Sohn entgegen. Es ist für einen Orientalen ungewöhnlich und unter seiner Würde zu laufen, selbst dann, wenn er es ganz eilig hat.

Festgewand: Es bedeutet im Orient eine hohe Auszeichnung.

Ring: Die Übergabe eines Siegelringes bedeutet Vollmachtübertragung.

Schuhe: Schuhe sind Luxus; nur der freie Mann trägt sie.

Mastkalb: Fleisch wird sehr selten gegessen. Für besondere Anlässe wird ein Mastkalb bereitgehalten. Seine Schlachtung bedeutet ein Freudenfest.

Rembrandt, Die Rückkehr des verlorenen Sohnes (1636)

Beispiel 1

(zu Arbeitsblatt 82; S. 219)

Das Gleichnis von der verlorenen Tochter

Arbeitsblatt 82 (ab 9. Jahrgangsstufe)

ANREGUNG

Schreibe zum „Gleichnis vom verlorenen Sohn" einen Text mit dem Titel „Die Rückkehr der verlorenen Tochter".

Gleichnis vom verlorenen Sohn (Lukasevangelium)

Dann fuhr er fort: „Ein Mann hatte zwei Söhne. Der jüngere von ihnen sagte zum Vater: Vater, gib mir den Anteil am Vermögen, der mir zukommt. Er verteilt also das Vermögen unter sie.
Wenige Tage später packte der jüngere Sohn alles zusammen und zog in ein fernes Land. Dort verschwendete er sein Vermögen durch ein ausschweifendes Leben. Als er alles durchgebracht hatte, entstand in jenem Lande eine große Hungersnot und er fing an zu darben. Da ging er hin und verdingte sich bei einem Bürger jenes Landes. Dieser schickte ihn auf seine Felder die Schweine zu hüten. Gern hätte er seinen Hunger mit den Schoten gestillt, die die Schweine fraßen; aber niemand gab sie ihm. Da ging er in sich und sagte: Wie viele Taglöhner meines Vaters haben Brot im Überfluss, und ich komme hier vor Hunger um! Ich will mich aufmachen, zu meinem Vater gehen und ihm sagen: Vater, ich habe gesündigt wider den Himmel und vor dir, ich bin nicht mehr wert, dein Sohn zu heißen; behandele mich wie einen deiner Taglöhner.
Er machte sich also auf und ging zu seinem Vater. Schon von weitem sah ihn sein Vater und ward von Erbarmen gerührt. Er eilte ihm entgegen, fiel ihm um den Hals und küsste ihn. Der Sohn aber sagte zu ihm: Vater, ich habe gesündigt wider den Himmel und vor dir; ich bin nicht mehr wert, dein Sohn zu heißen. Doch der Vater befahl seinen Knechten: Bringt schnell das beste Gewand und zieht es ihm an. Gebt ihm einen Ring an die Hand und Schuhe an die Füße. Dann holt das Mastkalb und schlachtet es. Wir wollen ein Freudenmahl halten und fröhlich sein. Denn dieser mein Sohn war tot und lebt wieder; er war verloren und ist wiedergefunden. Und sie fingen an, ein Freudenmahl zu halten.
Sein älterer Sohn war gerade auf dem Felde. Als er heimkam und sich dem Hause näherte, hörte er Musik und Tanz. Er rief einen von den Knechten und erkundigte sich, was das zu bedeuten habe. Dein Bruder ist heimgekommen, antwortete ihm dieser. Nun hat dein Vater das Mastkalb schlachten lassen, weil er ihn gesund zurückerhalten hat. Da ward er zornig und wollte nicht hineingehen. Sein Vater ging hinaus und redete ihm gütlich zu. Er aber entgegnete dem Vater: Schon so viele Jahre diene ich dir und habe noch nie dein Gebot übertreten. Aber mir hast du noch nie ein Böcklein gegeben, dass ich mit meinen Freunden hätte ein Freudenmahl halten können. Jetzt aber, da dieser dein Sohn gekommen ist, der dein Vermögen mit Buhlerinnen verprasst hat, hast du für ihn das Mastkalb schlachten lassen. Er erwiderte ihm: Mein Sohn, du bist immer bei mir, und all das Meinige ist dein. Es galt aber, ein Freudenmahl zu halten und fröhlich zu sein; denn dieser dein Bruder war tot und lebt wieder; er war verloren und ist wiedergefunden worden."

Beispiel 2
(zu Arbeitsblatt 82, S. 219)

Andreas Knop
Heimatlos (Schülertext)

Starr blickte sie aus dem Fenster. Draußen raste eine Herbstlandschaft vorbei. Kahle Bäume, braunes Laub auf dem Boden, vermummte Menschen. ‚Nach Hause' dachte sie und fröstelte unbewusst. Viele Worte hatte es gegeben, damals, bevor sie wegging. Worte, die schmerzten. Worte, die sie heute bereut.
Sie war fünfzehn, als ihre Mutter starb. Von da an war alles anders. Zuhause, das hieß Geborgenheit, Wärme, Trost. Später gab es nur noch Streit; wenn überhaupt etwas gesagt wurde. Abitur sollte sie machen, einen netten Freund sollte sie haben (am besten der Jochen, drüben aus der Wilhelmstraße), meinte ihr Vater; später heiraten, Hausfrau werden und Kinder bekommen. Aber sie wollte leben, nicht spießern. Die Felder vor dem Fenster machten Platz für eine Laubenkolonie. Häuser folgten. Dann war da auch noch Susanne, ihre kleinere Schwester. Warum kannst du nicht sein wie sie, hatte sie sich immer wieder anhören müssen. Fleißig war sie, Klassenbeste, bieder…
Sie packte ihre Sachen und ging zur Haustür hinaus. Ganz einfach. Richtung Bahnhof. Eine Karte nach Hamburg. Streit hatte es gegeben. Wie immer zwar, aber so schlimm wie noch nie. Gemeldet hat sie sich erst nach vier Monaten. ‚Mir geht es gut. Habe ein Zimmer, 'nen Job' stand auf der Karte nach Hause. Neunzehn war sie da. Gekellnert hat sie, nachts in einer Bar. Bremsen quietschten, der Zug fuhr in den Bahnhof ein. Eine Lautsprecherstimme plärrte, als sie ihren Rucksack schulterte und der Unterführung entgegenging. Heimat ist da, wo du dich wohl fühlst, dachte sie. Heimatlos, dachte sie.
Dann hat sie ihn kennen gelernt. Wohl hat sie sich bei ihm gefühlt, geborgen, zu Hause. Auf einmal war sie schwanger und er weg. In der Klinik ging etwas schief. Kinder würde sie nicht mehr bekommen können. Wieder allein. Sie schaute auf den Fahrplan. Der nächste Bus kommt in zwanzig Minuten. Ein paar Jugendliche lümmelten auf der Wartebank herum. Hamburg gefiel ihr, die Großstadt, die Anonymität. Sie hatte gar nicht mehr an Zuhause gedacht, bis dann dieser Brief mit schwarzem Rand kam. Abgeschickt in ihrer Heimatstadt. Mit zitternden Händen hat sie ihn geöffnet. Lange hat sie dann einfach dagesessen. Allein, in Gedanken versunken. Sie fuhr hoch, als der Bus vorfuhr. Sie kaufte ein Ticket und fand eine freie Sitzbank. An der Haltestelle, an der sie so oft auf den Schulbus gewartet hatte, stieg sie aus. Es dämmerte bereits, als sie vor ihrem Elternhaus ankam. Mit jedem Schritt, dem sie sich näherte, kamen neue Erinnerungen hoch, nicht nur gute.
„Ich wünschte, du wärst tot", schrie sie ihren Vater an, damals, kurz bevor sie fortging. Es waren ihre letzten Worte, bevor sie ging. Plötzlich dachte sie, dass es die allerletzten Worte zu ihm waren. Jetzt war er tot. Neun Jahre standen diese Worte im Raum. Neun Jahre waren vergangen.
Wiedergutmachen konnte sie sie nicht. Zu spät. Vorbei. Lange stand sie noch vor dem Haus. Ein Spaziergänger sprach sie an, aber sie bemerkte ihn gar nicht. Irgendwann drehte sie sich um und ging los. Ganz einfach. Richtung Bahnhof. Eine Karte nach Hamburg. Heimat ist da, wo du dich wohl fühlst. Heimatlos.

Arbeitsblatt 83 (ab 11. Jahrgangsstufe)

ANREGUNG

Schreiben Sie zu Kafkas „Heimkehr“ eine Fortsetzung: Wie könnte die Begegnung ausgehen, wenn jemand die Tür öffnete?

Franz Kafka
Heimkehr

Ich bin zurückgekehrt, ich habe den Flur durchschritten und blicke mich um. Es ist meines Vaters alter Hof. Die Pfütze in der Mitte. Altes, unbrauchbares Gerät, ineinander verfahren, verstellt den Weg zur Bodentreppe. Die Katze lauert auf dem Geländer. Ein zerrissenes Tuch, einmal im Spiel um eine Stange gewunden, hebt sich im Wind. Ich bin angekommen. Wer wird mich empfangen? Wer wartet hinter der Tür der Küche? Rauch kommt aus dem Schornstein, der Kaffee zum Abendessen wird gekocht. Ist dir heimlich, fühlst du dich zu Hause? Ich weiß es nicht, ich bin sehr unsicher. Meines Vaters Haus ist es, aber kalt steht Stück neben Stück, als wäre jedes mit seinen eigenen Angelegenheiten beschäftigt, die ich teils vergessen habe, teils niemals kannte. Was kann ich ihnen nützen, was bin ich ihnen und sei ich auch des Vaters, des alten Landwirts Sohn. Und ich wage nicht, an der Küchentür zu klopfen, nur von der Ferne horche ich, nur von der Ferne horche ich stehend, nicht so, dass ich als Horcher überrascht werden könnte. Und weil ich von der Ferne horche, erhorche ich nichts, nur einen leichten Uhrenschlag höre ich oder glaube ihn vielleicht zu hören, herüber aus den Kindertagen. Was sonst in der Küche geschieht, ist das Geheimnis der dort Sitzenden, das sie vor mir wahren. Je länger man vor der Tür zögert, desto fremder wird man. Wie wäre es, wenn jetzt jemand die Tür öffnete und mich etwas fragte. Wäre ich dann nicht selbst wie einer, der sein Geheimnis wahren will?

Motto

Du schimpfst mit Recht auf diese Welt,
dass sie mit Autos ganz verstellt.

(Eugen Roth)

Kommentar

Projekte bieten besondere Lernmöglichkeiten: In Projekten lassen sich komplexe Aufgabenstellungen lösen, für die Fähigkeiten und Kenntnisse aus verschiedenen Lernbereichen und Fächern herangezogen werden müssen und für deren Verbindung und geplante Abfolge bei der Bearbeitung der Aufgabe die Verantwortung hauptsächlich bei der Klasse oder der Projektgruppe liegt.

Übersicht möglicher Projektangebote zum Thema „Automobil"

- Historische Entwicklung des Automobils aufzeigen
- Material bei Autofirmen sammeln und unter verschiedenen Aspekten auswerten
- „Das Auto meiner Wahl" präsentieren
- Bedeutung des Autos für den einzelnen Schüler erarbeiten
- Statistiken über Verkaufszahlen, Unfälle und anderes erstellen
- Werbung im Hinblick auf Werbeschwerpunkte untersuchen
- Werbung früher – heute
- Werbung für ein Fantasieauto entwickeln
- Werbespots drehen
- Antiwerbungen formulieren
- Werbeslogans parodieren
- Staumeldungen aus dem Radio aufnehmen
- Collagen zu verschiedenen Aspekten erstellen
- Literarische Texte zum Thema sammeln und präsentieren (z.B. „Automobile Gedichte")
- Zukunftsgeschichten schreiben, z.B.:
  „Was wäre, wenn es morgen keine Autos mehr gäbe?"
  „Verkehr in der Stadt im Jahr 2020"
  „Das Auto – ein Dinosaurier?"
- Filme über Autos drehen (z.B. in der Stadt)
- Zukunftsmodelle zeichnen
- 10 Tipps zum Autokauf entwickeln
- Bewerbungen für eine Stelle als Stauberater, Testfahrer oder Autobahnseelsorger schreiben
- …

In der Folge werden Texte, Zeichnungen u.a. zum Thema „Automobil" in ausführlicher Weise dokumentiert. Die vorgestellten Anregungen können als Grundlage und Beispiel dienen. Ziel bleibt in einem Projekt jedoch, dass die Schülerinnen und Schüler geeignetes Material selbst suchen, erstellen, schreiben und zeichnen.

Hundertwasser
(626) Das ist der Weg zu dir

Variante 1 Sieht Oskar keine Autos?

ANREGUNG
(ab 5. Jahrgangsstufe, evtl. früher)

„Mutti, da vor uns fährt ein Wagen mit dem Autokennzeichen HH-LE." „Ja, ich sehe es." „Was bedeutet das denn?" „Ich glaube, dass es „Hansens Hühner legen Eier" heißt." Dem Einfallsreichtum sind kaum Grenzen gesetzt. Autokennzeichen bieten eine Fülle von Material für Sprachspiele. Die meisten deutschen Kennzeichen enthalten vier oder fünf Buchstaben in Folge, so dass die Menge der zu bildenden Wörter auch für Jüngere überschaubar bleibt.

Variante 2 Herstellerbezeichnungen

ANREGUNG
(ab 5. Jahrgangsstufe)

Entwerfe neue Bezeichnungen für Automodelle.

Material:
Ford Mustang, VW Golf;

Variante 3 Werbesprüche der Autoindustrie und mögl. Parodien

ANREGUNG
(ab 7. Jahrgangsstufe)

Verändere Werbesprüche der Autoindustrie auf lustige oder auch andere Weise.

Material:
- Ford – die neue Erfahrung
- Liebe geht durch den Wagen (Citroën)
- Ente gut – Alles gut! (Citroën)
- Wie viel Auto braucht der Mensch? (Opel)
- Das meistgeklaute Auto Amerikas – Der Golf (VW)
- Wer kleine Autos baut, braucht große Menschenkenntnis. (Ford)

Variante 4 Werbung und Automobil

ANREGUNG
(ab 8. Jahrgangsstufe)

Sammelt Werbeprospekte verschiedener Autofirmen. Schaut euch im Detail an, was in den Prospekten an Vorzügen der jeweiligen Automarke herausgestellt wird.
Schreibt dann einen Text zum Thema: „Was nicht in Werbeanzeigen für Autos steht“.

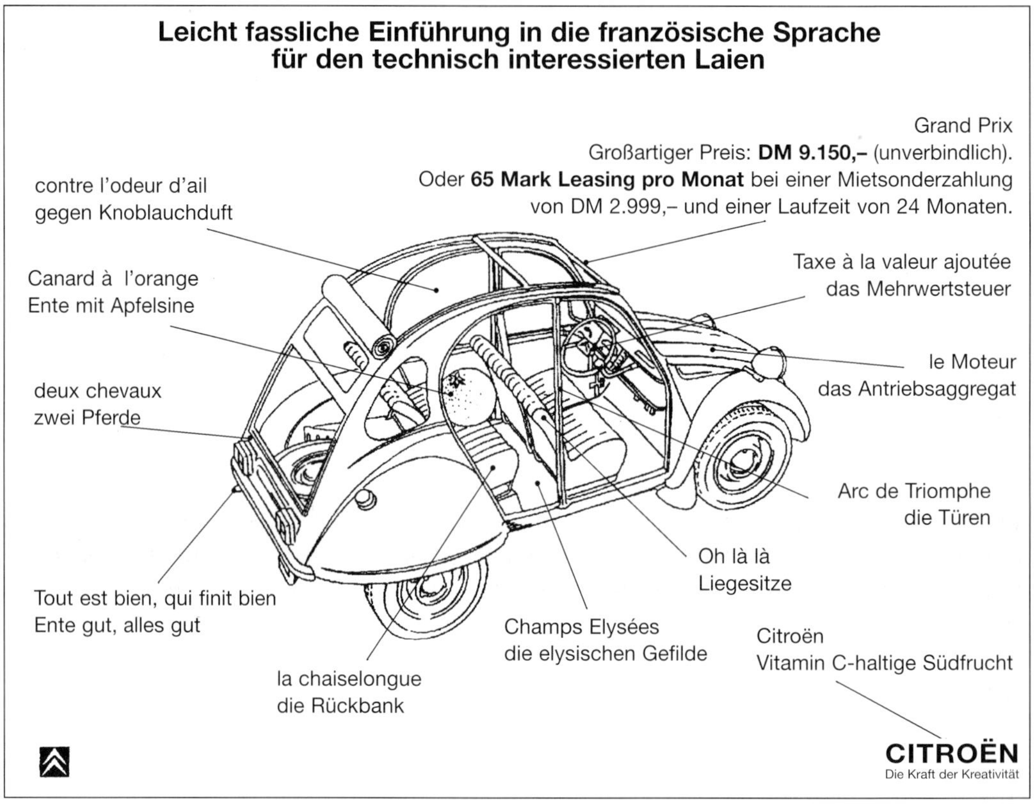

Variante 5 Werbung früher – Werbung heute (Vergleich)

ANREGUNG
(ab 8. Jahrgangsstufe)

Vergleiche alte Autowerbung in Lesebüchern und Zeitschriften mit moderner Autowerbung. Was ist gleich geblieben, was hat sich verändert?
Schreibe eine Autowerbung für ein Fantasieauto.

Variante 6 Verkehrsunfälle

ANREGUNG
(ab 9. Jahrgangsstufe)

Verkehrsunfälle werden in Sachtexten und literarischen Texten sehr unterschiedlich bearbeitet. Lassen Sie die Schülerinnen und Schüler nach geeigneten Texten suchen (Tageszeitungen, Illustrierten, Autozeitschriften, Lesebüchern u.a.)

Beispiel

Ulrich Horstmann
Steintals Vandalenpark (Auszug)

Vor Sonnenaufgang.
Ein menschenleeres Heraufdämmern. Wie jeden Morgen das Ausstanzen der Dinge. Fahrige Selbstvergewisserung der Natur, ein verstörtes Sich-Sammeln schon im Angesicht der alltäglichen Qualen, ein Wirklichkeitsversuch vor der aufgezwungenen Verwandlung in Landschaft, in Hirnkulisse, in raumtiefe Bildpostkarten.
Einige Meter jenseits der Trasse in einem abgeernteten Getreidefeld steht das Wrack wie ein urzeitlicher Monolith. Kein Baum, kein Gesträuch verstellt die Sicht. Der Weichzeichner am Horizont macht die rings verstreuten Gepäckstücke zu einem Findlingsring. Eine Kultstätte ohne Rituale, ohne Priester, ohne Gläubige – ein befremdliches Heiligtum immerhin.
Ein Wagen nähert sich, verlangsamt, rollt aus auf dem knirschenden Splitt des Banketts. Der Fahrer schaltet den Motor ab, löscht das Licht und steigt aus. Er geht einige Schritte an dem Graben entlang, der zwischen Feld und Straße verläuft, mustert aufmerksam das tiefer liegende Gelände auf der gegenüberliegenden Seite. Zwei Schritte zurück. Zögern. Ein weiterer Schritt. Der Mann nimmt Anlauf, springt, landet auf allen vieren, erhebt sich aber sofort. Sorgsam reinigt er seine Hände mit einem Taschentuch und klopft seine Hose aus, bevor er sich erneut orientiert.
Jetzt erfolgt die Annäherung ohne weitere Abweichung von der Ideallinie, obwohl die langen Stoppeln das Fortkommen erschweren.
Am Ziel angekommen umkreist der Mann das Autowrack innerhalb der Umhegung aus Gepäckstücken, wobei er jede Berührung mit diesen Gegenständen sorgsam meidet. Das Gesicht bleibt ständig dem verunglückten Fahrzeug zugekehrt. Das Registrieren der Einzelheiten geschieht mit äußerster Konzentration.
Die Stellung der Karosserie weicht um einiges von der Lotrechten ab. Da der Untergrund an dieser Stelle offenbar steinig ist, hat das Vorderteil nur wenig Zentimeter in den Boden eindringen können. Der Aufprall hat den Motorblock in den Fahrgastraum geschoben und dabei den Abstand zwischen Armaturenbrett und den Rücklehnen der Vordersitze auf etwa ein Drittel schwinden lassen. Der hintere Teil der Fahrgastzone und der Kofferraum dagegen sind fast unversehrt. Die Türen sind sämtlich geschlossen; allerdings ist schon nach dem Augenschein der Erhalt der Funktionsfähigkeit der beiden vorderen Ausstiege auszuschließen. Abgesehen vom rechten Ausstellfenster fehlen alle Scheiben. Mit dem Ersatzrad, das am Boden des Kofferraums befestigt und wegen der geöffneten Kofferraumklappe der Inspektion zugänglich ist, weist der Wagen noch drei intakte Reifen auf. An der jetzt aufrecht stehenden Unterseite der Karosserie haften Grasbüschel und dunkelbraune Reste von Mutterboden. Vergleichbares gilt auch für die im hinteren Drittel stark verschrammte linke Seite.
Aufgrund der extremen Abweichung von der Normallage leckt der Tankverschluss beträchtlich. Das austretende Benzin fließt über den hinteren Türgriff zur Fensterunterkante der Vordertür, tropft von dort auf den Hinterkopf des Fahrers oberhalb des Haaransatzes, sammelt sich, sofern es nicht zu den Schläfen und von dort über die Wangen zu den Mundwinkeln abgeleitet wird, im Scheitelkanal und verlässt das Wageninnere etwa in Höhe des Außenspiegels. Aus der Lachengröße am Boden ließe sich mit einiger Mühe die seit dem Unfall vergangene Zeit berechnen.
Der Mann macht einen weiteren Schritt auf den Wagen zu und beugt leicht beide Knie, um den Innenraum genauer in Augenschein nehmen zu können.
Das Wageninnere beherbergt vier Personen. Zwei Jugendliche im Fond, zwei Erwachsene – ein übergewichtiger Mann und eine Frau – auf den Vordersitzen. Die Körper der beiden Halbwüchsigen befinden sich in Seitenlage. Die Oberkörper ruhen auf den Rückenlehnen der Vordersitze, während Becken und Beine ganz im rückwärtigen Fußraum verschwinden. Die Arme sind in unnatürlicher Haltung abgewinkelt; die Köpfe pendeln frei. In der Bekleidung der beiden Mädchen gibt es kaum Unterschiede – Zwillinge offenbar. Dagegen weist das willkürliche Muster der Schnittverletzungen in den Gesichtern keine Spuren von Symmetrie auf.
Der Mann und die Frau auf den Vordersitzen sind eingeklemmt; beide wirken, da sie nur vom Brustbein aufwärts sichtbar sind, eher wie ungewöhnlich plazierte Büsten eines zeitgenössischen Bildhauers. Der ins Wageninnere gedrungene Türholm hat das rechte Ohr der Frau abgetrennt und die Wangenpartie bis zum Mund herab aufgerissen.

Die Kopfhaut ist in der Nähe dieser Region hutförmig abgehoben. Von der Physiognomie des Mannes, der mit dem Kopf durch die Windschutzscheibe auf die Motorhaube geschlagen sein muss, ist wenig erhalten. Den Rest macht das langsam verkrustende Blut unkenntlich. Aus der Mundöffnung wölbt sich eine Halbkugel von aus den Lungen ausgetretenem schleimigen Schaum. Darin platzen lautlos eine nach der anderen die Luftbläschen. Draußen verlagert der Beobachter sein Körpergewicht noch weiter nach vorn. Die Augen befinden sich jetzt nahezu auf einem Niveau mit der ehemaligen Verglasung.
Die Anstrengung, wahrzunehmen.
Im Inneren des Wagens werden eine Reihe rhythmischer Bewegungsabläufe erkennbar. Das Tropfen des Blutes auf die saugfähige Sitzbespannung, die sich periodisch verändernde Rückenkrümmung der beiden Mädchen, der schwache Greifreflex einer Hand. Über dem linken unverletzten Auge der Frau flimmert hektisch das Lid. Die Anstrengung, zu hören.
Flache Atemlaute sind vernehmbar; bisweilen werden sie übertönt durch Stöhn- und Wimmergeräusche sowie ein in immer größeren Abständen erfolgendes rasselndes Ringen nach Luft. Von Zeit zu Zeit knackt es in den verspannten Teilen der Karosserie und in dem auskühlenden Motorblock.
Die Frau dreht unendlich langsam ihren Kopf in die Richtung des Beobachtes.
Grad für Grad ändert das austretende Blut seine Fließrichtung. Das Auge bleibt für Sekunden geöffnet.
Die Pupille spiegelt.
Sonnenaufgang. Der Mann tritt mehrere Schritte vom Wrack zurück, um Abstand zu gewinnen und den Gesamteindruck besser aufnehmen zu können. Wie bei zahlreichen Museumsbesuchern ist der Kopf leicht zur Seite geneigt.
Der Effekt der Beleuchtungsänderung ist bizarr. Im Handumdrehen frisst es sich wie Rost über das Monument, färbt Innenraum und Insassen sandsteinrot, pulsiert auf den eben noch marmorweißen Gesichtern.
Die überall verstreuten Glaskrümel beginnen zu glitzern.
Stilbruch.
Die Befähigung zur ästhetischen Teilnahme erlischt. Der Mann wendet sich ab und macht sich auf den Rückweg zu seinem Wagen.
Die verbesserten Beleuchtungsverhältnisse lassen mehrere Meter von der Stelle entfernt, an der er den Graben zum ersten Mal überquert hatte, einen fünften Körper sichtbar werden.
Der etwa vierjährige Junge liegt auf dem Bauch. Er trägt eine kurze Hose und einen an mehreren Stellen zerrissenen Pullover. An einem Fuß fehlen Strumpf und Schuh.
Die Mühsal wieder aufgenommener Bewegung
Das Wesen zieht seine Beine an den Leib, ungefüge wie ein ausgekühltes Reptil. Verharrt. Streckt jetzt langsam die Extremitäten und schiebt so raupengleich den störrischen Oberkörper ein Stück gegen die Stoppeln voran.
Das Gesicht furcht über den Boden. Die Arme schleifen nach.
Die Beine sind gestreckt. Die Motorik schaltet ab.
Pumpendes Ausruhen. Dann von irgendwo der sich nachäffende bewusstlose Impuls: FLUCHT.
Qualvoll hebelt das linke Bein den Körper ein Stück vom Boden. Qualvoll zieht das rechte nach. Die in den Grund bohrende schiefe Ebene des Rückens. Der wie gerollte Hobelspäne vor dem Schultermesser liegende Kopf.
Der Mann springt.
Die beim ersten Mal gesammelte Erfahrung lässt ihn trotz des Höhenunterschiedes sicher landen. Er fängt sich in den Knien ab, nutzt den Schwung des Sprunges, um sich mit einem großen Schritt auf die Oberkante der Böschung tragen zu lassen und geht mit einem Fuß auf dem asphaltierten Fahrbahnrand, mit dem anderen auf dem Schotter des Banketts – zurück zu seinemWagen.
Steintal registriert bei der Annäherung, dass der Reifendruck dringend der Berichtigung bedarf. Dann steigt er ein, startet und zieht den Wagen langsam und ohne großen Lenkradeinschlag nach links auf die Fahrspur zurück.
Im Rückspiegel verzittert beim Beschleunigen der Monolith, schrumpft, wandert gemächlich wie ein untergehender Stern aus dem Blickfeld. Die Straße macht einen weiten sanften Bogen. Um diese Tageszeit ist das Einschalten der Wagenbeleuchtung eine reine Ermessensfrage.

Hinweis

Vergleichen Sie auch den Text „Auf den Kopf gestellt" (S. 100), der als Reaktion auf den Text von Ulrich Horstmann geschrieben wurde.

Variante 7 Automobile Gedichte

ANREGUNG

(ab 11. Jahrgangsstufe, evtl. früher)

Sammeln Sie Gedichte, in denen das Auto zentrales Thema ist. Teilen Sie die Gedichte inhaltlich in verschiedene Kategorien ein.
Schreiben Sie ein eigenes Automobilgedicht.

Beispiele

Otto Heinrich Kühner
Die Wagenlenkerin von Delphi

Bei Grabungen in der oberen Alluvium-Schicht
Fand man Autos von jedem Format und Gewicht,
Vor allem Kotflügel, eng aneinander gereiht,
Nannte die Epoche hiernach die „Kotflügelzeit"
Und, bei dem Massenvorkommen des Automobils
Dieses das höchste damaligen Menschheitsziels,
Der Kotflügelmensch, schloss man, samt Idolen,
Ausgestorben durch überhebliches Überholen.
(Bei Delphi förderte man in jener Schicht
Den Lenker eines Volkswagens ans Tageslicht,
Sitzend neben einer Frau, laut Gemme, Elfie,
Und nannte ihn den „2. Wagenlenker von Delphi".)

Hans-Jürgen Heise
PS

Zwei Stuten
grasen am Rand
eines Autofriedhofs
und eine Sonnenblume
betet ihren Rosenkranz

So viel PS
wieder zurückgebracht
auf natürliche
Pferdestärke

Günter Kunert
Autofriedhof

Berge aus Blech und Rost
als wäre schon keiner mehr da
Überflüssige Einstiege einladend offen
Leblose Farben eingesunkene Dächer
Blinde Reste von Chrom und Glas aber
die Markennamen wie
von Pharaonen
Zeiten ordnend Zeit überdauernd

Jürgen Theobaldy
Abenteuer mit Dichtung

Als ich Goethe ermunterte einzusteigen
war er sofort dabei
Während wir fuhren
Wollte er alles ganz genau wissen
ich ließ ihn mal Gas geben
und er brüllte: „ins Freie!"
und trommelte auf das Armaturenbrett
Ich drehte das Radio voll auf
er langte vorn herum
brach den Scheibenwischer ab
und dann rasten wir durch das Dorf
über den Steg und in den Acker
wo wir uns lachend und schreiend
aus der Karre wälzten

Variante 8 Beschleunigung – Entschleunigung

ANREGUNG
(ab 11. Jahrgangsstufe)

Schreiben Sie eine Rede, mit der Sie die Zuhörer davon überzeugen, dass wir auf das Auto in Zukunft verzichten sollten.

Beispiel

Sten Nadolny
Festrede

Anlässlich einer Tagung der Evangelischen Akademie in Bad Boll zum Thema Geschwindigkeitsbeschränkung (28.–30. 9. 84) mit Vertretern der Autoindustrie.

Meine sehr verehrten Damen und Herren Ministerpräsidenten, Bundes-, Landes- und Staatsminister, Eminenzen, Exzellenzen, sehr geehrte Festgäste!

Die Geschichte der Entschleunigung beginnt in Bad Boll. Am Morgen des 30. September 1984 hielt ich hier einen kleinen Vortrag, abgefasst in der Form einer Festrede des Jahres 2034. Heute sind wir an diesem Datum angelangt. Ein wirklicher Rückblick ist möglich. Viele tapfere und erfindungsreiche Menschen haben in den vergangenen fünfzig Jahren für die Sache der Entschleunigung gearbeitet. Ich würde sie gern alle aufzählen, doch mein hohes Alter und vor allem mein Arzt verlangen, dass ich mich kurz fasse. 1984 war die Gefährlichkeit der Rauschdroge Tempo noch den wenigsten bewusst. Es gab in Berlin eine „Suchtberatungsstelle Auto", aber sie galt den meisten als Spielart grünen Sektierertums. Man näherte sich dem Problem allenfalls auf Umwegen: es wurde von Ölreserven, Atemluft und Waldsterben geredet. Manche fuhren tatsächlich hin und wieder einige Kilometer in gemäßigtem Tempo und dachten dabei intensiv an die Zukunft des Waldes. Dann beschleunigten sie wieder um zu beweisen, dass die von ihnen gezeigte Langsamkeit nicht fahrerischer oder motorischer Schwachbrüstigkeit, sondern moralischer Haltung entsprungen war. Auch die Einstellung der Regierung war, wie wir heute wissen, allein von der Sucht bestimmt. Was immer in Bonn beschlossen wurde, diente mehr oder weniger offen deren Befriedigung. Zwar hat die Einführung des Abgaskatalysators – damals gab es noch den benzingetriebenen Explosionsmotor – einige waldähnliche Vegetationsreste gerettet.
Aber der Raserei war erneut das Tor göffnet. Die Autoproduktion expandierte wie noch nie. Die durch Straßenbau betonierte Fläche war Mitte der neunziger Jahre größer als die der landwirtschaftlich genutzten Böden. Die Unfallziffern wuchsen, die Staus wurden länger und häufiger als je zuvor.
Bis ins 21. Jahrhundert hinein kämpften einige rechtschaffene Leute um den Erlass eines Tempolimits – natürlich vergeblich, wir wissen warum. Allein schon dieser Gedanke hatte den Trotz des Süchtigen geweckt. Der Ruf „Freie Fahrt für freie Bürger" erscholl lauter denn je. Es ist eine der Kuriositäten jenes Zeitalters, dass ausgerechnet die Sklaven der Beschleunigung sich als freie Bürger darzustellen suchten. Einige nahmen sogar ein „Recht auf Unfall" für sich in Anspruch. Heute ist ein Tempolimit nicht mehr erforderlich. Die Entschleunigung vollzog sich anders. Den Anfang setzte vor allem die Gründung der Selbsthilfeorganisation „Anonyme Raser e.V." Immer weniger wurden anmaßende Worte gehört wie: „Ich bin ein vernünftiger Autofahrer." Der hilfreichste Satz für jeden Führerscheininhaber lautet klipp und klar: „Ich bin geschwindigkeitssüchtig. Der Sog der Beschleunigung ist stärker als mein Wille und Verstand. Alles, was ich schaffen kann, ist: heute fünf Stundenkilometer wegzulassen – die zwischen hundert und hundertfünf!" Nach dieser guten Formel fährt bekanntlich niemand über hundert – auch mit einer Rakete lassen sich keine fünf Stundenkilometer „überspringen".
Die Bewegung wuchs. Langsamfahren wurde zunehmend als die eigentliche Kunst des fahrerischen Überblicks erkannt und geübt – viel genauer sind ja dabei nach vorn und hinten die Geschwindigkeiten anderer Fahrzeuge einzuschätzen. Sich als Langsamfahrer nicht blockieren zu lassen, aber auch ohne Behinderung anderer passabel vorwärts zu kommen, das verlangt ein Maximum an Taktik, Seelenruhe und Entschlusskraft.

Weitere Entdeckungen wurden, obwohl längst bekannt, nun endlich beherzigt: dass durch allgemeines Langsamfahren die Entstehung und Gefährlichkeit des Staus abnimmt. Dass bei gemäßigtem Tempo ein größeres Beschleunigungspotenzial für den Notfall zur Verfügung steht. Dass Geschwindigkeitsexzesse reine Zeitverschwendung sind: Hohes Tempo erzeugt Stress und innere Leere, die Reise wird zu einer ermüdenden, inhaltslosen Wartezeit, die nur durch noch mehr Geschwindigkeitskitzel erträglich zu machen ist – Raserei erzeugt Raserei. Langsamkeit hingegen ist Zeitgewinn: wir sehen mehr, erheben uns über den Bewusstseinszustand des primitiven Reflexes, können nachdenken. Etwa über die Menschen und Geschäfte, die uns am Zielort erwarten. Oft genügt eine halbe Stunde mehr Reisedauer, und die gesamte Autofahrt ist keine verlorene Zeit (...)
Diese zahlreichen Einsichten schufen allmählich eine neue Mentalität. Die Tatsache, dass der Mensch seiner Natur und seinem Geiste nach langsamer ist als die Geräte, die er in die Welt setzt, wurde 1984 noch ganz allgemein als schwerer Mangel aufgefasst, heute dagegen als der eigentliche menschliche Vorsprung, dessentwegen ihn die Technik nie einholen kann. (...)
Sinnvoll und daher allgemein akzeptiert war das Verbot des Alleinfahrens zum Arbeitsplatz. Daraus entwickelten sich die Fahrgemeinschaften mit ihrer segensreichen Wirkung für das soziale Klima, ferner das Huckepackfahren mit dafür konstruierten Autos: ein Auto fuhr, zwei kamen an. Folgerichtig entwickelten sich um 2025 die sogenannten „Züge": langsamfahrende Ketten von deichselverbundenen Kraftwagen auf Langstrecken. Und nächstes Jahr, meine Damen und Herren, erwarten wir endlich die Umstellung einer ersten solchen Verbindungsstrecke auf Schienenbetrieb! Kritiker wenden ein, das habe es schon vor langer Zeit gegeben. Aber ja! Warum das leugnen? Eben darum trägt ja die erste Versuchsstrecke den Namen „Eisenbahn" und wird zwischen Nürnberg und Fürth pünktlich zum zweihundertsten Jubiläum eröffnet werden. Und ich hoffe für meine Person, dass ich diesen Triumph des wirklich modernsten Verkehrsmittels auf dem Erdboden noch zusammen mit Ihnen werde feiern können!

(Vielen Dank! Danke! Bitte behalten Sie doch Platz! Oh, die schönen Blumen ... das wäre aber doch nicht nötig gewesen. Frau Bundeskanzlerin, herzlichen Dank! Wo ist jetzt wieder der Kerl mit meinem Rollstuhl? Sehr nett, sehr nett.)

Variante 9 Anklageschrift und Verteidigungsrede

ANREGUNG

(ab 11. Jahrgangsstufe)

Schreiben Sie eine Anklageschrift bzw. eine Verteidigungsrede für den im folgenden Text genannten Handelsvertreter Andreas H.

Gustav Damann

Fahrerflucht

Sonnabend, 23. Februar

Gegen 19 Uhr fuhr der Handelsvertreter Andreas H. mit seiner Frau Vera in seinem neuen japanischen Wagen von Oberwiesen nach Talstetten.
In der Gaststätte „Bergblick“ hatte er einige Biere und Schnäpse getrunken, worauf seine Frau ihn gebeten hatte, sich nicht ans Steuer zu setzen; doch das hatte er entschieden abgelehnt. Allerdings nahm er den Umweg über Hinterfelden, da dort fast nie Verkehrskontrollen waren.
In einer unübersichtlichen Kurve kam er jedoch wegen überhöhter Geschwindigkeit auf die Gegenfahrbahn, der Wagen streifte eine Radfahrerin und schleuderte sie auf die Straße. Andreas H. bremste scharf, schaltete die Scheinwerfer ab, stieg aus und besah sich den Schaden an seinem Fahrzeug: der linke Scheinwerfer war zerbrochen. Da habe ich aber noch mal Glück gehabt, dachte er. Seine Frau lief zu dem verletzten Mädchen und rief entsetzt: „Um Gottes willen, Andreas! Wir müssen schnell einen Arzt holen. Und die Polizei.“
Er fauchte sie böse an: „Bist du verrückt? Steig wieder ein! Auf keinen Fall die Polizei! Willst du, dass ich in einen Prozess verwickelt werde und dann meinen schönen Posten verliere?“
„Aber einen Arzt…“
„Zu spät, sie ist tot.“
„Was wollen wir tun?“
„Steig ein! Du machst gar nichts. Ich schleife sie ins Gebüsch.“
Vera H. setzte sich voll Entsetzen wieder in den Wagen und dachte fieberhaft nach, was sie tun könne, aber es fiel ihr keine Lösung ein. Sie durfte ihren Mann nicht belasten, denn dann wäre seine Karriere ruiniert. Was würden die Nachbarn denken! Und all die vielen Abzahlungen! Sie saß mit starrem Blick da, presste die Hand an den Mund und schüttelte immer wieder den Kopf.
Nach einiger Zeit kam Andreas H. völlig außer Atem zurück und bemerkte kaltblütig: „So, die Spuren sind beseitigt.“
„Und das Mädchen?“
„Denk nicht mehr dran! Geschehen ist geschehen! Nun müssen wir an uns denken und uns ein wasserdichtes Alibi bauen.“
Er fuhr zur Gaststätte zurück und parkte den Wagen heimlich hinter einem Schuppen. Im Speisesaal erwähnte er ganz beiläufig, sie hätten noch eine kleine Wanderung gemacht und wollten nun etwas Kräftiges essen. Sie bestellten das teuerste Gericht auf der Speisekarte, hatten aber überhaupt keinen Appetit. Sie zwangen sich zum Essen und versuchten sich ganz unbefangen zu benehmen. Nach dem Essen gab er ein saftiges Trinkgeld und verabschiedete sich jovial. Dann fuhren sie auf dem direkten Weg nach Hause. Vera musste noch in der Nacht ihren Bruder anrufen und ihm sagen, dass ihr Mann am nächsten Morgen zu einer kleinen Reparatur am Auto vorbeikäme.

Sonntag, 24. Februar

Vor Aufregung konnten sie die halbe Nacht nicht schlafen, und bereits um 5 Uhr früh fuhr Andreas los und ließ sich von seinem Schwager den Schaden am Auto ausbessern. Er gab ihm dann einen Fünfhunderter mit der Bemerkung: „Du weißt von nichts. Und ich bin heute nicht bei dir gewesen. Verstanden?“

Sein Schwager grinste und nickte diensteifrig. Um zehn Uhr besuchten sie das Hochamt in ihrer Pfarrei und parkten den Wagen ganz auffällig am Kirchplatz.

Montag, 25. Februar

Zeitungsnotiz: „Seit Samstagabend wird die fünfzehnjährige Gerda Müller aus Hinterfelden vermisst. Sie ist 1,60 Meter groß, hat lange, dunkle Haare, blaue Augen und ist mit einem dunkelroten Pulli und blauen Jeans bekleidet. Sie war gegen 19 Uhr mit dem Fahrrad auf dem Weg nach Oberwiesen, wo sie jedoch nicht angekommen ist. Sachdienliche Mitteilungen an die Polizei Talstetten."
„Andreas, hast du's gelesen?"
„Ja, hab ich. Also hat man sie noch nicht gefunden. Das ist gut für uns."
„Sie war erst fünfzehn Jahre alt!" „Na und?"
„Noch fast ein Kind!"
„Reg dich nicht auf! Die Hauptsache ist, niemand hat uns in Verdacht. Also, ich muss jetzt wegfahren."
„Fahr vorsichtig!"
„Klar. Und halt' den Mund!"

Dienstag, 26. Februar

Zeitungsnotiz: „Die seit Samstag vermisste Gerda Müller ist das Opfer eines Verkehrsunfalls. Sie wurde von Waldarbeitern in der Nähe der Gaststätte „Bergblick" gefunden. Schleifspuren deuten darauf hin, dass sie nach dem Unfall ins Gebüsch gezogen wurde. Sie hatte sich aber noch zu einer Hütte schleppen können, wo sie dann verblutet ist."
„Andreas, sie hat noch gelebt! Hast du's gelesen? Sie hat noch gelebt. Wir hätten sie retten können. Oh, Andreas!"
„Red' nicht so dumm! Was wäre dann aus mir geworden! Und aus dir? Man hätte mich ins Archiv versetzt oder sogar ins Lager. Unsere Villa hätten wir verkaufen müssen, und das Boot und …"
„Wir hätten sie retten müssen."
„Ich war der Meinung, sie sei tot. Es war also nur Unfallflucht. Was ist schon dabei? Und nun kein Wort mehr darüber!"
„O Gott, wir haben sie auf dem Gewissen!" „Verdammt! Nun reicht's! Basta! Ich hab' heute einen schweren Tag vor mir, muss einige Direktoren besuchen und wichtige Verträge abschließen. Ich komme also erst morgen Abend zurück. Dreh ja nicht durch!"

Mittwoch, 27. Februar

Zeitungsnotiz: „Die am Samstag tödlich verunglückte Gerda Müller ist, wie erst jetzt bekannt wurde, nach dem Unfall noch vergewaltigt worden. Vom Täter fehlt noch jede Spur."

Donnerstag, 28. Februar

Um 10 Uhr 47 wurde Andreas H. beim Verlassen seines Hotels in Frankfurt am Main von der Polizei verhaftet. Seine Frau hatte ihn angezeigt.

Motto

Schreiben ist Leben, ist Veröffentlichen und immer wieder neu beginnen, denn nie wird es der große Fisch sein, der in den Korallenwänden lebt.

(Virginia Woolf)

Kommentar

Das Wort „Anschlag“ deutet eine durchaus subversive Tätigkeit an. Warum nicht einmal einen Klassen- oder Kursraum, eine ganze Etage oder sogar die gesamte Schule literarisch bese(ä)tzen? Es muss ja nicht gesprayt werden. Die Texte, Fotos u.a. könnten zum Beispiel ausgerichtet sein auf den jeweiligen Fachraum. Die Toilettenräume sind in der Regel bereits literarisch oder auch unliterarisch ausgeschmückt. Aber was ist mit der Sporthalle? Warum können nicht Gedichte und Geschichten zum Thema „Sport“ aushängen?
Der Rest ist denkbar einfach: Texte suchen und Texte selber schreiben; fast alles ist erlaubt.

Variante 1 Litera-Tour

Wer möchte nicht seine selbst verfassten Texte einer breiten Öffentlichkeit präsentieren?
Möglichkeiten gibt es genug, z.B. in der Fußgängerzone, in Linienbussen (Genehmigung einholen!) u.a.
Machen Sie sich auf Reaktionen aller Art gefasst. Vom Beifall bis zum Anpöbeln wird alles dabei sein.

Variante 2 Litfaßsäule

Vielleicht ist dies doch die harmlosere Variante um in die Öffentlichkeit zu treten. Stellen Sie sich mit den Teilnehmern Ihrer Schreibwerkstatt/Ihres Literaturkurses an einem verkaufsoffenen Samstag in ein Einkaufszentrum (Standgenehmigung vorher einholen!).
Bringen Sie eine Litfaßsäule oder eine andere Plakatwand mit, auf der die selbst erstellten Texte vorgestellt werden können.
Ein Schreibpult (möglichst mit einer Schreibfeder) kann andere Besucher animieren eigene Beiträge zu einem vorgegebenen (oder auch frei gewählten) Thema zu notieren. Plakative Literatur. Geben Sie auch hier die Möglichkeit sich zeichnerisch zu betätigen, indem Sie verschiedene Farbstifte zur Verfügung stellen.

Textquellenverzeichnis

Aichinger, Ilse:	Der Wolf und die sieben jungen Geißlein. Aus: Gerhard Köpf (Hg.): Ein Schriftsteller schreibt ein Buch, Frankfurt/M. 1984	207-208
Albus, Anita:	Rundgedicht. Aus: Dies.: Der Garten der Lieder, Frankfurt/M. 1974	135
Amann, Jürg:	Nachtasyl. Aus: Silvia Bartholl (Hg.): Texte dagegen, 1993 Beltz Verlag, Weinheim und Basel, Programm Beltz & Gelberg, Weinheim	191
Astel, Arnfried:	Fallbeil.	91
Bächler, Wolfgang:	Stadtbesetzung (Auszug), S. Fischer Verlag GmbH, Frankfurt/M. 1979	191
Baeslack, Andrea/ Ständer, Tobias:	Kein Foto heute. Aus: HIBS (Hg.): Experimente, Wiesbaden 1993	163
Baumann, Ralph:	Noch eine Parodie mit Küsschen, Frankfurter Allgemeine Zeitung v. 9.7.1988, Sonderseite „Jugend schreibt“	200
Baumgarten, Silke:	Wortverdreher. Aus: Brigitte 25/1992, © Brigitte/Picture Press	83
Becker, Jürgen:	Gedicht, sehr früh. Aus: Ders.: Das Ende der Landschaftsmalerei, © Suhrkamp Verlag, Frankfurt/M. 1974	40
Behrens, Andrea:	Rotkäppchen und der böse Wolf. Aus: HIBS (Hg.): Experimente, Wiesbaden 1993	206-207
Benke, Michael:	TV-Kleinhirn	198
Berger, Adolf:	Medienvielfalt. Aus: Kristiane Allert-Wybranietz (Hg.): Schweigen brennt unter der Haut, München 1991	180
Bienek, Horst:	Wörter. Aus: Ders.: Gleiwitzer Kindheit. Gedichte aus zwanzig Jahren, © 1976 Carl Hanser Verlag, München/Wien	132
Böhm, Antje M.:	Der Fremde. Aus: Peter Ochs u.a.: ...zu spüren, daß es mich gibt, Frankfurt/M. 1984	54, 55, 63
Borchert, Wolfgang:	Winter. Aus: Ders.: Das Gesamtwerk, Copyright © 1949 by Rowohlt Verlag, Reinbek	129
Brecht, Bertolt:	Vergnügungen. Aus: Gesammelte Gedichte, © Suhrkamp Verlag, Frankfurt/M. 1976	179
Brembs, Dieter:	Das Drachenabeceh. Aus: H.-J. Gelberg (Hg.): Überall und neben Dir, 1986 Beltz Verlag, Weinheim/Basel, Programm Beltz & Gelberg, Weinheim	104
Bull, Bruno Horst:	Ein schlechter Schüler. Aus: Ders.: Eine Katze ging ins Wirtshaus, München o.J.	71
Bydlinski, Georg:	Garten. Aus: H.-J. Gelberg (Hg.): Überall und neben Dir, 1986 Beltz Verlag, Weinheim/Basel, Programm Beltz & Gelberg, Weinheim	12
Clauswitz, Kai-Uwe:	Es gibt drei Arten Mensch... Aus: Rainer Bücher u.a. (Hg.): Sie sagen, das ist Zeitgeist, Wiesbaden (HIBS) 1989	72
Czajkowski, Katrin:	An Joseph von Eichendorff. Aus: Junges Literaturforum Hessen (Hg.): Nagelprobe 6, Frankfurt/M. 1989	148
Dagcilar, Birguel:	Der Dichter. Aus: Berliner Festspiele GmbH (Hg.): Gnadenlos alle, Kevelaer 1989	122
Damann, Gustav:	Fahrerflucht. Aus: Fließtext (Literaturmagazin des BVJA), 11/1991	230-231
Damm, Bernhard:	für rose. Aus: Ders.: Du hast meine Augen benetzt, Münster 1979	20
Diermann, Gabriele:	Spät im Jahr. Aus: Dies.: Winter der Liebe, Gelsendruck, Gelsenkirchen 1985	28
Domin, Hilde:	Ziehende Landschaft. Aus: Dies.: Gesammelte Gedichte, © S. Fischer Verlag GmbH, Frankfurt/M. 1987	28
Eichendorff, Joseph von:	Mondnacht. Aus: Werke, München 1959	183
Elbrecht, Werner:	Eingeschr. Aus: Astrid Zaunick u.a. (Hg.): Mit Lust und Liebe, Braunschweig 1986	75
Eppler, Erhard:	„Ich gehe davon aus...“. Aus: Ders.: Kavalleriepferde beim Hornsignal (Auszug), © Suhrkamp Verlag, Frankfurt/M. 1992	84-86
Erhardt, Heinz:	Löwenzahn. Aus: Das große Heinz Erhardt-Buch, © Fackelträger Verlag GmbH, Hannover	129
Erhardt, Heinz:	Versuch einer Conférence. Aus: Das große Heinz Erhardt-Buch, © Fackelträger Verlag GmbH, Hannover	212
Ferra-Mikura, Vera:	Regenschirme. Aus: Hans-Joachim Gelberg (Hg.): Die Stadt der Kinder, Georg Bitter Verlag, Recklinghausen 1969	131
Flemming, Hans-Curt:	Zehnkampf. Aus: Annäherung, Stuttgart	121
Flemming, Hans-Curt:	nasse kleinstadt. Aus: Ein Zettel an meiner Tür, Stuttgart 1982	60, 61
Fried, Erich:	Wer will... Aus: Ders.: Lebensschatten. Verlag Klaus Wagenbach, Berlin 1981	60, 61
Fühmann, Franz:	Speisen und Gedränge. Aus: Ders.: Die dampfenden Hälse der Pferde im Turm von Babel, Darmstadt 1988; Copyright © Der Kinderbuch Verlag, Berlin	71
Fühmann, Franz:	Was alles in den Dingen steckt. Aus: Ders.: Die dampfenden Hälse der Pferde im Turm von Babel, Darmstadt 1988; Copyright © Der Kinderbuch Verlag, Berlin	145
Gaarder, Jostein:	Sofies Welt (Auszug), © 1993 Carl Hanser Verlag, München/Wien	161

Gawinski, Wanda:	Der Dichter	44
Gießler, Anne:	Kauf. Aus: Berliner Festspiele GmbH (Hg.): Winklings, Anrich Verlag, Kevelaer 1993	58, 59
Greven, Jan M.:	Begebenheit. Aus: Bundesverband Jugendpresse (Hg.): Literaturdienst Nr. 8, Bonn o.J.	44
Greven, Jan M.:	Gelächter. Aus: Bundesverband Jugendpresse (Hg.): Literaturdienst Nr. 6, Bonn o.J.	46
Hahn, Ulla:	Anständiges Sonett. Aus: Dies.: Herz über Kopf, DVA, Stuttgart 1981	159
Hahn, Ulla:	Bildlich gesprochen: Aus: Dies.: Herz über Kopf, DVA, Stuttgart 1981	199
Handke, Peter:	Die Angst des Tormanns beim Elfmeter (Auszug), Suhrkamp Verlag, Frankfurt/M. 1970	49
Hansmann, Patricia:	Nur ein Traum. Aus: HIBS (Hg.): Experimente, Wiesbaden 1993	157
Harnisch, Günter:	Perspektiven. Aus: Fledermausohren, Fledermausangst, Verlag Walter Leimeier, Lippstadt 1995	34
Heidebrecht, Brigitte:	die wandlung. Aus: Dies.: Dornröschen nimmt die Heckenschere, Verlag Kleine Schritte, Trier 1992 (2)	69
Heise, Hans-Jürgen:	PS. Aus: Ders.: Der große Irrtum des Mondes, Neuer Malik Verlag, Kiel 1988, © by Hans-Jürgen Heise	227
Hené, Mario:	Der Weg zum Lächeln © 1981 by Rolf Budde Musikverlag GmbH, Berlin	26
Hesse, Hermann:	Im Nebel. Aus: Die Gedichte, © Suhrkamp Verlag, Frankfurt/M. 1977	197
Heym, Georg:	Der Krieg. Aus: Ders.: Dichtungen und Schriften Bd. 1, Hamburg 1964	131
Hickel, Sabine:	Schüler schreiben? Aus: Peter Ochs u.a.:... zu spüren, daß es mich gibt, Frankfurt/M. 1984	119
Hohler, Franz:	Ein erschreckender Anblick. Aus: Ein eigenartiger Tag, © 1979 Hermann Luchterhand Verlag GmbH & Co. KG, Darmstadt und Neuwied. Jetzt: Luchterhand Literaturverlag GmbH, München	161
Horstmann, Ulrich:	Steintals Vandalenpark (Auszug), Siegen 1981	225-226
Höss, Dieter:	Touristen-Lied (Auszug). Aus: Deutsche Volkslieder, Stuttgart 1980	196
Im Café und im Restaurant.	Aus: Bitte so, Recklinghausen 1958	166-167
Italiaander, Rolf:	Postkarte nach Hause. Aus: H.-J. Gelberg (Hg.): Überall und neben Dir, 1986 Beltz Verlag, Weinheim/Basel, Programm Beltz & Gelberg, Weinheim	14
Jandl, Ernst:	lichtung. Aus: Ders. Laut und Luise, Stuttgart 1976, © Luchterhand Verlag	91
Kafka, Franz:	Auf der Galerie. Aus: Sämtliche Erzählungen, Frankfurt/M. 1970	201
Kafka, Franz:	Heimkehr. Aus: Die Erzählungen, Frankfurt/M. 1961	221
Knoll, Reinhardt:	Deutschunterricht. Aus: BKJ (Hg.): Ich geb's dir schriftlich, Remscheid 1986	175
Krause-Gebauer, Erika:	Ich träume mir ein Land. Aus: H.-J. Gelberg (Hg.): Überall und neben Dir, 1986 Beltz Verlag, Weinheim/Basel, Programm Beltz & Gelberg, Weinheim	181
Krausnick, Michail:	Und nichts zu suchen.	8
Krolow, Karl:	Sonntagsvormittag. Aus: Ders.: Gesammelte Gedichte, © Suhrkamp Verlag, Frankfurt/M. 1965	26
Krolow, Karl:	Neues Wesen. Aus: Ders.: Gesammelte Gedichte, © Suhrkamp Verlag, Frankfurt/M. 1965	151
Kühner, Otto Heinrich:	Die Wagenlenkerin von Delphi. Aus: Christine Brückner (Hg.): Mein Pummerer Brevier. Heiter-groteske Lyrik von Otto Heinrich Kühner, Ullstein Verlag 1996	227
Kunert, Günter:	Mondnacht. Aus: Lothar Jordan u.a. (Hg.): Zeitgenössische Lyrik in der Schule, Münster 1984	182
Kunert, Günter:	Autofriedhof. Aus: Ders.: Fremd daheim. Gedichte, © 1990 Carl Hanser Verlag, München/Wien	227
Kunze, Reiner:	Im Morgengrauen. Aus: Ders.: eines jeden einziges leben. Gedichte, © S. Fischer Verlag GmbH, Frankfurt/M. 1986	42
Künzler-Behncke, Rosemarie:	Gehen.	169
Kutsch, Axel:	Schöne Grüße aus Afrika. Aus: amnesty international (Hg.): Veränderung macht Leben, Verlag Walter Leimeier, Lippstadt 1989	38
Lamprecht, Helmut:	Deutschstunde.	66
Lear, Edward:	There was a young lady of Riga... Aus: Ders.: Book of Nonsense, entn. aus: Metzlers Literaturlexikon, Stuttgart 1990	117
Leimeier, Walter:	Neue Jugend A-Z. Aus: Ders.: Meine Träume – Meine Flügel, Verlag Walter Leimeier, Lippstadt 1983	97
Leimeier, Walter:	Sensibles Sonett. Aus: Ders.: Schaukeln mit dem Mond, Verlag Walter Leimeier, Lippstadt 1983	98
Liliencron, Detlev von:	Märztag. Aus: Benno v. Wiese (Hg.): Werke, Insel Verlag, Frankfurt/M. 1977	14
Linvers, Edith:	Dein Instrument. Aus: Dies.: Berührungen, Winkelmann Verlag, Recklinghausen 1992	30

Lobe, Mira:	Der verdrehte Schmetterling. Aus: H.-J. Gelberg (Hg.): Überall und neben Dir, 1986 Beltz Verlag, Weinheim/Basel, Programm Beltz & Gelberg, Weinheim	91
Lobentanzer, Hans:	Der Gang des Tages. Aus: Texten und Schreiben 5/1992	169
Mautz, Kurt:	Anrufbeantworter. Aus: Letterntausch, anabas Verlag 1993	147
Meyer, Kirsten:	So viel Dämmerung. Aus: Der Patriot v. 12.5.1995	157
Mörike, Eduard:	Er ist's. Aus: Sämtliche Werke, München o.J.	151
Moser, Erwin:	Zwerg. Aus: H.-J. Gelberg (Hg.): Überall und neben Dir, 1986 Beltz Verlag, Weinheim/Basel, Programm Beltz & Gelberg, Weinheim	12
Nadolny, Sten:	Festrede. Aus: Litfaß 33/1985	228-229
Natourismus	World Wildlife Fund	96
Öchsner, Wolfgang:	Mädchen im vorbeifahrenden Autobus. Aus: Wie ein Stein im Wind, Verlag Walter Leimeier, Lippstadt 1984	30
Off, Jan:	Wart bloß nicht auf das blaue Wunder. Aus: Der Zettel, Nr. 76/77, 1993	165
Pawliska, Tim/ Schreiber, Albert:	Geschmack am Fußball. Aus: Dülmener Zeitung v. 9.4.1993	173
Pfistner, Christian:	Als Moses aus Versehen auf die Erde gebeamt wurde, Frankfurter Allgemeine Zeitung v. 22.12.1990, Sonderseite „Jugend schreibt"	184-185
Queneau, Raymond:	Stilübungen (Auszug), © Suhrkamp Verlag, Frankfurt/M. 1961	176
Rau, Johanna:	Bewaffnet...	73
Rechenexempel.	Aus: Gesellschaft für Religionspädagogik (Hg.): Freiräume, Cornelsen Verlag, Berlin 1993	121
Reng, Ronald:	Lachen... Aus: Reiner Bücher u.a. (Hg.): Sie sagen, das ist Zeitgeist, Wiesbaden (HIBS) 1989	132
Reuter, Sven:	Der Häuptling im Kaufhaus. Aus: HIBS (Hg.): Experimente, Wiesbaden 1993	204
Riedler, Rudolf:	Falsch ausgelegt zu werden ist das Risiko des Dichters. Aus: Ders. (Hg.): Wem Zeit ist wie Ewigkeit © R. Piper GmbH & Co. KG, München 1987	11
Rilke, Rainer Maria:	Der Panther. Aus: Die Gedichte, Insel Verlag, Frankfurt/M. 1986	199
Ringelnatz, Joachim:	Gedicht in Bi-Sprache. Aus: Ders.: Das Gesamtwerk in 7 Bänden, Copyright © 1994 by Diogenes Verlag AG Zürich	92
Roda Roda:	Leitfaden für Reiche. Aus: Das große Roda Roda-Buch, © Paul Zsolnay Verlag GmbH, Wien/Darmstadt 1988	79
Roth, Eugen:	Das Sprungbrett. Aus: Ders.: Ein Mensch, München 1952	16
Scharf, Hardy:	Fortschritt I/Fortschritt II. Aus: Süddeutsche Zeitung v. 16.8.1975	91
Scheurmann, Erich:	Vom runden Metall und schweren Papier. Aus: Ders.: Der Papalagi. Die Reden des Südsee-Häuptlings Tuiavii aus Tiavea, Verlag Tanner & Staehelin, Zürich	205
Schmuda, Klaus W.:	Bohrende Fragen. Aus: Texten und Schreiben 3/1992	65
Schoeller, Bettina:	Hohes C. Aus: Junges Literaturforum Hessen (Hg.): Nagelprobe 7, Frankfurt/M. 1990	50, 51
Schuth, Gabriele:	Wir haben uns eingenistet... Aus: Vers(s)ammlung, Verlag Walter Leimeier, Lippstadt 1984	118
Schütze, Peter:	Oec. (Oekonomie). Aus: Kristiane Allert-Wybranietz (Hg.): Schweigen brennt unter der Haut, München 1991	75
Selig, Marc:	Matheaufgaben.	121
Sestendrup, Manfred:	Im Café. Aus: Ders.: Der Himmel fängt auf der Erde an, Verlag Walter Leimeier, Lippstadt 1993	60, 61
Sestendrup, Manfred:	afrikanische biografie. Aus: Ders.: Vier Kinder hat die Welt, Verlag Walter Leimeier, Lippstadt 1996	91
Sestendrup, Manfred:	kinotitel und ihre ankündigungen. Aus: Ders.: Die Mühe zum Guten, Verlag Walter Leimeier, Lippstadt 1991	149
Sestendrup, Manfred:	1993 – das „Jahr des Gedichtes zur Interpretation". Aus: Dülmener Zeitung v. 31.12.1992	171-172
Sie steht dort angelehnt...	Aus: Silke Hinz: Ob ein Stein weinen kann. Aus: Berliner Festspiele GmbH (Hg.): Winklings, Anrich Verlag, Kevelaer 1993	49
Spix, Hermann:	Umweltschutz. Aus: Ders.: Epigramme, Verlag Achenbach, Gießen 1975	22
Steenfatt, Margret:	Im Spiegel. Aus: Hans-Joachim Gelberg (Hg.): Augenaufmachen, 1984 Beltz Verlag Weinheim und Basel, Programm Beltz & Gelberg, Weinheim	163
Suntum, Reinhard van	Hommage à Breton. Aus: Les Moertels und Gäste, o.O., o.J.	165
Thalmayr, Andreas:	Teestunde. Aus: Das Wasserzeichen der Poesie oder Die Kunst und das Vergnügen. Zuerst erschienen im Greno Verlag, Nördlingen 1987; © Vito von Eichborn GmbH & Co Verlag KG, Frankfurt/M., September 1989	152

Theobaldy, Jürgen:	Abenteuer mit Dichtung. Aus: Ders.: Blaue Flecken, Rowohlt Verlag, Reinbek 1974	227
Thurber, James:	Arthur und Al auf Freiersfüßen. Aus: Ders.: 75 Fabeln für Zeitgenossen, Copyright © 1967 by Rowohlt Verlag GmbH, Reinbek	56, 57
Uhle, Bernd Josef:	die nackte flucht. Aus: Mittlere Reife, Norderstedt 1992	70
Uhle, Bernd Josef:	Sielachtsonett	159
Ullmann, Günter:	Herbstwind. Aus: H.-J. Gelberg (Hg.): Überall und neben Dir, 1986 Beltz Verlag, Weinheim/Basel, Programm Beltz & Gelberg, Weinheim	18
Wallmann, Hermann:	klinisch. Aus: Lothar Jordan u.a.: Zeitgenössische Lyrik in der Schule, Münster 1984	32
Wetekam, Burkhard:	Fernsehtag. Aus: Junges Literaturforum Hessen (Hg.): Nagelprobe 6, Frankfurt/M. 1989	52, 53
Wiesner, Heinrich:	Tierfreunde. Aus: Ders.: Kürzestgeschichten, Lenos Verlag, Basel 1980	164
Wondratschek, Wolf:	Mittagspause. Aus: Ders.: Früher begann der Tag mit einer Schußwunde, © 1969 Carl Hanser Verlag, München/Wien	189
Zürn, Unica:	Tausend Zaubereien. Aus: Der Monat 154, 7/1961	147

Bildquellenverzeichnis

Gertrud Müller, Senden (S. 9) – IFA-Bilderteam-Everts (S. 10) – Jürgen Dieko-Müller, Berlin (S. 64) – © 1996 KFS/Distr. Bulls (S. 77) – mit freundlicher Genehmigung des Bundesfamilienministeriums (S. 113) – © Keystone (S. 115) – Jürgen Niedenführ (S. 123) – Hans-Werner Sahm: Erosion, Galerie Gerstenberg, Bonn (S. 125) – Verlag Moritz Egetmeyer, Kirchzarten (S. 127) – Christiane Kroll, in: Rainer Bücher u.a. (Hg.): Sie sagen, das ist Zeitgeist, Wiesbaden (HIBS) 1989 (S. 130) – Reh KG, Solms (S. 137) – AKG, Berlin (S. 138) – Deutsche Welthungerhilfe, Bonn (S. 139) – AOK Paderborn (S. 139) – Paul Maar, Bamberg (S. 140) – Erich Rauschenbach, Berlin/CCC, München (S. 141) – Juli Gudehus, in: Die Zeit v. 1.1.1993, S. 38 (S. 141) – von Rebecca Crew angefertigt unter Anleitung von Robert Klümper im Kunstunterricht der Fachoberschule für Sozialpädagogik der Lippe-Schule, Lippstadt (S. 153) – © VG Bild-Kunst, Bonn 1996 (S. 162) – Heinz Langer/CCC (S. 207) – Detlef Beck, Berlin (S. 212) – AKG, Berlin (S. 217) – Werner Küstenmacher, Gröbenzell (S. 218) – © 1996 Joram Harel, Wien (S. 223) – Citroën AG, Köln (S. 224)

Sollte trotz aller Bemühungen um korrekte Urheberangaben ein Irrtum unterlaufen sein, bitten wir darum, sich mit dem Verlag in Verbindung zu setzen, damit wir eventuelle Korrekturen bzw. übliche Vergütungen vornehmen können.